LA GUERRE

SES LOIS

SON INFLUENCE CIVILISATRICE, SA PERPÉTUITÉ

par

Paul MABILLE

Docteur ès Lettres

Professeur de Philosophie

PARIS
LIBRAIRIE SPÉCIALE DES FACULTÉS

A. FOURNEAU
18, RUE ET PASSAGE DE LA SORBONNE, 18

1884

LA GUERRE

SES LOIS, SON INFLUENCE CIVILISATRICE,

SA PERPÉTUITÉ

TABLE DES CHAPITRES

―――*―――

	Pages
PRÉFACE. — Des deux espèces de guerre	1
INTRODUCTION. — La guerre ne résulte pas de la fantaisie arbitraire des chefs d'Etat	7
CHAPITRE PREMIER. — De la guerre dans la nature	19
CHAPITRE DEUXIÈME. — De la guerre dans la race humaine	33
CHAPITRE TROISIÈME. — Psychologie de la guerre	55
CHAPITRE QUATRIÈME. — Formes de la guerre pendant la paix	89
CHAPITRE CINQUIÈME. — La paix	121
CHAPITRE SIXIÈME. — Morale de la guerre	133
CHAPITRE SEPTIÈME. — Le droit dans la guerre	201
CHAPITRE HUITIÈME. — De la fin de la guerre	241

(Voir à la fin la table analytique des matières et le résumé de la doctrine.)

Tous droits réservés.

―――

VESOUL, IMPRIMERIE L. CIVAL FILS

LA GUERRE

SES LOIS

SON INFLUENCE CIVILISATRICE, SA PERPÉTUITÉ

par

Paul MABILLE

Docteur ès Lettres
Professeur de Philosophie

PARIS
LIBRAIRIE
—
1884

LA GUERRE

SES LOIS, SON INFLUENCE CIVILISATRICE,

SA PERPÉTUITÉ

> Πόλεμος μήτηρ πάντων.
> HÉRACLITE.
> Bellum omnium contra omnes.
> HOBBES.

PRÉFACE

Considérer la guerre dans le passé, dans l'avenir, dans les phases qu'elle a parcourues et les formes diverses qu'elle revêt encore, tel est notre but. Nous nous proposons aussi de répondre à l'incessante question de ceux qui demandent si jamais les hostilités internationales prendront fin et si l'histoire donnera toujours le spectacle de peuples se heurtant les uns contre les autres et se disputant l'empire du monde. Sur ce point nous essayons de réduire à néant tout espoir chimérique.

Depuis quelque temps on a beaucoup parlé en Angleterre et sur le continent de l'Association britannique fondée pour substituer l'arbitrage à la guerre, entreprise déjà tentée au XVIIIe siècle par l'abbé de Saint-Pierre. Cette Association a dernièrement, vers la fin de l'année 1882, convoqué une conférence à Bruxelles. Les orateurs les plus éminents y ont été entendus et ils représentaient les nuances les plus diverses des intérêts politiques. En effet, M. Lasker, membre du Reichstag allemand, a donné l'assurance que, si la France souhaitait autant que l'Allemagne de maintenir la paix, celle-ci ne serait jamais troublée. Puis M. Hyacinthe Loyson a décrit, en un discours pathétique, les sanguinaires violences de l'état de guerre. A son tour, un Alsacien-Lorrain, M. Tachard, président de l'assemblée, a remarqué, non sans raison, que la paix européenne ne trouverait de garantie solide que dans la restitution de l'Alsace-Lorraine à la France. D'autre part, en octobre 1882, M. Grévy, président de la République française, déclarait aux délégués de la conférence qui avait pour but de déterminer les unités électriques, que « les travaux de la paix, entrepris en commun, ont l'inappréciable avantage de rapprocher les nations, de les mêler, de créer entre elles des liens et des intérêts nouveaux, de substituer à la prévention et à l'hostilité l'estime et la sympathie, et de rendre ainsi plus rares les causes et les occasions de conflit. » A ces nobles paroles, M. le ministre de la Suisse répondit en disant que la tendance de notre époque à fonder des institutions qui rapprochent et unissent les Etats « méritait d'être saluée avec sympathie par les gouvernements et qu'elle ne saurait manquer sous leur égide, d'accroître et de féconder l'activité humaine dans l'intérêt bien entendu des nations. » Enfin, dans son dernier message au congrès des Etats-Unis en 1882, le président Arthur recommandait aux députés américains de « favoriser la paix à l'aide d'une juridiction internationale prévenant ou réglant les conflits par voie arbitrale. » On voit par ces divers textes que nous ne nous sommes point posé une question vaine et oubliée ; au contraire, elle est bien vivante et actuellement discutée. Mais, dans ces débats, il importe, pensons-nous, de consulter avec soin la nature et de ne pas se perdre dans l'utopie. Sans doute il n'est pas nécessaire de recourir toujours à la force armée; ainsi, en 1868, on a eu raison, à l'aide de la sentence arbitrale de Genève, lors de la capture de l'Alabama par des pirates américains, d'éviter une guerre entre l'Angleterre et les Etats-Unis. Néanmoins, quand l'honneur ou l'intégrité du territoire sont en jeu, quand une ambition rivale met en péril l'indépendance d'un peuple, la guerre est la seule solution d'abord possible et ensuite désirable : honte à la nation qui subirait lâchement le joug de la servitude !

Nous avons en outre donné à cette discussion une plus haute portée. Nous avons fait effort pour y découvrir un coin de la vérité humaine; nous avons même, en nous inspirant des doctrines contemporaines*, essayé de montrer combien la guerre était une loi de l'*évolution universelle*, une loi des espèces animales ainsi que de nos sociétés.

---

* Celles entre autres de Herbert Spencer.

Car, si d'un côté les idées de paix et de concorde président à la génération des êtres et à la conservation des choses, d'un autre la guerre est un principe de force et de progrès. C'est par elle que l'homme a partout étendu son empire et qu'en présence de races ennemies, il a réussi, grâce à son intelligente énergie, à détruire les unes et à subjuguer les autres. Puis, cette guerre, il la fait également, sans trêve ni merci, à sa propre race : tantôt il n'emploie que la force brutale, tantôt il tempère la violence de la lutte par l'intervention du droit. Mais ce n'est là qu'une forme nouvelle et humaine de la guerre, car le droit, puissance morale, sépare et oppose autant que la force, puissance physique. La bataille sanglante, c'est ce qu'on voit et dont on souhaite ardemment la disparition ; la bataille en pleine paix, bataille continue, meurtrière autant que l'autre, c'est ce qu'on ne voit pas et ce dont on ne s'inquiète nullement, bien qu'on en subisse les dures conséquences à tout instant de la vie. Il nous a donc fallu heurter ici le sens commun, mais dans le but de le contraindre à la réflexion. En effet, changez de gouvernement, changez de religion, de climat, de famille et de parti; allez sur terre, allez sur mer; partout la guerre s'imposera à la volonté de l'homme. L'ensemble de nos mœurs la rend logiquement inévitable. La nature a voulu que l'homme fût un être essentiellement malheureux et guerrier, malheureux parce qu'il est guerrier. Aussi combien elle est éloquente cette plainte si souvent répétée dans nos temples : « Seigneur, Seigneur, épargne ton peuple et puisse ta colère ne pas être éternelle ! » Mais ce gémissement douloureux reste sans effet et l'implacable nature répond au suppliant : « Eternelle sera ma colère contre toi, si tu es le plus faible, le moins sage ou le moins intelligent. »

INTRODUCTION

Lorsque Annibal exilé de Carthage se fut retiré à Ephèse auprès du roi Antiochus, il eut occasion d'entendre le philosophe grec Phormion. Celui-ci, sans doute par égard pour cet auditeur inattendu, crut devoir discourir longuement sur l'art militaire, et il parla avec tant d'abondance que les auditeurs émerveillés pensèrent qu'Annibal devait certainement partager leur admiration. Ils lui demandèrent son opinion ; mais ils ne furent pas peu surpris quand le Carthaginois leur eut déclaré en toute franchise qu'il avait sans doute entendu bien des vieillards radoter et dire des sottises, mais que Phormion était assurément le plus extravagant de tous. Et en effet, dit Cicéron à qui nous empruntons cette anecdote*, « comment un Grec, qui de sa vie n'avait vu ni un camp ni un ennemi, osait-il, en présence de cet Annibal qui avait balancé la fortune de Rome, exposer les préceptes de l'art militaire ? » Pouvions-nous ne pas nous rappeler cette mésaventure d'un philosophe, au moment d'entreprendre nous-même de présenter au public quelques réflexions sur la

* De oratore, II, 18.

guerre? Nous avons persisté, toutefois, dans notre dessein, car nous ne nous proposons nullement de formuler et d'expliquer les principes de la stratégie ou d'indiquer par quelle série de mouvements habilement combinés des troupes nombreuses se rangent en bataille. Nous parlerons de la guerre en moraliste, laissant de côté les méthodes qu'on y suit, et la tactique soit élémentaire soit générale qu'on y applique. Nous ne méconnaissons nullement la grande importance et la difficulté si réelle qu'offrent la science, et surtout la pratique des manœuvres et des opérations militaires. Mais nous considèrerons ici la guerre seulement dans son origine sociale, dans ses causes et dans ses conséquences nationales, dans son influence bienfaisante ou funeste. Ainsi limité dans notre champ d'études, nous croirons ne pas mériter le reproche qu'Annibal adressait à Phormion.

On se tromperait gravement si l'on admettait que la guerre résulte de la fantaisie arbitraire d'un prince, et que, sans l'insatiable ambition des rois ou des conquérants, les hommes vivraient toujours en paix. Au contraire, la guerre est un fait humain et national. Sans doute l'influence d'un grand capitaine détermine soit un acte soit une longue série d'actes d'hostilité. Ainsi les Français ont livré plus de batailles sous Louis XIV et Napoléon Ier que sous Louis XV et Louis-Philippe. Néanmoins, si le goût de la guerre n'était pas comme inné dans nos cœurs, si l'homme n'était que sociable et ami de l'homme, quel prince possédant même l'autorité la plus incontestée, réussirait à faire avancer ses soldats pour les exposer à tous les périls et à la mort? Certaines situations géographiques prédisposent, il est vrai, un petit peuple à vivre en paix et à n'avoir pas d'histoire; telle est la Suisse: confinée dans les montagnes et constituant, d'ailleurs, une principauté peu considérable, elle se soustrait facilement aux luttes continentales et reste neutre. Une fois son indépendance conquise sur l'Autriche et la Bourgogne, elle s'est reposée à l'ombre de ses lauriers et sous la protection de ses armes victorieuses. Mais encore faut-il remarquer qu'elle n'a pas de suite renoncé à ses instincts belliqueux : ses soldats ont longtemps été au service de la France, et longtemps ils ont consenti à mourir pour une autre patrie. Si la guerre se produit d'une manière aussi constante et aussi universelle, c'est qu'elle trouve sa cause réelle et déterminante dans le caractère humain; elle est un trait de nos mœurs et dès lors elle mérite d'être étudiée dans ses lois et dans ses effets.

Pour apprécier jusqu'à quel point le goût de la guerre est conforme aux instincts de notre race, il suffit d'observer les jeux de l'enfance: on y surprend la nature dans ses tendances inconscientes et libres; la lutte y est feinte et vraie à la fois; rarement elle a un objet saisissable et utile; on n'y combat que pour l'honneur. Cependant quel feu ! quelle vivacité ! Que de fois des discussions, de sérieuses animosités surgissent entre ces adversaires d'un moment ! Puis, quand se produit une manifestation militaire, ce sont les enfants, les jeunes gens qui les premiers accourent, heureux d'assister en témoins à des scènes dont ils se promettent d'être plus tard les acteurs. Leur imagination s'enflamme à ce spectacle ; la bravoure leur plaît ; l'espoir du succès les séduit. Faut-il alors s'étonner que les divers gouvernements monarchiques ou républicains arrivent si facilement à recruter leurs armées? Car peu importe ici la forme politique: sous un consul, sous un roi ou un empereur, l'esprit belliqueux d'un peuple obtiendra toujours satisfaction. Platon a dit[*] que la tyrannie enfantait les guerres : « quand le tyran est délivré de ses ennemis du dehors, en partie par des transactions, en partie par des victoires et qu'il est en repos de ce côté-là, il a toujours soin de susciter quelque guerre, afin que le peuple sente le besoin qu'il a d'un chef, et surtout afin qu'appauvris par les impôts que nécessite la guerre, les citoyens ne songent qu'à leurs besoins de chaque jour et soient moins en état de conspirer contre lui. » Aristote dans sa Politique[**] a reproduit cette assertion : « Le tyran fait la guerre pour occuper l'activité de ses sujets et

[*] Républ. VIII, 17.
[**] Livre VIII, ch. 9.

leur imposer le besoin d'un chef militaire. » Mais cette explication est superficielle et ne rend compte que d'un très petit nombre de faits. Si les tyrans ne trouvaient pas déjà tout disposé pour la bataille, si avant eux on n'avait pas inventé des armes pour la main et pour le jet, fabriqué les divers instruments de siège, les mortiers, les canons, les obusiers et tant d'autres, si chaque homme enfin ne possédait pas le désir inné de l'attaque et de la défense, jamais les tyrans n'eussent réussi à exercer leurs ravages sur les Etats voisins. D'ailleurs les Républiques d'Athènes et de Rome ont été aussi conquérantes et aussi despotiques que les Alexandre, que les Charlemagne et les Louis XIV ; à la fin du dernier siècle la République française n'a-t-elle pas, comme nos rois, lutté heureusement contre l'Europe coalisée, en Italie, sur le Rhin et en Egypte ? Pour expliquer la guerre, cherchons donc au-delà et en dehors des institutions politiques ; son origine est plus profonde et plus naturelle.

Demandons-nous d'abord si l'homme n'est que sociable, et en cela nous posons une question de fait et non pas une question de progrès ultérieur et illimité. Or, nous prétendons qu'à côté de la sympathie bienveillante et malgré l'impérieux besoin que nous avons de nos semblables, subsiste dans le cœur humain un germe vivace de haine et d'opposition. La volonté de nuire nous est inhérente dans l'état primitif. Si l'homme n'était que sociable, il aimerait tous les hommes ; l'amitié ne serait pas exclusive*; les races ne lutteraient pas entre elles ; une communauté fraternelle règnerait entre les peuples, car entre amis tout est commun. Pénétrons, d'ailleurs, le sens de la légende biblique sur Caïn et Abel. Le premier s'appliquait à l'agriculture ; le second était pasteur. Ils avaient grandi sous la même tente, reçu les mêmes soins, écouté les mêmes préceptes ; les liens du sang les unissaient ; néanmoins, cette douce et intime société n'arrêta point la jalousie et ne retint pas l'élan de la colère : « Caïn dit à son frère Abel : Sortons dehors. Et lorsqu'ils furent dans les champs, Caïn se jeta sur son frère Abel et le tua **. » Si au milieu de la simplicité des premiers temps, alors qu'il n'y avait à combattre ni pour des richesses accumulées, ni pour la possession d'un vaste territoire, ni pour la domination sur un immense empire, le frère a frappé le frère, comment plus tard la guerre ne serait-elle pas devenue une coutume générale, un trait essentiel des mœurs humaines ? Sans doute en arrivant sur le champ de bataille, au moment de donner le signal du combat, le chef qui va présider à ce massacre aurait quelque raison de verser des larmes en présence de ces hommes que l'amitié pourrait

---

* Alceste dans le Misanthrope le dit clairement :
« Je veux qu'on me distingue, et pour le trancher net,
« L'ami du genre humain n'est pas du tout mon fait. »
** Genèse, IV.

unir, mais auxquels il va faire mordre la poussière ; une profonde mélancolie devrait s'emparer de son âme et changer ses desseins homicides, car la domination peut-elle nous plaire quand on l'achète à ce prix ? Mais reculer serait perdre et l'empire et l'honneur ; on s'avance donc ; les deux armées se heurtent, mesurent leurs forces et la violence ou l'habileté décident de la puissance et du droit.

L'antagonisme implacable, qu'inspirent le désir de la conquête et le besoin de la lutte sanglante, apparaît avec évidence dans la longue suite de l'histoire ancienne. En effet, la guerre que jadis Xerxès, roi des Perses, fit aux Grecs était une revanche, inconsciente peut-être, du siège de Troie. Ayant échoué, elle provoqua derechef la grande expédition d'Alexandre. Puis Rome se substitua à la Grèce et conquit à force de victoires le monde ancien presque tout entier. Ensuite l'Asie toujours envahissante, éprouvant toujours le besoin de déverser en Europe l'excès de sa population, envoya * ses barbares comme autant d'oiseaux de proie qui déchirèrent et dépecèrent l'empire romain. Vainement apparaît le christianisme avec ses dogmes de paix et de commisération. La série des guerres reprend bientôt, provoquées par une antipathie de races et de religions : l'islamisme attaque l'Europe par la Grèce, s'ar-

* Aux premiers siècles de notre ère.

rête en Autriche et s'établit à Constantinople en 1453 ; il l'attaque aussi par l'Espagne en 711, mais il rencontre à Tours, en France, un obstacle infranchissable. Puis les croisades affirment de nouveau et prolongent cette réaction de l'Europe. Aujourd'hui cette lutte plus que séculaire continue encore et elle a donné naissance en dernier lieu à notre domination en Algérie, en Tunisie, ainsi qu'à la récente victoire des Anglais en Egypte.

Ce rapide tableau qu'il nous serait facile d'étendre et de compléter, suffira pour faire sentir que, si « l'inconstance et l'agitation sont le propre partage des choses humaines*, » cette mobilité vient elle-même de nos habitudes guerrières et la suite des empires nous donne le spectacle d'une effroyable mêlée où les peuples ennemis s'avancent les armes à la main pour succomber tour à tour. En effet, transportons-nous par la pensée sur un autre théâtre et nous verrons que la nature humaine ne change nullement dans ses traits principaux : partout le glaive et la force décident de la destinée des peuples. Plus de deux mille ans avant notre ère, huit siècles environ avant le siège de Troie, une invasion de pasteurs arabes imposa le joug de la servitude aux Egyptiens, et cette domination dura plus de cinq cents ans. Dans sa colère le peuple d'Egypte, si doux, si policé, donna

---

* Bossuet, les Empires, ch Ier, à la fin.

le surnom d'Hycsos aux vainqueurs et ce terme est une injure, car il signifie impurs. On trouve dans le grand papyrus Harris traduit par le docteur Eisenlohr, professeur à Heidelberg, de douloureux détails sur cette invasion; c'est comme le dernier écho des clameurs du vaincu : « d'autres temps vinrent ensuite dans des années de misère. Un chef syrien s'était élevé à la dignité de prince. Il réduisit toute l'Egypte à l'obéissance sous son autorité unique. Il rassembla ses compagnons et pilla les trésors du pays. Ils maltraitaient les dieux et les hommes; on n'apportait plus d'offrandes dans l'intérieur des temples. Les images des dieux étaient renversées et gisaient sur le sol. » Puis Ramsès III, roi d'Egypte, raconte lui-même dans ce papyrus comment il a rétabli l'ancien culte : « Alors les dieux suscitèrent leur fils issu de leurs membres pour prince du pays entier; il remit à bien le pays; il anéantit les malfaiteurs. Il purifia le grand trône d'Egypte. Il rétablit les temples avec leurs fondations pieuses et il me plaça moi comme prince héritier sur le trône, et je fus le grand chef du pays de l'Egypte. »

De même à une époque moins reculée, Thucydide* remontant assez loin dans l'histoire de la Grèce, nous fait connaître qu' « anciennement ceux des Hellènes ou des barbares qui étaient sur les côtes ou qui habitaient les îles, surent à peine communi-

* Livre Iᵉʳ, chap. II.

quer par mer qu'ils se livrèrent à la piraterie sous le commandement d'hommes puissants, autant pour leur propre intérêt que pour procurer de la nourriture aux faibles. Ils attaquaient les petites républiques non fortifiées de murs et dont les citoyens étaient dispersés par bourgades ; ils les saccageaient et de là tiraient presque tout ce qui était nécessaire à la vie. De cette antique piraterie est resté chez les peuples continentaux l'usage d'être toujours armés. En effet sans défense dans leurs habitations, sans sûreté dans les voyages, tous les Hellènes portaient des armes, ainsi que les barbares ; ils s'acquittaient armés des fonctions de la vie commune. Or, cette partie de l'Hellade qu'habitent les Locriens, les Etoliens et les Acarnaniens où cet usage est encore en vigueur, nous avertit qu'autrefois il fut commun à tous les Hellènes indistinctement. Les faibles supportaient l'empire des plus forts. Telles étaient les mœurs publiques lorsque enfin on partit pour l'expédition de Troie. » D'ailleurs, les premiers qui émigrèrent en Grèce furent des sauvages qui n'avaient pas même l'industrie de se construire des asiles contre la pluie, la chaleur et les froids rigoureux ; ils vivaient d'herbes, de feuilles, de racines et l'on peut même croire, d'après différents témoignages, qu'ils se mangeaient les uns les autres. Il est constant que, douze siècles avant notre ère, des victimes humaines étaient offertes aux Dieux dans des sacrifices solennels. Souvent alors l'antique barbarie reparaissait au mépris des lois et des mœurs : « il s'élevait par intervalles, dit l'abbé Barthélemy* des hommes robustes qui se tenaient sur les chemins pour attaquer les passants ou des princes dont la cruauté froide infligeait à des innocents des supplices lents et douloureux. Mais la nature qui balance le mal par le bien, fit naître, pour les détruire, des hommes plus robustes que les premiers, aussi puissants que les seconds, plus justes que les uns et les autres. Ils parcouraient la Grèce ; ils la purgeaient du brigandage des rois et des particuliers. » Voilà les mœurs des premiers peuples. Sont-elles pacifiques et empreintes de douceur ? Ne sont-elles pas au contraire belliqueuses et même cruelles ?

Mais cet état de guerre est plus qu'un fait humain ; pour en saisir l'importance et la nécessité, il faut étendre nos vues et les généraliser davantage. Quand ce fait aura ainsi été rapproché de tant d'autres, assimilé à tous ceux qui lui sont analogues ou semblables, il nous sera possible de le juger, de décider sur son commencement et sur sa fin tant désirée, sur ses lois d'apparition, sur ses phases diverses. Etudié isolément et seulement dans notre race, ce fait serait mal compris. S'il n'était que passager et accidentel, nous ne nous exposerions pas à une grave inexactitude en ne le comparant à rien, en nous bornant à le décrire

---

* Voyage d'Anacharsis, introduction, Ire partie.

en lui-même. Mais au contraire la guerre constitue dans la sociologie un fait éclatant, durable; elle produit une série de phénomènes qu'en logique on appellerait cruciaux parce que, semblables à ces croix qui se trouvent aux carrefours des routes et qui indiquent le chemin, ils tranchent le débat relatif à la question suivante : l'homme n'est-il que sociable, comme l'a prématurément soutenu Aristote ? La persistance de l'état de guerre prouve qu'Aristote n'a considéré la réalité qu'au point de vue de la morale et de nos désirs. Suivant le précepte incomplet de Socrate — connais-toi toi-même, — il a traité une question humaine en n'étudiant que l'homme : méthode exclusive et peu large qu'on évite avec soin en histoire naturelle où toute classification suppose et nécessite de vastes vues d'ensemble. Il nous importera donc ici de jeter rapidement un regard sur les phénomènes de la nature physique. Pour connaître l'homme et spécialement pour nous faire une idée juste de la guerre, suivons, à l'exemple des stoïciens, la méthode cosmologique. Placé à cette hauteur, nous verrons comment tout naît et comment tout périt ; nous assisterons à l'*évolution universelle* et, par une induction légitime, nous comprendrons quelles sont et l'étendue et la nécessité du rôle de la guerre pour la vie des hommes, après en avoir constaté l'influence sur les mutuelles réactions des éléments matériels.

CHAPITRE PREMIER

De la guerre dans la nature

Si nous pénétrons dans la constitution intime des corps, nous remarquerons que l'attraction moléculaire ne régit pas et ne règle pas seule les mouvements intérieurs de la matière. Tout corps est un agrégat, un système de corpuscules élémentaires maintenus à des distances plus ou moins faibles par la lutte inaperçue de deux forces opposées, l'attraction et la répulsion. Ce n'est pas, en effet, quelque chose d'homogène qui occupe une portion quelconque de l'espace. D'abord l'instabilité, ensuite la réciprocité des effets de tout élément produit bientôt en son sein une cause de différence, d'antagonisme ou d'équilibre. Cette opposition apparaît même dans les corps simples ; autrement nous ne les verrions pas se dilater, se resserrer sous l'influence de la chaleur. Ensuite, si tout n'était qu'homogène, jamais nous ne parviendrions à mouiller, à humecter les corps solides ; l'eau demeurerait sans action et complètement à la surface ; tout corps resterait sec, même en étant plongé dans l'eau. Puis aucune combinaison de liquides et de gaz ne ferait paraître soit la secrète affinité de tel élément pour tel autre, soit au contraire une certaine répulsion qui élimine et transforme. Concluons donc que tout corps est un petit monde doué d'un mouvement invisible, exposé à subir à tout instant un ébranlement moléculaire qui se propage dans toute son étendue. Les éléments de ce petit monde sont en équilibre comme les corps célestes, et cette harmonie intime, visible seulement au microscope, résulte d'une distinction, d'une opposition réelle, d'une guerre enfin. Une réalité absolument homogène serait insaisissable à l'œil et à l'intelligence comme une plaine immense et indéfiniment unie ; cette monotonie désespérante lasserait l'attention du regard le plus patient. Toute science exige et suppose que son objet présente des distinctions ; alors naissent les différences, les ressemblances, les analogies, les nuances, les caractères qui limitent et classent. En un mot, si l'univers entier consistait en une masse immense de réalité homogène et subsistant dans la paix profonde d'une monotone uniformité, nous n'y pourrions rien saisir, rien connaître. La science humaine perdrait son objet. Donc toute matière est formée d'éléments divers et opposés, qui coexistent à l'état de lutte incessante, de guerre intestine continuelle. Tous les corps, tels que nous les voyons, n'existent et n'ont les propriétés que nous leur attribuons que par le triomphe d'un élément sur un autre. D'ailleurs, que sont les grandes commotions volcaniques éprouvées par notre planète, qu'est-ce le tonnerre, que sont les vents, sinon les éclats d'une véritable bataille des éléments ? Quelles violentes secousses les vapeurs enfermées dans un espace trop étroit font subir à l'écorce terrestre ! Or, ce fracas du volcan, cette vibration de l'air ébranlé par l'effet du passage de la foudre, sont les derniers actes d'une lutte préparée par une série de chocs antérieurs, de heurts successifs, mais que nous n'avons ni vus ni entendus ; nous ne percevons que le phénomène final et nous pensons à tort que la lutte des forces naturelles n'a commencé qu'au moment où nos sens ont été avertis et subitement émus.

N'insistons pas sur les éléments matériels. Bien que nous croyions ne pas nous écarter de notre sujet en allant jusqu'au fond même des choses et en cherchant l'explication des guerres que se font les hommes dans les principes mêmes qui, en grande partie au moins, constituent l'être humain, cependant nous quitterons l'ordre des faits purement physiques pour demander à la physiologie une seconde explication. Qu'est ce qu'un organisme ? De la matière disposée en vue d'une fin générale, laquelle concorde avec d'autres fins : l'estomac a pour fin spéciale la digestion, et la digestion elle-même s'adapte avec d'autres organes et en dépend ; ainsi tout se tient, tout est réciproquement effet et cause. Que les fins y soient nettement prévues et préparées par un être personnel et distinct de l'organe, nous ne le décidons pas et notre sujet n'exige pas que nous nous prononcions. Mais certainement ces fins sont atteintes, car l'œil fait certainement voir, l'oreille entendre, les poumons respirer et ainsi du reste. Il importerait maintenant de savoir si et comment une lutte et une opposition peuvent apparaître dans un organisme. Notons d'abord que la matière qui forme le tissu charnel n'est pas homogène dans son fond essentiel ; elle admet la multiplicité et la diversité. Mais un principe d'ordre, d'unité et d'identité, une pensée directrice y manifeste certainement ses effets et maintient son action depuis la naissance du fœtus jusqu'à la fin de la vie. C'est une influence toute différente de celle des forces physiques et aveugles : elle est gubernatrice de l'ensemble ; comme elle en lie les parties et en adapte les fins particulières à une fin commune, elle révèle l'existence d'un principe de conciliation et de paix dont l'apparition tendrait à faire cesser la guerre et la rivalité des éléments matériels. Néanmoins la vie elle même agit en définitive comme un vainqueur ; elle ne fait régner l'harmonie dans tout l'individu qu'après avoir triomphé de mille résistances. Faites agir sur un germe, sur un œuf un peu de chaleur, de lumière, d'électricité et d'affinité chimique, alors la vie en surgira, mais elle ne se développera qu'en s'assimilant par une influence victorieuse tous les éléments qui lui sont utiles ; elle éliminera les autres, les exclura, sous forme d'excrétions, de sueurs, de suppuration, de boutons, ou bien à l'aide de la fièvre qui consume tout atome nuisible, et qui, si elle est trop forte, consume aussi le corps vivant lui-même. Il reste évident que cette puissance de la vie, qui s'assimile et qui rejette ainsi les éléments, ressemble fort à un vainqueur*. La guerre est donc aussi en grande partie le fond de l'action vitale.

A celui qui regarderait toutes ces assertions comme peu fondées, toutes ces comparaisons comme trop métaphoriques, nous rappellerions que nous traduisons seulement en un langage moderne les anciennes conceptions d'Héraclite. Ce grand philosophe de

---

* Aussi a-t-on défini la vie une lutte contre la mort.

l'école ionienne * disait en effet, à ce que rapporte Aristote ** : « Tout se sépare et se réunit. Ce qui produit l'harmonie, c'est l'opposition d'une chose avec elle-même. Tout, en se divisant, se rapproche, comme l'harmonie de l'archet et de la lyre. Il n'y a point d'harmonie sans l'opposition des forces, et la guerre est la mère de toutes choses : Πόλεμος μητὴρ πάντων. Homère a tort d'avoir souhaité la fin de toutes les querelles des dieux et des hommes ; car, s'il en était ainsi, tout périrait ; il n'y a point d'harmonie sans aigu et sans grave, et rien de vivant sans mâle et sans femelle, qui sont des contraires. *Notre monde est donc fils de la guerre*, et comme toutes les formes y sont tour à tour produites et détruites, il ressemble au jeu d'un enfant sur le sable. » M. Fouillée, auquel nous empruntons cette importante citation, la commente ainsi *** : « Comme Héraclite, la science moderne réduit tous les phénomènes au mouvement ; comme lui, elle admet la permanence de la force dans sa quantité, et la transformation de ses effets l'un dans l'autre par un échange sans fin : comme lui, elle soumet le mouvement à une loi de rhythme, de périodes et d'*évolution* mesurée. » Appliquons cette théorie à l'homme et convenons que, lui aussi, il est le fils de la guerre et en même temps de la paix ; il réunit en lui les contraires ; il est comme le dernier né de la rivalité des éléments qui le constituent, mais il renferme aussi un principe de conciliation et d'harmonie. Quand il se mesure avec un

---

* 500 ans avant notre ère.
** Morale à Nicomaque VIII, I, et Morale à Eudème VII, ch. 2, § 11
*** Histoire de la Philosophie, pages 35 et 38.

ennemi sur le champ de bataille, et quand ensuite il accepte un traité, quand il prend ou dépose les armes, il reste fidèle à son origine. En luttant pour l'existence, il agit comme fait cette nature au milieu de laquelle il s'ébat, à laquelle il emprunte et ses forces et sa vie.

Mais jetons sur la personne humaine un regard attentif et sans parti pris. La physionomie de l'homme nous révèle-t-elle un être fait pour la guerre? Quelle est l'arme de sa race? Où sont ses défenses? Quel est son mode d'attaque. Ces questions nous créent une réelle difficulté. Car tout dans l'aspect de l'homme se rapporte à la paix. Son front est le siège de la pensée ; il ne s'en sert pas pour ruer et pour combattre comme le taureau ; son œil est doux et intelligent; de son regard s'échappe non pas une lumière fauve et glauque, non pas une menace qui effraie, mais l'éclat tempéré que projette une âme aimante et raisonnable. Avec ses mains, il saisit plutôt qu'il n'arrache et déchire; il n'a ni griffes pour mettre en pièces et emporter sa proie, ni bec pour blesser et ravir. Aussi que d'arts il a créés en vue d'une existence paisible et studieuse ; il a utilisé la mer, les fleuves, la vapeur et l'électricité pour se rapprocher de ses semblables par le commerce; il réunit sous le même toit plusieurs familles; des lois protectrices font partout respecter le droit. Enfin, oubliant toute lutte, il se voue à l'étude, cultive son intelligence, chante ses joies et ses douleurs; il élève à la science et aux beaux-arts des monuments, des bibliothèques et des musées. En présence de cette civilisation qui tend à réunir au lieu d'opposer, qui pourrait encore prétendre que l'homme est le fils de la guerre et qu'il est né pour combattre? Mais gardons-nous de juger sur l'apparence : cette vie paisible laisse encore subsister et se développer des tendances belliqueuses : la guerre a changé son aspect, mais non ses résultats et ses effets. N'est-ce pas à l'aide de son intelligence que l'homme s'est créé des armes savamment préparées, des armes terribles et meurtrières? Son regard est habituellement doux, mais souvent il s'enflamme, la colère l'anime, la haine le rend farouche et dur. Puis le toit domestique ne tarde pas à devenir le théâtre de haines secrètes, d'antipathies incurables; les querelles, les reproches amers, les souvenirs pénibles séparent trop souvent les époux ; le berceau d'un enfant ne suffit pas à les réunir, et le chagrin veille « sur l'oreiller du lit conjugal. Car l'âme de l'homme se fatigue, et jamais elle n'aime longtemps le même objet avec plénitude. Il y a toujours quelques points par où deux cœurs ne se touchent pas, et ces points suffisent à la longue pour rendre la vie insupportable *. »

Ces réflexions nous permettent de continuer l'explication commencée. Nous avons déjà vu que les éléments matériels admettaient et produisaient sans cesse une action et une réaction mutuelles. En second lieu nous avons établi que la vie ne naissait pas et ne se maintenait pas sans une élimination, sans une lutte d'où provenait à la fin une sorte d'équilibre. Constatons maintenant les effets de la guerre, non plus dans la conservation de la vie individuelle, mais

---

(1) Chateaubriand, Atala, vers la fin.

dans la genèse de l'espèce et de la race. Considérons un animal quelconque, un chien, un cheval, un reptile, un singe, un homme et soyons persuadés que, sans la guerre, aucun de ces différents êtres n'existerait. Or, il s'agit ici d'une guerre véritable et non plus d'une réaction chimique ; il s'agit d'une guerre ouverte et dans laquelle le vaincu périra. Pour mieux fixer les idées, rappelons-nous le charme que nous éprouvons parfois à entendre un oiseau moduler sur l'arbre de la forêt les notes harmonieuses de son chant. Mais quand ce chanteur ailé met fin à son ramage, souvent d'un rapide coup de bec il se saisit d'un insecte et l'avale. Lui-même il succombera bientôt peut-être sous l'attaque du vautour qui le guette et il laissera ainsi sans défense sa femelle, son nid et ses œufs. Dans la mer la lutte est aussi générale, tant est grande la voracité des poissons. Quant à l'homme, lui qui paraît doux et inoffensif, il fait d'abord la guerre aux bêtes fauves et il emploie la ruse ainsi que la violence pour assurer son triomphe ; ensuite il s'est constitué à force de patience et d'habileté une nourriture presque certaine et assez abondante ; il a en effet soumis à sa domination plusieurs races d'animaux domestiques dont il est le maître, qu'il conserve et entretient selon ses besoins ou pour alléger sa peine. Quand il a, durant de longues années, tiré parti de leur vigueur et de leur docilité, il les frappe du coup mortel ; il vend leurs débris en détail et enfin il s'en nourrit, lui, sa famille et son chien. Il est donc, comme tous les animaux, occupé à détruire et à disputer à d'autres les productions de la terre. Il a même donné à sa victoire une forme parfois cruelle et barbare, car non seulement l'homme tue les bêtes, mais il met certaines races sous sa dépendance, dans des cages grandes ou petites et, ce qui est plus dur et plus important, il limite, dirige ou suspend leur propagation : il agit donc comme le vainqueur le plus odieusement tyrannique.

Ainsi la vie donne lieu partout à une bataille sans fin ni trêve. Or, quel en est le résultat ? A ne consulter que l'apparence, on ne voit que destruction et amoindrissement des êtres. C'est cependant l'un des plus sûrs procédés qu'emploie la nature pour produire les races et pour donner naissance à un animal individuel, à un lion, à un chien, à un cheval, à un homme, tels que nous les voyons aujourd'hui. Ni l'action du mâle sur la femelle ni l'influence des milieux n'auraient suffi pour perpétuer les espèces animales. On connaît la sélection artificielle que pratiquent les éleveurs : en dirigeant la reproduction avec méthode, on crée des races nouvelles ou l'on améliore celles qui existent : il suffit de choisir convenablement les animaux qu'on destine à ce rôle, ou bien on leur fait suivre un régime dont on prévoit les effets. Or, la nature agit, non pas de même, mais d'une manière analogue : son choix est moins réfléchi, mais il aboutit à des résultats aussi certains ; sans doute aujourd'hui, après tant de siècles, les espèces sont assez fixes et ne permettraient pas un croisement aveugle et indéfini : on n'obtiendrait qu'un être impuissant et stérile comme le mulet. Toutefois, même aujourd'hui, les espèces sont susceptibles encore de variations secondaires. Cette variabilité est chose décisive et, si l'on remonte beaucoup plus haut dans l'histoire de la formation des espèces, on comprendra qu'aux époques préhistoriques, alors que les types étaient moins accentués, moins définis, cette variabilité avait plus d'importance et produisait des effets plus multiples : en effet que de races disparues ! Mais cette élimination de tant d'espèces fossiles animales — au nombre de vingt-cinq mille environ — résulte d'une guerre d'abord, puis d'une défaite et d'une victoire : la concurrence entre les espèces est constante et produit dans une race des transformations successives ainsi que des améliorations analogues à celles obtenues par les éleveurs. Dans le principe, la vie résidait en germe dans une simple monade, possédant virtuellement la puissance organisatrice ; ce premier type de l'animalité a d'abord subi, entre autres influences, celle de la concurrence et de la lutte pour l'existence ; puis il s'est modifié et successivement compliqué ; seuls les individus les plus forts ont vécu, ont pu se défendre ; seuls alors ils ont transmis par la génération, puis perpétué et fixé par les espèces, les caractères, les avantages qui les distinguaient individuellement. De cette rivalité sont nées des formes animales de plus en plus parfaites et compliquées ; enfin l'habitude résultant du milieu a comme accumulé dans les races victorieuses les meilleures qualités des plus forts sujets, de telle sorte que la vie animale admet pour origine une monade organisatrice et active ; ensuite les races se livrent un incessant combat : l'être doué du plus mince avantage le transmet comme une arme précieuse qui lui a servi et qui désormais servira à ses descendants. Les plus faibles, étant dépourvus de cette arme défensive ou offensive, succombent bientôt et ainsi s'opère inconsciemment dans la nature un triage par la guerre, d'où résulte pour nous la présence de ces animaux bien définis tels qu'un lion, un chien, un cheval, un homme. En fait ces êtres sont des vainqueurs. Certainement ils ont jadis trouvé des races rivales, mais il les ont détruites soit par la force, soit par la ruse, soit en s'attachant à l'homme, en l'aidant et, quant à l'homme, il a en partie triomphé de tous à l'aide de l'intelligence, du temps et de l'habileté. On dit qu'il est le roi de la nature ; non, il en est le conquérant. En lui ce qu'il y a de raison inconsciente dans toute la nature animée, s'est développé par la lutte et le triomphe ; cette raison est devenue l'arme de son espèce, arme terrible dont il se sert pour calculer ses moyens de défense et d'attaque d'après des principes et avec un raisonnement réfléchi ; cette raison, inconsciente d'abord, est devenue en lui de plus en plus nette, claire et consciente ; quoique bornée et pénible dans son exercice, elle est l'origine de la science et de la civilisation.

De ces prémisses tirons quelques conclusions. D'abord cette guerre de tous contre tous — *bellum omnium contra omnes* — est vraiment formatrice ; elle est une des voies que suit la Providence pour donner le jour aux animaux supérieurs : dans le fond de la nature on ne voit qu'éléments matériels auxquels s'associe et que réunit une substance raisonnable et vitale, une sorte de pensée vague, indéterminée, qui s'assimile les atomes et les dispose en systèmes organiques fort imparfaits d'abord. Une cavité digestive entourée d'un sac musculaire, un rameau portant des feuilles, voilà pour les animaux et pour les plantes le premier effet de cette idée immanente dans la matière ; elle est l'élément actif, intérieur et essentiel qui, s'ajoutant à la molécule passive et corpusculaire, l'organise et lui impose une forme et des contours. L'idée est le type interne de toutes choses. Donc matière et raison séminale inconsciente, voilà ce que la nature donne au début. La guerre fera le reste. D'un germe dont le microscope seul découvre l'organisation secrète, la nature tire et produit des animalcules innombrables, des vibrions, des infusoires ; ceux-ci n'ont pas encore de cavité digestive permanente, mais ils se défendent et se meuvent à l'aide de cils vibratiles. Toutefois, ils sont restés à l'état microscopique, tandis que d'autres germes, aussi petits tout d'abord, mais mieux pourvus et possédant une cavité digestive plus puissante pour l'assimilation, se sont avec le temps peu à peu fortifiés ; ils ont accumulé les avantages déjà conquis et sont arrivés d'après la loi de leur type au maximum de leur développement ; de là les animaux supérieurs : partis d'un embryon à peine visible, ils ont si bien lutté qu'ils ont considérablement accru la vitalité de leur race et l'ampleur de leurs formes organiques.

En second lieu, non seulement cette concurrence vitale est formatrice, mais de plus elle améliore, elle tire du premier germe tout le parti possible ; elle régularise et perfectionne l'ensemble : les organes atteignent mieux leur fin, remplissent mieux leur fonction ; tel sens devient plus sûr, plus fidèle ; sa portée s'étend au loin. Ce résultat vient de ce qu'au début de la lutte, cet organe et ce sens ont été surtout exercés pour la défense ou excités par un impérieux besoin, car pourquoi le vautour a-t-il une vue si perçante, le singe une main si crochue, l'oiseau un bec si fort, le taureau des cornes si solides, l'homme une si vaste intelligence, sinon parce que tous ces êtres se sont beaucoup et de préférence servis de l'un de ces membres ou de l'une de ces facultés ? C'est pour la même raison qu'un aveugle a le sens du toucher si délicat : l'exercice habituel donne vigueur et agilité.

L'utilité de la guerre dans la nature ne saurait donc être contestée. Nous en avons indiqué l'origine physique et physiologique ; nous avons rendu cette recherche assez profonde, puisque nous l'avons poussée jusqu'à considérer l'action et la réaction des molécules matérielles, jusqu'à étudier le rôle de la rivalité des races pour voir comment s'opérait la genèse des espèces. Fixons maintenant nos idées sur la guerre que se font les hommes. C'est là notre véritable sujet. Tout ce qui précède aura eu pour but fort utile d'étendre nos vues, de les généraliser ; par cette comparaison, nous pourrons mieux juger et apprécier nos luttes et nos dissensions intestines, afin de déterminer leurs causes, leurs lois, leurs effets, afin de savoir surtout si la guerre aura jamais un terme parmi nous. Evitant avec soin la méthode psychologique de Socrate, laquelle nous limite à l'étude de l'homme, suivant au contraire la méthode cosmologique jadis employée par les stoïciens, nous avons jeté nos regards sur toute la nature et nous avons constaté que la guerre y régnait partout. Pourquoi l'homme échapperait-il à cette loi, à cette nécessité ? Serait-ce qu'ayant prospéré par la guerre en détruisant ou en dominant les espèces rivales, il aurait enfin renoncé à ce dur traitement à l'égard des êtres appartenant à sa propre espèce et la constituant ? S'il en était ainsi, l'homme vivrait donc d'une manière exceptionnelle. Il aurait alors un mode d'existence exclusivement humain et non pas naturel. C'est ce que nous aurons à décider plus loin.

CHAPITRE DEUXIÈME

De la guerre dans la race humaine

Il n'y a pas sans doute d'impossibilité absolue à ce que les relations sociales soient aujourd'hui tout à fait exemptes d'hostilité. Ainsi la famille est essentiellement et dans son principe fondée sur la conciliation. L'inimitié n'a pas en effet présidé au choix de l'épouse par l'époux ; au contraire l'esprit de dévouement, la tendresse affectueuse ont formé et resserré les liens de l'union conjugale. A leur tour les enfants sont devenus l'objet d'une prédilection particulière, exclusive, car les parents aiment surtout leurs enfants ; la sollicitude maternelle et paternelle est un excès, une préférence marquée. Dans cette vie toute de paix, les cœurs sont indissolublement unis ; dans les conjonctures les plus délicates la voix du sang se fait entendre et, si parfois la concorde a été troublée, l'harmonie renaît bientôt entre ces êtres qui se sont choisis ou qu'une étroite parenté associe pour toujours. Si l'on est exact et si l'on observe bien, les sentiments de haine persistante sont l'exception dans la vie de famille. Mais la cause de cette prédominance de l'esprit de paix sous le toit domestique se devine aisément. Quel est en effet l'un des buts du mariage ? La reproduction de l'espèce ; de là naît une consanguinité qui rapproche et retient ; les époux sentent d'instinct que de leur union dépendent la vie et le bonheur de leurs enfants. Autrement la race humaine ne tarderait pas à périr, car l'enfant de l'homme ne s'élève pas comme les petits des autres espèces : six mois de soins et d'allaitement ne suffisent pas ; il faut une constante sollicitude pendant plusieurs années et l'on conçoit qu'un si long échange de bons services, une communauté si intime de soucis et de joies doivent imposer à la famille un caractère incontestable de douceur et de mutuelle bonté.

Nous signalerons encore ici une autre association fort importante et que fonde aussi la sympathie ; nous voulons parler de l'association civile sur le même sol et sous les mêmes lois, de cette grande réunion de tant de familles qui suivent les mêmes usages et recherchent les mêmes intérêts. Elle donne naissance à l'amour de la patrie, sentiment vif et durable qui nous rend chers et les concitoyens que nous connaissons personnellement et ceux dont nous ignorons même le nom : leur qualité de concitoyens suffit pour leur conférer d'avance quelque droit à notre affection. Enfin, outre les affections domestiques, outre le patriotisme, l'esprit de paix fonde encore parmi les hommes les multiples communautés que règle et dirige le sentiment religieux. Elles sont fécondes en actes de sympathie et de mansuétude. Elles unissent les âmes par l'adoption des mêmes dogmes et des mêmes espérances d'outre-tombe. Elles maintiennent cette union par le mutuel support de nos misères et par la perspective de joies intimes qu'avoue la vertu.

Néanmoins telle est l'urgente nécessité de la guerre que celle-ci va surgir des œuvres mêmes de la paix.

En effet la famille est exclusive, nous l'avons déjà remarqué ; elle oppose les intérêts et limite les affections. Les étrangers ne sont admis qu'à titre précaire dans le cercle étroit du foyer ; ce n'est point là une disposition amicale assurément. Mais allons plus loin encore et nous constaterons que deux frères, quoique issus des mêmes père et mère, deviennent bientôt les chefs de deux familles qui, vu leur parenté moins immédiate, seront déjà portées à se distinguer et peut-être à s'opposer. Alors, comme dans la nature physique, l'homogène produit l'hétérogène : au même succède l'autre. Ainsi l'exigent l'instabilité de ce qui est homogène et la multiplicité de ses effets. On sait de plus que la paix ne règne pas toujours dans les familles et que dans tous les pays les législateurs ont dû intervenir pour autoriser le divorce ou la séparation. Ensuite l'amour de la patrie ne détruit pas toute dissension. Lui aussi il oppose les intérêts et trace des lignes de démarcation qu'un peuple voisin ne franchit que les armes à la main. L'honneur national ou l'ambition sont les motifs ordinaires de ces collisions internationales. En outre est-ce que l'amour de la patrie fait toujours taire dans un même pays les rancunes des partis ? Quand est-ce que, réunis autour de l'autel de la patrie, ils songent à renoncer à leurs réclamations ? Bientôt les rivalités s'accentuent, la richesse lutte contre la pauvreté, les patriciens contre les plébéiens, et ceux-ci refusent de prendre part à des charges désormais trop lourdes. Alors éclate une guerre sans merci ; la jalousie, l'ambition déçue l'enveniment et l'entretiennent.

En troisième lieu nous ferons à propos de la fraternité religieuse les mêmes restrictions. Les querelles sont alimentées par l'unité même des dogmes que les uns voudraient conserver intacts quand les autres s'efforcent de les modifier. Les sectes naissent de ces discussions ; elles créent une opposition qu'augmentent ensuite des intérêts d'un ordre politique ; le désir de dominer porte les uns à s'enfermer dans un *credo* qu'ils imposent aux faibles ; un aveugle fanatisme inspire les autres ; le besoin de comprendre et d'expliquer les mystères réveille l'ardeur militante des âmes loyales et des esprits éclairés ; mais l'obscurité de ces mystères rend tout accord impossible et c'est ainsi qu'une religion dont le premier but avait été la mansuétude et l'amour, devient un instrument de haine, un prétexte de bataille. Or, quelles violences, quelles cruelles et basses vengeances souillent alors le sol de la patrie ! Toutes les fureurs sont déchaînées ; la piété sert de manteau aux inimitiés les plus implacables ; elle divise les familles, elle divise les Etats. Il ne serait que trop facile, hélas ! de justifier ces remarques par des récits empruntés à l'histoire. On y verrait tous les droits méconnus, les liens de la parenté violemment rompus et brisés à jamais. Telle fut la guerre sainte qu'autrefois entreprirent les Turcs Seldjoucides pour détruire le christianisme : une idée religieuse présidait à ces massacres. Ecoutons en effet le témoignage d'une victime de ces fureurs : « En l'année 1065, dit Mathieu d'Edesse, moine arménien qui mourut à la prise d'Edesse par Nour-Eddin, le souverain de la Perse, Alp-Arslan, frère de Thogrul et son successeur, ayant levé des troupes parmi les Perses et les Turcs, se mit en marche : c'était une mer ondoyante qui soulève ses vagues irritées, ou bien un fleuve qui roule des flots impétueux et débordés ; c'était une bête féroce qui, exaspérée, donne cours à ses intincts cruels. Il se dirigea vers l'Arménie et entra dans le pays des Agh'ouans ; les habitants furent passés au fil de l'épée et réduits en esclavage. Il causa aux chrétiens des maux infinis, dont il serait au-dessus de nos forces d'esquisser le tableau, car ils goutèrent à la coupe amère de la mort que leur présenta la race odieuse des Turcs. Les infidèles étaient si nombreux qu'ils couvraient au loin la surface des plaines et que toute issue de salut fut fermée. Une foule de prêtres, de religieux, de patriarches et de gens de distinction périrent et leurs cadavres devinrent la pâture des animaux et des oiseaux de proie.

De là le sulthan pénétra dans la Géorgie et y promena partout la mort et l'esclavage ; il attaqua la ville d'Akhal et l'emporta d'assaut. Les Turcs exterminèrent tous les habitants, hommes, femmes, prêtres, moines et nobles ; les jeunes garçons et les jeunes filles furent emmenés captifs en Perse. Des amas incalculables d'or, d'argent, de pierres précieuses et de perles tombèrent entre les mains des vainqueurs. Fier de ce succès, le sulthan, ce dragon de la Perse, fondit cette année même sur l'Arménie. Instrument des vengeances célestes, sa colère se répandit sur les nations orientales auxquelles il fit boire le fiel de sa malice. Le feu de la mort enveloppa de ses flammes les fidèles du Christ ; le pays fut inondé de sang ; le glaive et l'esclavage y étendirent leurs ravages. Le sulthan marchait menaçant comme un nuage noir. Parvenu sous les murs de la ville royale d'Ani, il l'entoura de toutes parts comme un serpent de ses replis. A sa vue, les habitants tremblèrent ; néanmoins ils se préparèrent à lui opposer une vigoureuse résistance. Les infidèles commencèrent l'attaque avec un élan impétueux et terrible ; ils rejetèrent en masse les troupes arméniennes dans l'intérieur des murs. Par leurs assauts incessants ils réduisirent les assiégés à l'extrémité. Ceux-ci, épouvantés, se mirent à répandre des larmes : le père pleurait sur son fils, la mère sur sa fille, l'ami sur son ami. Enfin accourant avec le gros de son armée, Alp-Arslan fit son entrée dans cette ville inexpugnable en s'écriant : « C'est leur Dieu qui les livre entre mes mains. » Les Turcs tenaient deux couteaux effilés un de chaque main et un troisième entre les dents. Aussitôt ils commencèrent le carnage avec une cruauté inouïe. La population d'Ani fut moissonnée comme l'herbe verte des champs. En un instant les rues regorgèrent de sang. Les plus illustres Arméniens furent traînés chargés de chaînes, en présence du sulthan. Des dames belles et respectables furent conduites comme esclaves en Perse. De jeunes garçons au teint éclatant de blancheur, de jeunes filles à la figure ravissante furent emmenés à la suite de leurs mères. Une foule de saints prêtres périrent par le feu ; il y en eut qui furent écorchés des pieds à la tête avec d'horribles souffrances. Un des infidèles étant monté sur le faîte de la cathédrale arracha l'énorme croix qui s'élevait sur la coupole et la jeta en bas. Puis ayant pénétré par la porte qui donnait accès dans l'intérieur de la coupole, il précipita dans l'église la lampe de cristal que le puissant roi Sempad avait rapportée de l'Inde et qui se brisa en mille morceaux. Elle pesait douze livres et pouvait contenir un poids égal d'huile. Au moment de la chute de la croix, de violents coups de tonnerre se firent entendre et il tomba une pluie abondante qui entraîna dans le fleuve des torrents de sang. Le sulthan ayant appris que cette lampe, qui était sans pareille, avait été cassée, en fut désolé. Quant à la croix d'argent, elle était de hauteur d'homme ; ils l'emportèrent pour la faire servir de seuil à la porte d'une mosquée et elle y est demeurée jusqu'à présent *. » Ce récit émouvant nous présente réunies en un seul tableau presque toutes les horreurs qu'engendre le fanatisme. Il y manque toutefois le trait le plus odieux, la trahison, laquelle caractérise les dissensions religieuses entre citoyens d'un même pays. La barbarie de ces Turcs Seldjoucides a une certaine brutalité terrible, mais franche. Quand à la guerre religieuse se mêle la guerre civile, les cœurs sont plus aigris, les caractères plus abaissés ; aussi la vengeance et la lâcheté font-elle alors sentir leurs tristes effets. Trente ans plus tard les ravages exercés par les Turcs provoquèrent de légitimes représailles, connues sous le nom de croisades. L'Europe se souleva contre l'Asie ; d'ardentes prédications des papes et des évêques, des chants populaires entretinrent cet enthousiasme. Voici l'un des plus cé-

* Chronique de Mathieu d'Edesse, traduct. Dulaurier, 2, 28.

lèbres et qui peut servir à caractériser ces luttes dont le but fut politique mais dont le mobile fut l'enthousiasme religieux : « Le bois de la croix est la bannière de notre chef, celle que suit notre armée. Nous allons à Tyr ; c'est le rendez-vous des braves ; là doivent aller ceux qui s'épuisent ici en combats inutiles pour gagner le renom de chevalerie. Qui n'a point d'argent, s'il a la foi, c'est assez. Le corps du Seigneur doit suffire comme pain du voyage au défenseur de la Croix. Le Christ en se livrant au tourmenteur a fait un prêt au pécheur : pécheur, si tu ne veux pas mourir pour celui qui est mort pour toi, tu ne rends pas à Dieu son prêt ! Prends donc la croix, et, en prononçant ton vœu, recommande-toi à celui qui a donné pour toi son corps et sa vie. »

Mais si les chrétiens réagirent ainsi avec gloire et courage contre les invasions des Turcs, ils tournèrent souvent aussi contre leurs propres coreligionnaires des armes fratricides dont cependant Jésus avait jadis interdit l'usage : « Remettez votre glaive en son lieu, avait-il dit. » Oubliant cette parole empreinte d'une généreuse mansuétude, les catholiques se refusèrent dans toute l'Europe à reconnaître, à tolérer près d'eux une secte dissidente : la guerre éclata, longue et acharnée. Loin de nous la pensée d'en reproduire les tristes péripéties ; ces guerres, d'ailleurs, ne sont que trop connues. Mais nous voulons seulement en citer quelques traits pour compléter les caractères que nous avons déjà signalés, et aussi pour rendre évidente par tous ces faits accumulés la grande *loi de sociologie* que nous étudions. On jugera par là que la guerre des chrétiens contre eux-mêmes était aussi atroce, aussi impitoyable que celle faite aux chrétiens par les Turcs Seldjoucides. Dans ces circonstances « chaque soldat était un enthousiaste qui se croyait les plus grandes cruautés permises pour le soutien de sa religion. Il n'y parut que trop à la prise de Beaugency (Loiret) en 1562, ville que Condé livra au pillage. Tout ce qu'une rage féroce longtemps retenue peut se permettre d'excès y fut commis; et le soldat, animé par ce premier essai, ne connut plus de bornes par la suite. Mais les royalistes ne furent point en reste ; ils pillèrent avec la même inhumanité la ville de Blois. Ces cruelles représailles de la part des chefs enhardirent les particuliers à des excès dont le récit seul fait frémir. Catholiques ou calvinistes, il est difficile de décider lesquels se permirent des barbaries plus atroces. L'histoire a conservé les noms de quelques monstres, hommes de sang, dont les traces étaient marquées par le carnage, qui faisaient des prisons de leurs châteaux et des bourreaux de leurs valets ; qui enfin non contents de se faire un jeu de la vie des hommes, ajoutaient au supplice les tourments et aux tourments l'amertume de la raillerie. Il n'y avait nulle sûreté, nul asile contre la violence : la bonne foi des traités, la sainteté des serments furent dans ces guerres également foulées aux pieds; on vit des garnisons entières qui s'étaient rendues sous la sauve-garde d'une capitulation honorable, passées au fil de l'épée et leurs capitaines expirer sur la roue. Les annales des villes, les fastes des familles ont transmis jusqu'à nous des exemples d'inhumanité dont la variété surprend autant que la cruauté inspire d'horreur. Des tortures adroitement ménagées pour suspendre la mort et la rendre plus douloureuse ; des pères, des maris poignardés entre les bras de leurs filles et de leurs épouses outragées sous leurs yeux ; des femmes, des enfants traités avec une brutalité inconnue chez les peuples les plus barbares ; enfin, des régions entières dévastées ; le meurtre comblé par l'incendie ; des magistrats vénérables devenus les victimes de la fureur d'une populace effrénée qui, poussant la rage au-delà de leur mort, traînait dans les rues leurs entrailles encore palpitantes et se repaissait de leur chair*. »

Ce trait nous montre avec évidence combien la guerre à la fois religieuse et civile l'emporte en barbarie sur toutes les autres ; il semble qu'alors la haine soit arrivée à son paroxysme par l'accumulation des antipathies. Ce tableau ne dépasse-t-il pas en horribles détails le récit de Mathieu d'Edesse ? On s'en convaincra encore en lisant ce qui se rapporte aux profanations des églises. On se rappelle qu'à la prise d'Ani en Arménie un musulman avait lancé du haut de la cathédrale une croix d'argent et qu'il avait brisé une belle lampe de cristal. Or, voici, d'après Anquetil, comment des chrétiens traitaient les sanctuaires du Christ : « Les protestants en voulaient surtout aux monastères ; et, ce qui outrait le clergé et le peuple catholique, c'est que souvent les déprédations des hérétiques portaient encore plus la marque de la dérision que du besoin. Ils abattaient les églises, renversaient les autels qu'ils profanaient

* Anquetil, l'Esprit de la Ligue, I, 2.

en mille manières ; ils mutilaient les statues des saints, dont ils brûlaient les reliques avec moquerie, déchiraient les ornements, les appliquaient à des usages ridicules, fouillaient jusque dans les tombeaux et dispersaient les ossements, en haine de la religion catholique que les morts avaient professée. A la vue de ces profanations sacrilèges, les ecclésiastiques tonnèrent en chaire contre les coupables ; plusieurs s'armèrent pour repousser la force par la force : le zèle des prêtres devint fureur dans les peuples, et ce ne fut plus qu'un débordement d'abominations dont les chefs gémirent sans pouvoir l'arrêter. »

Mais on pourrait croire que l'enseignement des docteurs chrétiens s'opposait en principe et dans les théories dogmatiques à toute attaque violente à l'égard des hérétiques ; ou penserait, non sans raison, qu'une telle douceur serait conforme et à la parole de Christ et aux dispositions pacifiques de savants théologiens. Mais il n'en est rien, et c'est peut-être ici qu'il convient le plus de gémir amèrement, car la science même de Dieu devenait l'origine et l'instigatrice de la haine. On trouve en effet dans la *Somme* de Saint-Thomas [*] l'important passage que voici : « Si les faussaires et autres malfaiteurs sont justement punis par les princes séculiers, à plus forte raison les hérétiques convaincus doivent être non seulement excommuniés, mais punis de mort, *justè occidi*. L'Eglise témoigne d'abord sa miséricorde pour la conversion des égarés ; car elle

---

[*] 2ᵉ partie, onzième question, article 3, conclusion.

ne les condamne qu'après une première et une seconde réprimande. Mais si le coupable est obstiné, l'Eglise, désespérant alors de sa conversion et veillant sur le salut des autres, le sépare de l'Eglise par sa sentence d'excommunication et le livre au jugement séculier pour être séparé de ce monde par la mort. Car, ainsi que le dit saint Jérôme, les chairs putrides doivent être coupées et la brebis galeuse séparée du troupeau, de peur que la maison tout entière, tout le corps, tout le troupeau, ne soit atteint de la contagion, gâté, pourri et perdu. Arius ne fut qu'une étincelle à Alexandrie. Mais pour n'avoir pas été étouffée d'un seul coup, cette étincelle a enflammé l'univers. » Telle est la doctrine de la guerre qu'a enseignée, au nom de Christ, un moine, un solitaire qui, soustrait à toutes les charges de l'Etat et de la famille, livré à la prière et à l'étude, n'a pu trouver en son cœur le sentiment de la clémence, et en son esprit la notion du droit absolu de la personne humaine.

Comme le fanatisme religieux, les dissensions intestines entre citoyens d'un même pays aiguisent les passions et provoquent le déchaînement de colères jusqu'alors contenues. Quand c'est la religion qui sépare, la rupture est d'autant plus violente et haineuse que la conception d'un Dieu, père commun des hommes, devrait davantage nous unir et resserrer étroitement les liens sacrés de la fraternité. Le regret inconscient d'une opposition aussi injuste, aussi peu logique, enlève à tous l'espoir d'un retour pacifique ; les cœurs sont ulcérés et la guerre sévit dans toute son horrible fureur. De même entre concitoyens : la patrie est leur mère commune ; ils parlent la même langue, reconnaissent les mêmes lois, suivent les mêmes usages ; ils ont dû parfois, comme des frères, réunir leurs armes et leurs courages pour protéger l'honneur national. Vainqueurs, ils ont aimé à unir leurs chants de triomphe ; vaincus, ils ont confondu leurs larmes et associé leurs espérances. Mais l'ambition, de mesquines rivalités, les divisent, les jettent dans des partis contraires et bientôt la sédition, le tumulte achèvent l'œuvre fratricide. Enfin coule de part et d'autre ce sang que les ennemis avaient épargné. Concluons qu'en général *la guerre est plus cruelle là où l'affection devrait être plus intime.* L'histoire confirme cette observation : « à peine Marius fut-il rentré dans Rome à la tête de ses satellites que des sénateurs illustres en grand nombre furent égorgés dans les rues et immolés les premiers à la vengeance du triumvir. Il fit porter leurs têtes sur la tribune aux harangues; et, comme s'il eût voulu étendre sa vengeance au-delà même de la mort, il ordonna qu'on laissât ces cadavres mutilés dans les rues pour être dévorés par les chiens. Le consulaire Quintus Catulus, illustre par sa victoire sur les Cimbres, fut proscrit ; s'enfermant alors dans une chambre, il se fit étouffer par la vapeur du charbon qu'il y avait fait allumer. Puis Marius fit chercher avec soin Métella, femme de Sylla, ainsi que ses enfants, pour les faire mourir. Mais on réussit à les faire échapper. Ensuite il fit raser la maison de son ennemi, confisquer ses biens ; et, pendant que Sylla ajoutait de grandes provinces et des royaumes entiers à la domination des Romains, il n'eut point de honte de le faire déclarer ennemi de la République *. » Ce tableau est horrible : cruauté, trahison, lâcheté, ingratitude, rien n'y manque. Mais le récit suivant ne le lui cède pas en froide barbarie ; c'est la revanche ; c'est l'inévitable réaction : « Sylla ayant rassemblé tous ceux qui étaient restés de ces trois mille hommes et des autres jusqu'au nombre de six mille, les fit enfermer dans le cirque et convoqua le Sénat dans le temple de Bellone. Au moment où Sylla commençait son discours, les soldats, qui avaient reçu ses ordres, se mirent à massacrer ces six mille prisonniers. Les cris de tant de malheureux qu'on égorgeait à la fois dans cet étroit espace s'entendaient au loin, comme on peut croire, et les sénateurs en furent saisis d'effroi. Pour lui, il continua de parler avec le même sang-froid et le même air de visage, et il les pria de prêter leur attention à son discours, sans s'occuper de ce qui se passait au dehors : Ce sont, dit-il, quelques mauvais sujets que je fais corriger. »

Dès que Sylla eut commencé à faire couler le sang, les massacres n'eurent plus ni fin ni mesure. Une foule de citoyens furent victimes de haines particulières, qui n'avaient jamais eu rien à démêler avec Sylla : il les sacrifiait au ressentiment de ses amis qu'il voulait obliger. Il proscrivit quatre-vingts citoyens sans en avoir rien communiqué à aucun des magistrats. Comme il vit que l'indignation était générale, il laissa passer un jour, puis il en proscrivit deux cent vingt autres, et le lendemain un pareil

---

* Vertot, Histoire des Révolutions de la République romaine. I, 10.

nombre. Ayant ensuite harangué le peuple, il dit qu'il avait proscrit tous ceux dont il s'était souvenu, et que ceux qu'il avait oubliés, il les proscrirait à mesure qu'ils se présenteraient à sa mémoire. Le meurtrier recevait deux talents pour salaire de l'homicide, fût-ce un esclave qui eût tué son maître, ou un fils son père. Mais ce qui parut le comble de l'injustice, c'est qu'il nota d'infamie les fils et les petits-fils des proscrits et qu'il confisqua leurs biens.

Les proscriptions ne furent pas bornées à Rome ; elles s'étendirent à toutes les villes de l'Italie. Il n'y eut ni temple des dieux, ni pénates hospitaliers, ni maison paternelle qui demeurât pure de massacres. Les maris étaient égorgés dans le sein de leurs femmes, les enfants entre les bras de leurs mères, et le nombre des victimes sacrifiées à la colère n'égalait pas, à beaucoup près, le nombre de ceux que faisaient égorger leurs richesses. Aussi les assassins eux-mêmes pouvaient-ils dire : « Celui-ci, c'est sa belle maison qui l'a fait périr ; celui-là, son jardin ; cet autre, ses eaux thermales. » Quintus Aurélius, homme qui ne se mêlait de rien et qui ne craignait pas d'avoir d'autre part aux malheurs publics que la compassion qu'il portait aux infortunes d'autrui, étant allé au Forum, se mit à lire les noms des proscrits, et y trouva le sien : « Malheureux que je suis, s'écria-t-il, mon domaine d'Albe me fait mourir. » Il eut à peine fait quelques pas qu'un homme courut à sa poursuite et l'égorgea.

Cependant Marius le Jeune, se voyant sur le point d'être pris, se donna lui-même la mort. Sylla rentra alors à Préneste et fit d'abord juger et exécuter des habitants en particulier ; puis, comme si ces formalités lui prenaient trop de temps, il les rassembla en masse dans un même lieu, au nombre de douze mille, et il les fit passer au fil de l'épée. Il ne voulut faire grâce de la vie qu'à son hôte, mais cet homme, avec une grandeur d'âme admirable, déclara qu'il ne devrait jamais son salut au bourreau de sa patrie : il se jeta volontairement au milieu de ses concitoyens, et il fut tué comme eux *.

Mais pour caractériser avec plus d'exactitude la guerre civile, pour mieux en fixer les traits spéciaux, transportons-nous en France et par un récit choisi dans notre histoire contemporaine, complétons cette étude de la guerre entre citoyens d'une même patrie. Nous emprunterons un de ces tableaux à l'histoire de notre révolution de 1789, révolution si utile et si grande par son influence et plusieurs de ses effets, mais qui a été souillée par plus d'un crime.

« La commune de Paris, dit Ferrières dans ses Mémoires **, cherche à donner à cette horrible boucherie de septembre 1792 les dehors d'un acte de justice populaire; elle organise à la hâte un tribunal dans chaque prison. Celui qui la préside a un long sabre à son côté ; il est assis devant une table couverte de papiers, de pipes et de bouteilles. Une douzaine d'hommes, les uns debout et en vestes d'ouvriers, les autres couchés sur des bancs et assoupis de fatigue et d'ivresse, composent un monstrueux

---

* Récits extraits de Plutarque, vie de Sylla, 39-42.
** I, 13.

jury ; trois égorgeurs amènent le prisonnier ; ils ont leurs sabres croisés sur sa poitrine, et l'avertissent qu'au moindre mouvement ils le poignarderont. Deux égorgeurs, le sabre nu, les manches retroussées jusqu'aux coudes, la chemise tachée de sang, gardent la porte du guichet. Le geôlier a les mains sur les verroux qui la ferment ; une chandelle placée au milieu de la table ajoute au sombre du tableau. Sa lumière vacillante se réfléchit sur la figure sinistre des juges, et en laisse entrevoir à l'œil les traits farouches et hideux. « Votre nom, votre profession, dit le président d'un ton sévère ; prenez garde, un mensonge vous perd. » Nulle recommandation ne peut sauver la victime désignée. Un homme âgé de soixante ans, se présente pendant que le président consulte le registre des écrous ; deux gardes nationaux viennent au nom de la section de la Croix-Rouge, réclamer cet homme qu'ils assurent s'être toujours montré bon citoyen. « Les réclamations sont nulles pour les traîtres, répond sèchement le président. — Cela est affreux, s'écrie l'homme, votre jugement est un assassinat. — J'en ai les mains lavées, réplique le président ; conduisez monsieur. » On le pousse dans la cour, il est égorgé. Cependant la Commune qui affectait d'être étrangère à ce qui se passait, envoya deux de ses membres demander l'intervention de l'Assemblée pour arrêter, disait-elle, l'effusion du sang humain, ajoutant qu'elle n'avait aucun moyen de l'empêcher. L'Assemblée se contenta de nommer deux commissaires ; elle les chargea de se rendre à l'Abbaye où était ce qu'on appelait alors le peuple, et de l'engager par toutes les voies de douceur et de persuasion à cesser le carnage. Les commissaires y trouvèrent quarante à cinquante égorgeurs formant un demi-cercle autour de la porte de la prison. Cent hommes eussent dissipé cette troupe de bourreaux. Dussaulx, l'un des commissaires de l'Assemblée, parla de la soumission à la loi, de la prise de la Bastille, de ce qu'il avait fait pour la liberté ; on ne l'écouta pas. A la fin, un des égorgeurs, ennuyé de ses longs discours, lui dit avec une grande ingénuité : « Monsieur, vous m'avez l'air d'un honnête homme ; retirez-vous, je vous prie, vous m'empêchez de travailler. Depuis que vous me retenez là, mes camarades en ont exécuté plus de vingt. » Les cours, les rues étaient jonchées de membres palpitants, de corps entassés confusément les uns sur les autres. La tuerie dura quatre jours et quatre nuits ; on ne saurait trop s'étonner soit de l'insouciance apathique des Parisiens qui virent commettre tant de meurtres sous leurs yeux avec la plus coupable indifférence, soit de l'avilissement de l'Assemblée qui n'osa prendre aucune mesure pour les prévenir, soit de la froide scélératesse de la Commune qui s'opposa constamment à tous les moyens que le ministre Roland et quelques députés voulurent employer pour les faire cesser. » De ces détails qu'il serait facile de multiplier, il résulte évidemment que la guerre civile a pour caractère essentiel l'insubordination et l'indiscipline. Il ne saurait en être autrement, vu qu'alors le pacte social est momentanément rompu ; toute nation a pour condition d'existence le respect des lois, des magistrats et de la hiérarchie. Or, dans une guerre civile l'action de la justice est suspendue ; la patrie est sans jugement, sans droit ; la bonne foi est méconnue ; il y a comme retour à la barbarie primitive. Dès que les chefs sont renversés, la loi du plus fort fait sentir ses effets ; de là le meurtre, le pillage et l'incendie. Dans la guerre ordinaire le général commande ; dans la guerre civile, ce sont les soldats.

En second lieu le droit des gens, le respect de certaines conventions subsistent entre deux peuples belligérants ; la tuerie ne dure pas au-delà de la bataille. Au contraire dans les dissensions intestines et civiles, nulle place à la générosité, à la loyauté, la fourberie s'allie toujours à la cruauté la plus raffinée.

Une fois la borne franchie, on se sent libre, on se soustrait à toute contrainte morale ; l'idée du droit n'exerce plus sa bienfaisante influence et le sang ne s'arrête de couler que par lassitude et dégoût. Lorsque le roi d'Angleterre eut été vendu par les Ecossais et enfermé au château d'Holmphy, Cromwell l'engagea secrètement et indirectement à se réfugier dans l'île de Wight, conseil qui était un acte de lâche trahison à l'égard d'un vaincu, car le gouverneur de l'île de Wight était dévoué à Cromwell et celui-ci se trouvait dès lors seul maître du sort et de la personne du roi.

Néanmoins, si l'on osait établir une comparaison, peut-être, semble-t-il, serait-ce la guerre religieuse qui apparaîtrait sous les dehors les plus odieux. En fait elle est plus implacable, car, quand même on n'y verserait pas plus de sang, toutefois elle aboutit à une oppression des consciences qui se prolonge au-delà des représailles. Le vainqueur s'efforce d'imposer son *credo* ; du moins il a soin de réprimer tout acte contraire ; la dignité humaine est atteinte dans sa partie intime et supérieure, dans son élan vers Dieu ; le sentiment religieux n'a pas seulement pour origine la raison s'élevant à la cause première, à la perfection infinie ; il est surtout une consolation qui, au milieu de nos misères, en adoucit l'amertume et répand en notre âme la foi en une espérance qui fortifie. Cette communication intime avec Dieu disparaît complètement si un être humain, quel qu'il soit, intervient et nous dicte ou nous suggère cette mystérieuse affection ; née du fond même de nos âmes, elle doit porter l'empreinte du libre et personnel effort de notre raison ; elle est comme un entretien secret avec Dieu ; elle est le gémissement de l'infortuné qui cherche et sollicite le courage. La présence d'un tiers rappelle l'âme à la lutte actuelle contre cette oppression ; elle retient l'élan du cœur vers l'idéal.

La guerre religieuse est donc funeste et impie dans ses effets ; elle est la tyrannie la plus complète et même la plus contraire au but poursuivi par la religion victorieuse. La guerre civile est terrible sans doute ; mais une entente, un compromis peut se produire plus facilement ; les intérêts en débat permettent d'espérer une solution amiable ; elle ne tarde pas à se produire, imposée par la force même des choses. La révolution d'Angleterre aboutit au rétablissement de la royauté et donna naissance à de précieuses libertés publiques. La révolution française ne détruisit pas non plus le pacte social ; au contraire elle mit en lumière et introduisit dans nos codes et nos coutumes les principes de l'égalité démocratique. Mais le fanatisme oppresseur n'obtient aucun résultat utile ; il est destructeur et, chose étrange, c'est le vainqueur qui subit le sort de la défaite ; le sang du vaincu est toujours fécond. Les persécutions ordonnées par les empereurs romains se sont comme retournées contre le polythéisme ancien : il y a péri ; le sang des martyrs chrétiens a fondé, a cimenté l'édifice de la nouvelle religion. Plus tard la résistance des catholiques n'a nullement entravé les progrès de la Réforme ; les adeptes de la secte naissante lui sont restés fidèles ; le protestantisme s'est plutôt accru qu'affaibli. C'est qu'en général l'homme peut tolérer des privilèges politiques, perdre ou négliger les droits du citoyen, s'accommoder même d'un gouvernement tyrannique. Mais la liberté de conscience est trop précieuse ; elle intéresse trop notre dignité pour que jamais le vaincu reconnaisse sa défaite et plie sous le joug. Le temple est le séjour de la paix et de la liberté : nos mesquines inégalités sociales y disparaissent en présence de la majesté divine et nous ne voulons nous y incliner que devant Dieu.

CHAPITRE TROISIEME

Psychologie de la guerre

La psychologie consiste à décrire l'âme humaine dans ses traits essentiels et dans ses attributs intimes. Mais à cette science générale de l'âme ne craignons pas d'ajouter des études plus spéciales, des caractères particuliers et variables par suite du milieu et des circonstances. La psychologie théorique nous présente comme une image froide et morte ; l'abstraction, l'analyse ne laissent plus subsister dans l'homme ainsi décrit que les grandes lignes. N'hésitons pas à compléter ces importantes données dès que l'occasion l'exige. Or, ici ne conviendra-t-il pas à l'ensemble de toutes nos réflexions de tracer le portrait du guerrier, d'en signaler les qualités maîtresses et supérieures ?

Certaines particularités physiologiques, la disproportion de volume et d'activité des organes et des fonctions du corps exercent sans aucun doute une influence décisive sur notre caractère. Aussi, pour se battre avec des chances favorables, faut-il y être prédisposé d'avance par l'état de notre nature physique. On est guerrier d'abord par tempérament. Un observateur attentif s'en rendrait compte au moment de la bataille. Quand, pour la première fois, le canon retentit aux oreilles du soldat, une terreur involontaire agit sur tout son organisme et y produit un trouble profond. La défaillance arrive parfois et révèle une âme faible et timide.

Il importe même de remarquer ici le plus étrange contraste : le soldat qui plusieurs jours avant l'engagement décisif a le plus étalé sa bravoure, celui qui s'est le plus permis de critiquer ses chefs ou de railler ses camarades, en un mot le soldat fanfaron est celui qui tremble sur le champ de bataille, qui perd tout sang-froid et jette le plus tôt ses armes. Au contraire un caractère calculateur et froid, qui discute nettement et sans forfanterie les chances diverses, qui, jamais ne se hasardant en vain, semblera être un lâche en comparaison du premier, puisera en lui-même, au moment du danger, cette virile énergie qui ne recule jamais et qui nous maintient au poste assigné par l'honneur. On rapporte que Turenne ne pouvait se soustraire, en présence de l'ennemi, à une agitation nerveuse, mais son âme, en pleine possession de son courage, savait dominer cette émotion douloureuse. On l'a même, paraît-il, entendu parler lui-même à son corps et lui dire : « Tremble, carcasse, tu tremblerais bien davantage si tu savais où je dois te conduire demain. »

Mais au-dessus du tempérament l'analyse psychologique doit placer les qualités de l'âme : celle-ci, en effet, gouverne le corps sans le tyranniser. C'est elle qui soutient et nos forces et notre ardeur ; « elle reste toujours maîtresse du corps qu'elle anime* » et c'est chose imposante de voir

---

* Bossuet, oraison funèbre de Condé.

dans le chef comme dans le simple soldat la puissance morale triompher autant des fatigues et des douleurs que des obstacles accumulés par l'ennemi.

L'esprit guerrier renferme au moins trois éléments principaux, la fierté, le courage et la loyauté. Une réflexion attentive les distingue nettement. Etre fier, c'est avoir conscience de sa propre valeur. Tandis que l'orgueil nous remplit d'une vaine présomption et nous induit en erreur sur notre mérite, la fierté nous éloigne de toute bassesse, nous inspire des sentiments élevés, nous donne de notre dignité une haute idée. Elle n'a point pour effet le mépris d'autrui ; une âme fière ne cherche l'avilissement de personne ; mais elle a souci de l'honneur et elle met un soin jaloux à le sauvegarder de toute atteinte. Ainsi définie, elle est légitime. Elle nous porte à repousser sans faiblir l'injure et l'outrage. Elle concorde donc avec les idées morales les plus respectables. L'orgueilleux est blessant pour autrui ; l'homme fier respecte, mais veut être respecté. La noblesse du caractère apparaît dans son maintien, dans le ton de ses discours, dans l'attitude qu'il s'impose quand il redoute ou reçoit une offense. Nous ne parlons pas ici de cette fierté déplacée qu'inspirent la richesse ou la haute naissance : elle diffère peu de l'orgueil. Mais nous entendons cette contenance toujours réservée, cette franchise de démarche qui sied à une âme droite, à un cœur bien placé.

Le courage, quand il s'y ajoute, lui communique de l'élan et de l'ardeur ; seule, la fierté nous disposerait non pas à agir, mais à nous abstenir ; le courage l'accompagne toujours chez le guerrier digne de ce nom. Il consiste à braver le danger, à demeurer intrépide quand la mort fait son œuvre autour de nous. L'œil du soldat courageux s'anime et brille d'un éclat inaccoutumé; son impétuosité est excitée par les airs guerriers qui retentissent; ces mâles accents ne sont en réalité que le chant funèbre qui célèbre son trépas, car peut-être est-il proche l'ennemi dont l'arme meurtrière va le frapper au cœur. Néanmoins il s'élance; l'obstacle irrite sa valeur; l'amour de la patrie, le désir de venger une défaite ou de mériter un nouveau triomphe, la haine de l'étranger, l'honneur enfin, tous ces sentiments se heurtent dans son âme émue. Il est comme saisi d'une sorte de fureur qui ressemble en apparence à celle du fauve fondant sur sa proie, mais qui en diffère en ce qu'elle n'impose pas complètement silence à la pitié généreuse, car c'est un cœur d'homme qui bat sous l'armure du guerrier. Ils étaient courageux ces cuirassiers de Reischoffen, en 1870, eux qui, voyant l'armée française vaincue et poursuivie, n'hésitèrent pas à charger vigoureusement l'ennemi pour retarder sa marche envahissante et sauver ainsi les débris de nos bataillons décimés. Ils virent le danger et ils marchèrent en avant. Sans doute ils n'ont pas vaincu, mais leur magnanime dévouement n'a certes pas besoin du prestige que donne la victoire : il reste d'autant plus admirable qu'il s'accomplissait douloureusement et sans espoir de succès. Tâche ingrate et belle cependant, puisqu'ils ont mordu la poussière au moment de la défaite ; le fer ennemi les a immolés quand le sol de la patrie allait être souillé.

Ils n'ont pas été les témoins de notre complet abaissement ; ils ont pu mourir en espérant.

Le courage a encore pour effet de nous rendre presque impassibles lorsque la souffrance nous fait sentir son aiguillon et tourmente nos membres blessés ou mutilés. Ce n'est plus ici cette vaillance qui brille dans les combats et nous plaît par ses dehors chevaleresques. Mais c'est une fermeté d'âme plus calme, qui, réunissant toute la force vive dont nous disposons, nous arme de constance et nous place au-dessus de la commotion nerveuse qui trouble l'organisme. Où trouver une preuve plus éclatante du commandement exercé par le principe spirituel sur le corps qui lui est uni ? Le guerrier en effet n'a pas à recourir aux procédés de l'art moderne qui, par un sommeil artificiel, nous endort et nous soustrait à la pénétrante atteinte de la douleur : le médecin peut à son aise exposer devant lui les instruments qu'exige une opération devenue nécessaire ; le blessé verra sans pâlir ses chairs déchirées, ses os sciés et l'un de ses membres retranché ; la vue de son propre sang ne l'effraiera pas, puisqu'il avait accepté de le verser en entier pour sa patrie. D'ailleurs, ce support de la souffrance n'est pas chose passagère ; il engage parfois toute la vie et se prolonge dans les diverses phases de l'existence : pour s'être montré courageux, le soldat devra subir la gêne constante, l'infériorité inévitable qu'occasionne la perte d'un membre. Des infirmités prématurées seront la conséquence de l'excès de fatigues et de privations que nécessite le métier des armes. Souvent, la guérison devenant impossible, le malade traîne encore quelques années ;

sa vie est sans espoir et il regrette pendant cette longue agonie qu'une blessure plus profonde n'ait pas rendu son sacrifice plus immédiat. On raconte qu'à cette même charge héroïque de Reischoffen dont nous avons parlé plus haut, un jeune officier ayant eu son cheval frappé à mort s'était vu en un instant enseveli sous un monceau de morts et de mourants. Blessé lui-même et supportant le poids de tant de victimes, il resta huit heures sans mouvement, attendant et appelant la mort. Elle ne vint pas. Des rôdeurs, vrais corbeaux qui suivent toutes les armées, arrivèrent pour dépouiller les morts après la bataille. Ils virent briller ses épaulettes et le dégagèrent pour le livrer à l'armée victorieuse. Il fut interné dans le nord de l'Allemagne ; mais ces huit heures pendant lesquelles il s'était vu enseveli vivant, le chagrin de la défaite, les souffrances de la captivité développèrent en ce généreux défenseur du pays une affection nerveuse dont nul remède ne put triompher. Il resta néanmoins au service, luttant contre le mal, en proie à d'intolérables agitations et quelques années après il succombait enfin.

Mais plus admirable encore est le courage qui brille au milieu des revers. La souffrance d'une blessure atteint surtout le corps : l'âme peut alors se retrancher en son for intérieur, vivre de sa vie propre et calmer le spasme douloureux. Au contraire dans la défaite, l'âme seule doit lutter contre elle-même : en entrant en campagne le soldat espérait la victoire, mais l'insuccès a répondu à ses efforts, « la gloire a trahi la vaillance, » et, si la conscience du devoir accompli ne soulage pas son cœur attristé et ne lui rend pas témoignage sur sa propre valeur, il peut arriver que le découragement s'empare de cet homme et en affaiblisse la virile énergie. Sa situation à l'égard de ses concitoyens est même fausse et cruelle, car le salut de la patrie avait été confié à l'armée ; c'est en elle que la nation avait placé ses dernières espérances, et elles ont été déçues. Le soldat le sent, il se le dit à lui-même ; il sait que ses concitoyens deviennent pour lui des juges peut-être rigoureux. Une sorte de honte couvre son noble front ; il n'ose parler d'une campagne que la fortune n'a point favorisée. Autant le retour au pays provoquerait d'enthousiasme, si l'on revenait vainqueur, autant le malheur de la patrie rend l'accueil silencieux et réservé ; au lieu d'être « partout fêté sur le passage, chargé de butin et d'honneur, » le soldat marche sans élan ; privé de la récompense qui cependant serait due encore au courage malheureux, il n'a plus foi en lui-même ; il voudrait s'arracher à cette angoisse et par le sacrifice de sa vie, prouver qu'il ne dépendait pas de son bras que la patrie ne fût sauvée. A ce moment le courage du guerrier consistera donc dans la modestie jointe à un légitime amour-propre. Associant ses propres regrets à ceux de la nation, il déplore le malheur commun, il se défend toutefois contre toute appréciation injuste et, plein de confiance, il espère en l'avenir. Ainsi, quelles que soient les circonstances, le trait caractéristique qui dans le guerrier s'ajoute à la fierté, c'est le courage, c'est-à-dire la vigueur d'une âme maîtresse de ses décisions, supérieure au froissement de la douleur comme à l'injustice d'un revers.

Un troisième élément mérite encore d'être signalé, c'est la loyauté. Il est rare en effet que deux ennemis étrangers se haïssent personnellement ; souvent au contraire ils s'estiment et s'apprécient. Ils savent que le champ de bataille est un champ d'honneur et ils rendent justice au talent du vaincu. Ils auraient honte, d'ailleurs, de combattre une armée certainement inférieure. Ils sont à la fois des adversaires et des frères d'armes. Duguesclin disputait aux Anglais la forteresse de Châteauneuf de Randon (Lozère) quand la mort le surprit. Mais le gouverneur avait précédemment promis de se rendre, s'il n'était pas secouru. Sa parole fut fidèlement tenue et, par respect pour Duguesclin, il vint déposer sur le cercueil du connétable les clefs de la ville assiégée. L'histoire romaine renferme également plus d'un trait de générosité ; celui de Camille punissant la trahison du maître d'école de Falérie est célèbre : ce dernier ayant lâchement livré aux Romains plusieurs nobles jeunes gens confiés à sa garde, Camille indigné le fit dépouiller de ses vêtements, reconduire par ses propres élèves qui le frappèrent de verges jusqu'au retour. Cette grandeur d'âme décida la ville de Falérie à se soumettre sans condition. La noble conduite de Fabricius mérite aussi d'être rappelée. Il se disposait à livrer bataille à Pyrrhus, roi d'Epire, quand il reçut une lettre du premier médecin de ce prince. Ce traître lui offrait de mettre fin à la guerre en empoisonnant le roi, si on voulait lui accorder une récompense proportionnée à ce service. Au lieu de profiter de cette occasion et sûr de ne jamais être désavoué par ses concitoyens, Fabricius informa le roi de cet odieux complot. Il lui écrivit en ces termes : « Pyrrhus choisit aussi mal ses amis que ses ennemis ; il fait la guerre à des hommes loyaux et courageux et il se confie à des traîtres. Les Romains détestent la perfidie ; ils ne combattent que les armes à la main, et ils ne veulent point l'achever par la trahison. » Pyrrhus, rempli d'admiration, s'écria : « Je vois qu'on détournerait plus facilement le soleil de son cours que Fabricius du chemin de la vertu! » Puis ne voulant pas se laisser vaincre en générosité, il mit en liberté tous les prisonniers romains.

La loyauté consiste donc dans la soumission aux lois de l'honneur; elle nous porte à concevoir que deux adversaires doivent au début de la lutte avoir pu se préparer des chances égales de succès ; toute surprise contraire à la parole donnée constituerait une lâche cruauté. Aussi faut-il porter un jugement sévère et rigoureux sur le procédé dont usèrent les généraux romains pour s'emparer de la personne de Jugurtha roi des Numides. On sent que sous Marius et Sylla les mœurs romaines sont déjà moins pures, que la passion seule l'emporte et que le moment est proche où la guerre civile, dont le propre est la trahison, va exercer ses ravages. Quel fut en effet l'agent qui conduisit à bonne fin toute cette machination sinon celui qui devait plus tard faire périr six mille prisonniers romains, ses concitoyens[*] ? Quand on eut réglé, dit Salluste, le temps et le lieu de l'entrevue, le roi maure Bocchus manda tantôt

---

[*] Voir, page 46, notre extrait de Vertot.

Sylla, tantôt l'envoyé de Jugurtha ; il les accueillait avec bienveillance et leur faisait à tous deux les mêmes promesses. A la fin pourtant, il ordonne d'appeler Sylla et dresse avec lui l'embûche destinée à Jurgutha. Lorsqu'au jour marqué on annonça que ce dernier approchait, Bocchus, escorté de quelques amis et de notre questeur, s'avança au-devant de lui en forme d'hommage jusque sur une éminence bien exposée à la vue des hommes embusqués. Le roi Numide avec la plupart de ses amis s'y transporte aussi désarmé, comme on en était convenu. Aussitôt au signal donné, les soldats apostés fondent sur lui de toutes parts. Tout son cortège est massacré ; Jugurtha chargé de fers est remis à Sylla qui le mène à Marius. Ce récit attriste ; il ne reflète pas fidèlement les coutumes ordinaires de la guerre. Il constitue presque une exception, du moins pour l'Europe où l'honneur préside presque toujours aux luttes armées et fait le fond de notre esprit militaire. Mais on doit reconnaître que, même encore aujourd'hui, l'Afrique est comme autrefois le théâtre d'un brigandage qu'il faut distinguer avec soin de nos hostilités. Le brigandage est un reste de l'antique barbarie ; il est l'indice d'une civilisation et d'une moralité fort peu avancée. En lui-même il n'est pas plus blâmable que notre guerre ; mais il révèle le niveau moral du peuple qui s'y livre et l'on sait que ce niveau est ce qu'il peut être, car il résulte d'un développement essentiellement fatal. Sylla, quand il s'empara de Jugurtha par trahison, se conduisit sans doute comme le faisaient ses propres ennemis, mais assurément il ne se conduisit pas avec la loyauté d'un général romain; il n'imita pas Scipion. D'autre part Jugurtha mérite ici fort peu de considération et de pitié, car lui-même s'attendait à faire subir à Sylla dans cette entrevue le même traitement dont il fut victime. Cette guerre d'embûches réciproques diffère profondément de celle des peuples modernes et encore peut-on remonter jusqu'au moyen-âge, jusqu'à l'antiquité grecque et romaine pour assister dès cette époque à des combats où la générosité le disputait à la bravoure : là nulle trace de lâcheté ; on eût rougi de part et d'autre si, en manquant à la parole donnée, on avait surpris la bonne foi et la confiance de l'adversaire.

Mais à aucune époque sans doute la loyauté ne caractérisa davantage les coutumes militaires qu'au moyen-âge; alors règne la chevalerie avec son esprit de vaillance magnanime associée au sentiment religieux. Le point d'honneur y décidait tout. Admis comme damoisel, varlet ou page, tout fils de gentilhomme faisait l'apprentissage de la guerre par celui de la chasse : il lançait et rappelait le faucon, s'exerçait à manier la lance et l'épée. Il s'endurcissait ainsi aux plus rudes fatigues. Puis il devenait écuyer soit pour la garde d'honneur, soit pour certaines charges domestiques, et toujours des cérémonies religieuses consacraient ces diverses phases de l'éducation du futur guerrier. Le troisième degré de cette hiérarchie féodale consistait en ce que le jeune noble était archer ou homme d'armes ; plus tard arrivait pour lui le moment de prendre rang parmi les chevaliers. C'était une véritable initiation : le prêtre lui rappelait les devoirs de la nouvelle vie où il allait entrer. Il s'avançait l'épée de chevalier suspendue à son cou. Le prêtre la bénissait. Puis le récipiendaire se présentait devant son seigneur et maître. Celui-ci lui demandait à quel dessein il désirait entrer dans l'ordre. Etait-ce pour s'enrichir et se reposer ? S'il en était ainsi, l'ordre des chevaliers ne pouvait pas l'accueillir. Alors le jeune homme promettait d'acquitter toutes ses obligations. Enfin le seigneur lui donnait l'accolade avec trois coups du plat de son épée sur l'épaule, et il lui disait : « au nom de Dieu, de Saint-Michel et de Saint-Georges, je te fais chevalier. Sois preux, hardi et loyal. »

L'époque de la chevalerie, pendant le moyen-âge, nous présente la guerre sous un aspect trop original, avec des habitudes trop différentes de ce qu'elle avait été chez les anciens, pour que nous n'en racontions pas une scène; nous prendrons celle où, d'après le Loyal serviteur, Bayard choisit la carrière des armes. On y doit louer la noblesse des sentiments associée à une foi naïve et pure : la religion a, dans la mesure du possible, adouci et tempéré la rudesse et la barbarie des mœurs. Le père de Bayard, peu de jours avant sa mort, en l'an 1490, fit venir son second fils âgé de treize ans et qui devait être le chevalier sans peur et sans reproche ; il lui demanda de quel état il voulait être. « Monseigneur mon père, répondit le jeune homme, bien que l'amour de votre personne me tienne grandement obligé, néanmoins ayant enraciné dedans mon cœur les bons propos que chacun jour vous récitez des nobles hommes du temps passé, je serai, s'il vous plaît, de l'état dont vous et vos prédécesseurs ont été, qui est de suivre les armes. » Alors répondit le bon vieillard larmoyant : « Mon enfant, Dieu t'en donne la grâce. Déjà tu ressembles de visage et de corsage à ton grand père qui fut en son temps un des accomplis chevaliers qui fût en chrétienté. » Puis, dans un conseil de famille auquel assistait l'évêque de Grenoble, oncle maternel du futur chevalier, il fut décidé qu'on l'enverrait auprès du duc Charles de Savoie qui le prendrait volontiers pour un de ses pages. Alors tout incontinent l'évêque envoya à la ville quérir son tailleur, auquel il manda apporter velours, satin et autres choses nécessaires pour habiller le bon chevalier. Il vint et besogna toute la nuit, de sorte que le lendemain matin tout fut prêt. Et, après avoir déjeûné, il monta sur son roussin * et se présenta à toute la compagnie. Quand le cheval sentit si petit faix sur lui, il commença à faire trois ou quatre saults de quoi la compagnie eut peur. Mais, au lieu de ce qu'on pensait, le bon chevalier d'un gentil cœur et assuré comme un lion, lui donna trois ou quatre coups d'éperon et une carrière dans la cour, en sorte qu'il mena le cheval à raison comme s'il eût eu trente ans. Il ne faut pas demander si le bon vieillard fut aise ; et souriant de joie, demanda à son fils s'il n'avait point de peur, car pas n'avait quinze jours qu'il était sorti de l'école. Or sus, dit l'évêque de Grenoble, mon neveu, ne descendez point et de toute la compagnie prenez congé. Lors le jeune enfant d'une joyeuse contenance

* Véritable nom du cheval de fatigue par opposition au destrier ou cheval de bataille.

s'adressa à son père, auquel il dit : « Monseigneur mon père, je prie notre Seigneur qu'il vous donne bonne et longue vie, et à moi la grâce, avant qu'il vous ôte de ce monde, que vous puissiez avoir de bonnes nouvelles de moi. — Mon ami, dit le père, je l'en supplie, et puis lui donna sa bénédiction. »

« Mais la pauvre dame de mère était en une tour du château, qui tendrement pleurait, car, combien qu'elle fût joyeuse que son fils était en voie de parvenir, amour de mère l'admonestait de larmoyer. Toutefois, après qu'on lui fût venu dire : « Madame, si vous voulez venir voir votre fils, il est tout à cheval, prêt à partir, » la bonne gentille dame sortit par derrière la tour et fit venir son fils vers elle, auquel elle dit ces paroles : « Pierre, mon ami, vous allez au service d'un gentil prince. D'autant que mère peut commander à son enfant, je vous commande trois choses tant que je puis. La première, c'est que devant toutes choses vous aimiez, craigniez et serviez Dieu, sans aucunement l'offenser. La seconde, c'est que vous soyez doux et courtois à tout gentilhomme, en ôtant de vous tout orgueil. Soyez humble et serviable à toutes gens. Soyez loyal en faits et dits ; tenez votre parole ; soyez secourable aux pauvres veuves et orphelins. La troisième, c'est que des biens que Dieu vous donnera vous soyez charitable aux pauvres nécessiteux. » Le bon chevalier lui répondit : « Madame ma mère, de votre bon enseignement, tant humblement qu'il m'est possible, je vous remercie et au demeurant après m'être recommandé à votre bonne grâce, je vais prendre congé de vous. » Alors la bonne dame tira de sa manche une petite boursette en laquelle étaient seulement six écus en or et un en monnaie qu'elle donna à son fils. Sur ce propos prit l'évêque de Grenoble congé de la compagnie et il appela son neveu qui, pour se trouver dessus son gentil roussin, pensait être en un paradis. Ils commencèrent à marcher le chemin droit à Chambéry où pour lors était le duc Charles de Savoie. » Tel fut le début dans la carrière de celui qui, nouvel Horatius Coclès, devait sauver toute l'armée française en défendant un pont sur le Garigliano, en Italie, de celui qui, après la victoire de Marignan, parut seul digne de conférer à François Ier les insignes de la chevalerie.

Cette scène touchante nous révèle combien au moyen-âge l'influence de la religion chrétienne et de la femme jouait un rôle important et imprimait aux habitudes guerrières une mansuétude, une dignité inconnues aux autres âges ; conformément à son principe fondamental, le christianisme introduisait dans la vie des camps des idées de paix et de bonté secourable. Mais c'est surtout la loyauté « en dits et en faits » qui caractérise la chevalerie L'antique idéal des romans se trouva presque réalisé par la magnanimité des Bayard, des La Trémouille. Le niveau de la moralité s'était sensiblement élevé. Tout chevalier qui manquait à l'honneur était accusé de félonie : on arrachait les portes de son château ; son écu était traîné à la queue d'un cheval, ses éperons étaient brisés ; on le plaçait sur une civière ; on lui versait sur la tête un bassin d'eau pour effacer le caractère dont il avait été revêtu et on le couvrait d'un drap mortuaire. Néanmoins cet esprit chevaleresque, si favorable à la noblesse des sentiments, s'affaiblit : les haines religieuses lui succédèrent et à leur suite apparurent la trahison et la violence qui sont le propre caractère du fanatisme associé à la guerre civile.

Mais, après avoir attribué à l'esprit militaire, à titre de qualité éminente, le respect de la bonne foi et de la parole donnée, nous devons nous demander si l'emploi d'un stratagème lui est tout-à-fait contraire. Est-il blâmable? Est-il blâmé? En fait le stratagème est une partie de l'art de la guerre ; il en constitue un moyen souvent employé. En droit comment la loyauté l'interdirait-elle alors que l'ouverture des hostilités laisse le champ libre à la violence armée? La ruse n'est pas plus cruelle. S'est-on engagé d'avance et sur l'honneur à renoncer à tel moyen, à suivre telle voie? Non ; un stratagème est donc une habileté ; il n'a sans doute le mérite ni de la vaillance généreuse ni de la tactique savante ; mais il joue dans la conduite des armées le rôle des attaques simulées et des feintes dans le duel. Si l'on voulait examiner en détail la série des manœuvres d'une bataille, on s'assurerait que la moitié peut-être des mesures qu'on y prend et des dispositions qu'on y prépare constituent une sorte de ruse : il appartient à l'adversaire de la découvrir, de la déjouer. d'y répondre avec adresse et présence d'esprit ; qu'il prévoie le but d'une attaque ; qu'il se demande si elle ne protège pas une marche imprévue dans laquelle les forces ennemies agiront de concert et soudainement. « Le consul romain Minucius ayant engagé ses troupes dans un défilé étroit, dont les gorges étaient occupées par l'armée des Liguriens, le souvenir des fourches Caudines s'offrait à sa pensée et presque aux yeux des soldats; alors le consul ordonne aux Numides auxiliaires qui pouvaient paraître méprisables à cause de la laideur des cavaliers et des chevaux, de s'approcher de la sortie du défilé où l'ennemi attendait. D'abord les Liguriens se tinrent sur leurs gardes et firent avancer un corps de troupes ; mais ensuite, comme les Numides, pour augmenter le mépris qu'ils inspiraient, affectaient à dessein de courir sans ordre, de se laisser tomber de leurs chevaux et semblaient ainsi vouloir s'exposer à la risée, les Liguriens quittent leurs rangs et finissent par se débander pour assister à ce spectacle tout à fait nouveau. Les Numides s'avancent alors en caracolant, puis tournent bride, puis se laissent emporter insensiblement comme s'ils n'étaient pas maîtres de diriger leurs chevaux; enfin, ils donnent vivement de l'éperon et se font jour à travers les postes des ennemis dont les rangs étaient éclaircis. Alors ils se mirent à incendier la campagne; ils portèrent le fer et la flamme dans les habitations voisines de la route; ils firent tant de dégât que les Liguriens se virent obligés de quitter leur position pour aller défendre leurs possessions et de laisser ainsi échapper le consul qui était comme emprisonné.

Mais le tribun Calpurnius se signala par un acte de courage plus digne du nom romain. Voyant d'une part l'armée enfoncée dans un vallon et d'autre part le flanc et le sommet des hauteurs occupés par les ennemis, il demanda et reçut du consul trois cents soldats ; puis, après les avoir encouragés à délivrer leurs compagnons, il s'élança au milieu du vallon ; l'ennemi descendit aussitôt des hauteurs pour écraser la petite troupe, mais, pendant qu'il était retenu par un combat long et opiniâtre, le consul profita de l'occasion pour s'échapper. » A ce récit de Tite-Live ajoutons cet autre emprunté à Frontin, préteur de Rome, qui, au 1er siècle de notre ère, a composé un long ouvrage sur les divers stratagèmes des plus célèbres capitaines. Mais remarquons auparavant que le premier fait que nous avons rapporté n'était en rien contraire aux principes les plus rigoureux de l'honneur militaire : les Numides en effet exposaient leur vie dans le cas où les Liguriens mieux inspirés les auraient arrêtés et d'autre part les Liguriens ne devaient ni rompre les rangs ni laisser passer l'ennemi. Quant au trait du tribun Calpurnius, il fait le plus grand honneur à son dévouement héroïque et à celui de ses trois cents compagnons. Voici maintenant le récit de Frontin : « Amilcar, général des Carthaginois, voyant que les Gaulois auxiliaires qu'il avait pris à son service passaient du côté des Romains et qu'ils étaient accueillis comme des alliés, engagea ceux qui lui étaient le plus fidèles à feindre une désertion : les Romains s'avancèrent comme d'habitude pour protéger leur fuite, mais, changeant tout à coup d'allure, ces Gaulois fondirent sur eux et les taillèrent en pièces. Amilcar ne profita pas seulement de ce stratagème pour le succès du moment, mais y il gagna encore que, dans la suite, les véritables transfuges devinrent eux-mêmes suspects aux Romains. Annibal employa un artifice non moins adroit pour se venger de quelques transfuges. Il avait appris que plusieurs de ses soldats venaient de déserter la nuit précédente ; comme il n'ignorait pas que des espions envoyés par les ennemis étaient dans son camp, il déclara hautement qu'on ne devait pas donner le nom de déserteurs à des soldats pleins d'adresse qui était sortis par son ordre pour aller surprendre les projets des ennemis. Les espions s'empressèrent d'aller rapporter à leurs chefs ce qu'ils avaient entendu. Alors les transfuges furent arrêtés par les Romains qui les renvoyèrent après leur avoir coupé les mains selon la coutume des ancêtres. » Il demeure évident que dans ces divers actes la loyauté militaire ne subit aucun échec. L'honneur est intact, car le général a fait usage du seul mode de répression qui lui restât.

Un nouveau trait mérite encore d'être signalé dans le caractère du soldat, c'est le désintéressement ; et certes, rien ne rehausse davantage la vaillance guerrière que d'être surtout un acte d'abnégation personnelle. Quoique l'égoïsme soit trop souvent la règle de notre conduite, bien que l'amitié ne consiste parfois qu'à ménager réciproquement nos intérêts, néanmoins il est constant que ni la cupidité ni la recherche des honneurs ne soutiennent le courage du soldat et ne lui communiquent cette vigueur, cette impétuosité qui triomphe des obstacles et brave le trépas. L'oubli de soi-même, voilà une des nécessités du courage militaire. Un froid calcul arrêterait son élan et substituerait à une vive promptitude, une lente circonspection qui mesure les chances diverses. Dans ces conditions, quel général réussirait à livrer bataille ? Au contraire, tandis que dans la vie civile, l'accomplissement du devoir nous apparaît presque toujours comme immédiatement utile ou du moins comme exempt de grave péril, il arrive que toute lutte armée est essentiellement homicide. Nul soldat n'est sûr du lendemain. On doit donc s'étonner qu'un chef jouisse d'une influence assez souveraine pour que ses soldats ne reculent pas. Nous pensons que, pour atteindre un pareil but, il faut plus que la discipline, plus que le prestige exercé par un général habituellement victorieux ; il faut que le soldat puise en lui-même ce goût du dévouement qui existe en nos âmes à côté des penchants égoïstes. Gardons-nous de croire que l'amour intéressé de la gloire enflamme à ce moment suprême l'imagination des combattants ; peut-être cet espoir anime-t-il secrètement le cœur du général ; peut-être l'ambition soutient-elle les efforts de plusieurs autres chefs ; mais, outre qu'il y aurait rigueur et injustice à blâmer trop sévèrement de tels sentiments, il importe de rappeler que ces chefs eux-mêmes ont été dans leur jeunesse de modestes serviteurs du pays ; la fortune ne leur avait pas encore souri quand, soldats inconnus, ils exposaient leurs jours pour sauver la patrie. Cette gloire qui leur est chère, ils l'ont conquise, ils la méritent ; c'est une couronne à laquelle ils s'efforcent d'ajouter de nouveaux fleurons. D'ailleurs, remarquons encore que sur le champ de bataille l'héroïsme est chose commune et qu'il reste presque toujours inconnu. L'histoire n'enregistre qu'un très petit nombre de faits éclatants ; elle les consacre et les transmet à la postérité, mais combien sont nombreux ceux que l'absence de témoins ou l'insuccès ont pour toujours plongés dans l'oubli ! La gloire d'une belle action dépend beaucoup du théâtre où elle a été accomplie. Léonidas a obtenu de la Grèce entière des monuments, des statues, de glorieuses inscriptions. Cependant il n'a pas agi avec un courage plus admirable que le tribun Cœditius dont aucun poème, aucun discours solennel n'a célébré le dévouement. Qui jamais a prononcé son nom ? Voici le fait tel qu'Aulu-Gelle nous l'a conservé dans ses *Nuits attiques*. Dans la première guerre punique, en Sicile, le consul Atilius Calatinus avait laissé les Carthaginois s'avancer à sa rencontre et s'établir sur des collines dont la position était favorable. Quintus Cœditius vient trouver le consul ; il lui montre de quel désastre les Romains sont menacés soit par le désavantage de leur position, soit par un ennemi qui les menace de tous côtés. « Il est à propos, dit-il, si vous voulez sortir de ce mauvais pas, de diriger quatre cents hommes vers cette éminence. — Fort bien, répond le consul, mais qui voudra conduire nos soldats contre les bataillons ennemis postés en cet endroit ? — A défaut d'autre, réplique le tribun, vous pouvez disposer de moi pour braver ce péril : je fais à vous et à la République le sacrifice de la vie. » Aussitôt il part et adresse, dit on, à sa petite troupe cette courte allocution : « Soldats, allons mourir et délivrer par notre mort les légions enveloppées de toutes parts. » Les dieux immortels accordèrent au brave tribun le sort que méritait sa valeur. En effet, voici ce qui arriva : les quatre cents soldats succombèrent presque tous ; lui-même, couvert de nombreuses blessures, n'en reçut heureusement aucune à la tête ; il fut trouvé parmi les morts, épuisé par la perte de son sang et respirant à peine ; les légions délivrées le reconnurent, l'emportèrent vivant et dans la suite il rendit encore à la République par son courage plus d'un important service. On ne saurait admettre qu'au moment de prendre cette héroïque détermination, Cœditius et ses nobles compagnons aient pensé à eux-mêmes et se soient proposé un but égoïste. Loin de là, car, dans cette hypothèse, ils eussent préféré certainement ou capituler avec toute l'armée ou s'exposer beaucoup moins en faisant une sortie générale plutôt que d'attirer sur eux seuls tout l'effort de l'ennemi.

De même on parle avec orgueil de la constance admirable dont firent preuve les soldats de la vieille garde à Waterloo ; ils ont bien mérité de la patrie. Mais il se livre peu de batailles où des faits analogues ne se produisent pas ; presque tous ceux qu'un général signale, dans l'ordre du jour, à l'attention et à l'imitation des soldats, portent également le sceau de la grandeur d'âme et du désintéressement le plus absolu. Toutefois ils ne sont connus que d'un petit nombre, et ils sortent vite de la mémoire même des concitoyens. Ainsi dans la ville de Vesoul, en Franche-Comté, se trouve un endroit obscur et retiré qu'on appelle l'Impasse des Morts. Seules quelques personnes instruites et nées dans le pays savent l'origine de cette funèbre dénomination ;

cependant cette origine est glorieuse : là s'est accompli un fait d'armes auquel on doit un pieux et reconnaissant souvenir. Assurément les auteurs de cet exploit n'ont eu en vue ni la gloire ni leur propre intérêt ; ils ont accepté la mort comme le gage et la preuve impérissable de leur amour pour la patrie. Voici le fait : en l'année 1479, après la mort de Charles le Téméraire, dernier duc de Bourgogne, le roi de France, Louis XI, entreprit de réunir à la couronne la province de la Franche-Comté. Mais il rencontra la résistance la plus opiniâtre. Ce pays voulait garder son indépendance et s'annexer à la Suisse pour en constituer un des cantons. Il fallut guerroyer, et Bernard de Lyvron vint assiéger Vesoul, ville forte alors et protégée par quatre citadelles. Dans le dernier et décisif assaut deux cents Vésuliens environ furent cernés dans l'impasse ; sommés de se rendre, ils refusèrent et furent massacrés*; de là le nom donné au lieu qui avait été le théâtre d'une défense aussi courageuse. Aucun monument, nulle inscription ne rappelle cet acte de dévouement, car, depuis cette époque, la Franche-Comté est devenue complètement française ; néanmoins ces vaillants citoyens ont succombé pour une noble cause : ils ont préféré la mort à ce qu'ils regardaient, à tort sans doute, comme une humiliante servitude. Une armée de mercenaires n'eût jamais trouvé dans l'appât égoïste de l'argent une inspiration assez puis-

---

* « La ville de Vesoul, dit Marguerite d'Autriche dans une lettre de 1514, fut prinse, pillée et bruslée par les Français tost après le décès de feu Monseigneur le duc Charles de Bourgogne, et les habitants en icelle prins prisonniers, occis, ransonnés, détruits. »

sante pour résister avec tant de bravoure. Rien de grand, rien de magnanime dans le mobile qui pousse et guide le mercenaire : il lui faut sa solde et le pillage. Pourquoi Rome a-t-elle jadis triomphé de Carthage sa rivale ? parce qu'elle « nourrissait une milice admirable qui ne respirait que la gloire et ne songeait qu'à agrandir le nom romain. Carthage, enrichie par son trafic, voyait tous ses citoyens attachés à leurs richesses et nullement exercés à la guerre. Au lieu que les armées romaines étaient presque toutes composées de citoyens, Carthage au contraire tenait pour maxime de n'avoir que des troupes mercenaires, souvent autant à craindre à ceux qui les payent qu'à ceux contre qui on les emploie*. » En effet, le stipendiaire vend sa peine au plus offrant, mais il hésitera, il reculera s'il s'agit de verser son propre sang. Au moins un général ne pourra-t-il s'en servir dans les occasions difficiles et décisives. Rarement des mercenaires tiendraient longtemps dans un siège meurtrier, surtout quand sévit la famine. C'est non seulement l'amour du sol natal, mais encore l'honneur et l'ardent désir de sauver l'indépendance nationale qui soutiennent les courages et rétablissent les affaires désespérées.

L'égoïsme et l'indiscipline sont le propre des soldats stipendiés ; à la révolte contre leurs maîtres succède celle contre leurs généraux. Néanmoins on conviendra qu'en dehors des guerres civiles et religieuses, et en mettant à part la cupidité brutale des soldats à gages, l'armée est toujours, et chez la plu-

---

* Bossuet, Discours sur l'Histoire universelle, III, VI.

part des peuples, une *grande école d'abnégation*. Le mobile suprême qui provoque cet oubli de soi et de ses intérêts n'est que rarement l'ambition ou la haine ou l'avidité ; le soldat obéit à une inspiration moins vulgaire. Il sait bien, d'ailleurs, qu'exposé à périr soudain, il ne recueillera pas le fruit de son labeur et ainsi l'amour de la guerre chez un peuple nous semble être comme le niveau moral qui marque et mesure le degré d'héroïsme et de vertu dont ce peuple est capable. Convenons dès lors que le mobile qui décide le soldat, c'est le désintéressement le plus pur, c'est une sorte d'enthousiasme inconscient. Ajoutons-y le prestige exercé par un chef aimé, d'où naît une foi naïve, une fidélité inébranlable. Oui, le guerrier est un homme de foi et d'élan : quand il défend une noble cause, il n'hésite pas à affronter les hasards; il croit à son étoile et à celle de son chef ; il croit à la reconnaissance de sa patrie. Nul travail ne fatigue son corps et n'abat son courage. Il supporte également le froid et le chaud. Pour le boire et le manger il consulte les besoins de la nature, et que de fois il obtient moins qu'elle n'exige ! Ses veilles, son sommeil ne sont pas réglés par le jour et la nuit. Il ne recherche point la mollesse de la couche : couvert d'une grossière casaque, il s'étend à terre et y prend son repos. En temps de paix, il subit une discipline inflexible et il montre alors qu'il sait obéir, même à un ordre rigoureux. En temps de guerre, sa vie n'est que privations, marches forcées, alertes soudaines, danger permanent et enfin lutte sanglante au champ d'honneur.

Si ce portrait semble flatté, nous conviendrons

sans doute qu'une certaine rudesse de manières, que la fureur inspirée par le sang qui coule, que la violence au moment du pillage et l'orgueil de la victoire sont aussi le triste fruit de la guerre. Mais ce sont là comme des défauts nécessaires, inévitables ; ce sont les conséquences souvent douloureuses de cet acharnement momentané que suppose la bataille. Ne jugeons pas le guerrier sous cette apparence défavorable ; pénétrons plus avant dans son âme et, sous cette rude écorce, discernons les grandes et belles qualités qu'avouerait la vertu : pour le cœur, le courage et la magnanimité ; pour l'esprit, le sang-froid et la promptitude des conceptions. Le témoignage de l'histoire nous servira de preuve : « Vespasien, dit Tacite *, était un guerrier infatigable, toujours le premier dans les marches, choisissant lui-même les campements, opposant nuit et jour à l'ennemi ou sa prudence ou son bras, content de la plus vile nourriture, et, dans ses vêtements et son extérieur, se distinguant à peine du simple légionnaire, enfin, à l'avarice près, comparable aux capitaines de l'ancienne République. »

Le portrait d'Annibal, tel que l'a tracé le poëte Silius Italicus **, est plus frappant et plus grandiose : « cédant à peine au sommeil, Annibal passait la nuit sous les armes, souvent n'ayant d'autre lit que la terre. Vêtu du simple sayon des soldats, il luttait avec eux de fatigues et de privations. S'il marchait devant ses innombrables colonnes, son air martial imposait

* Hist., liv. II, 5.
** I.

l'obéissance ; alors, tête nue, il savait braver les fureurs de l'orage et les plus effroyables tempêtes. Les Carthaginois étonnés, les phalanges d'Asturie interdites le virent affronter Jupiter lançant ses foudres et, en dépit du tonnerre et des orages, en dépit du feu jaillissant de la nue et de la lutte des vents déchaînés, passer intrépide sur son coursier tremblant. D'autres fois l'ardente Canicule ne pouvait abattre son courage infatigable sous les tourbillons de poussière qui couvraient son armée. Lorsque la terre était desséchée par les rayons brûlants du soleil, il eût rougi de se retirer, comme une femme, sous l'ombrage qu'il rencontrait. Pour s'exercer à supporter la soif, s'il voyait un ruisseau, il s'en éloignait. De même le plus fougueux coursier était celui dont il saisissait les rênes pour le dresser aux combats ; on le voyait alors déployer avec satisfaction la vigueur de son bras, et faire voler la mort. Un fleuve inconnu s'offrait-il ? Il le passait à la nage malgré les écueils retentissants, puis, de l'autre bord, il appelait ses troupes. C'est ainsi qu'au moment d'un assaut, il paraissait le premier sur les remparts et que mille fois, au plus fort de la mêlée, partout où se portait son fer rapide, la terre se rougissait d'une longue traînée de sang. »

Ce portrait a besoin d'être complété par celui d'Alexandre ; le côté moral est plus accentué dans ce dernier. Annibal, c'est un rude Africain qui aime le tumulte des combats et qu'enivre la bataille. Comme plus tard le roi d'Angleterre, Richard Cœur-de-Lion, Annibal possède le caractère altier, impétueux et cruel qui inspirait l'admiration ou la terreur. Mais Alexandre joint à un courage aussi bouillant les qualités d'une âme supérieure : « Si l'on veut, dit Quinte-Curce *, apprécier justement ce monarque, on trouvera que ses vertus appartiennent à sa nature et ses vices à sa fortune et à son âge. Une force d'âme incroyable ; une patience dans les travaux presque portée à l'excès ; un courage qui le distinguait, non seulement parmi les rois, mais parmi ceux mêmes dont c'est là l'unique mérite ; une libéralité qui souvent donnait plus qu'on ne demande aux dieux ; tant de clémence envers les vaincus, tant de royaumes ou rendus à ceux sur qui il les avait conquis, ou donnés en pure largesse ; un mépris constant pour la mort dont la crainte glace le cœur du reste des hommes ; une passion pour la gloire et la renommée, excessive peut-être, mais bien pardonnable à son âge ; envers ses parents un dévouement filial admirable ; envers ses amis presque sans exception une bonté si grande ; envers ses soldats tant de bienveillance ; autant de lumières que de grandeur dans l'esprit : c'étaient là sans doute de bien grandes qualités. Voici maintenant l'œuvre de la fortune : s'égaler aux dieux, réclamer les honneurs divins, croire aux oracles qui lui donnaient ce conseil ; s'emporter outre mesure contre ceux qui dédaignaient de l'adorer ; changer son vêtement contre des parures étrangères ; imiter les mœurs des nations vaincues qu'il avait méprisées avant la victoire. Quant à la colère et à la passion du vin, comme la

---

* Livre X, chap. 5.

jeunesse en avait augmenté l'ardeur, la vieillesse eût pu les calmer. »

§ 2. — A la suite de cette étude psychologique sur le métier des armes et sur l'esprit militaire, il conviendrait en outre de se demander d'abord si le gouvernement républicain modifie et améliore, en l'épurant, le caractère du soldat, puis en second lieu si le marin a les mêmes dispositions de cœur, les mêmes habitudes de discipline et d'abnégation que celui qui combat sur terre. Sur le premier point il serait injuste de méconnaître tout ce que la royauté a fait de grand parmi les hommes : l'armée s'accorde essentiellement avec cette forme politique, car l'autorité du commandement ainsi que l'unité dans la direction et les conceptions rendent nécessaire qu'il y ait un seul chef, un généralissime imposant à tous la même loi ; une armée est donc une sorte de monarchie. D'ailleurs, on se bat aussi bien pour son roi que pour son pays, car souvent le soldat confond l'un et l'autre ; il sait que sur le champ de bataille la victoire et la défaite n'atteignent pas exclusivement la personne royale; dans toute guerre la patrie s'élève au-dessus du roi et impose à ses enfants de douloureux sacrifices. Sans doute sous une royauté les chefs ont besoin d'être bien en cour; souvent ils s'abaissent jusqu'à la flatterie ; mais sous un gouvernement républicain il leur importe également de plaire à la foule, de la séduire, de s'attirer la faveur de ceux qui gouvernent; ils deviennent parfois les victimes des factions et de l'inconstance du peuple. Ainsi tout se balance de part et d'autre. Néanmoins, lorsque dans un pays la

République s'est établie d'une manière durable et solide, quand elle n'est plus l'objet de contestations rivales, il nous semble que le dévouement du soldat à la patrie est plus complet et plus pur de toute vue intéressée. Comme il n'y a pas de roi, comme on n'est le sujet de personne, l'affection qui anime le guerrier se rapporte plus directement à ses concitoyens ; c'est pour l'honneur et la prospérité de la nation qu'on offre le sacrifice de sa vie. Au dix-septième siècle, tous les mémoires, toutes les formules usitées nous révèlent que les soldats et les officiers ne pensaient qu'à servir le roi ; on était à son service comme des valets à l'égard d'un maître. Il est vrai qu'on ne s'en battait pas moins courageusement, mais on peut se demander si, au point de vue de la dignité humaine, une armée de citoyens n'est pas supérieure à une armée de sujets. Quand les factions ne gâtent pas l'esprit public, il est incontestable que l'affranchissement politique donne de l'élan, communique de l'enthousiasme à l'armée. Le peuple se sent alors lui-même à la tête de ses destinées et toujours il déploiera les plus vigoureux efforts pour repousser l'invasion étrangère. La figure imposante de la patrie apparaît alors à l'esprit de tous ses enfants ; ce n'est plus un roi qu'on va servir ; c'est la mère commune, c'est le sol des ancêtres qu'on veut librement défendre au prix de son sang. Il n'est pas alors nécessaire de recourir aux mesures habituelles pour recruter une armée. Le peuple accourt en foule et s'enrôle. Il en fut ainsi en 1792 : les frontières de la Lorraine étaient menacées par l'étranger ; le canon d'alarme tiré de moment en moment aux Invalides l'annonçait à la France. Alors toutes les municipalités, tous les conseils de département siégèrent sans interruption ; des amphithéâtres étaient élevés au milieu des places publiques et des officiers municipaux y recevaient, sur une table portée par des tambours, le nom des volontaires : « les enrôlements, dit Thiers*, s'élevèrent jusqu'à quinze mille dans un jour. » Ces généreux sentiments animaient nos jeunes soldats quand, électrisés par Kellermann et Dumouriez, ils remportèrent deux mois après à Valmy l'éclatante victoire qui força les Prussiens à évacuer la Champagne. Ils les inspiraient encore en 1793 au moment où, de nombreux ennemis se proposant de démembrer la France, des levées en masse enflammèrent l'enthousiasme populaire et sauvèrent la patrie en danger. On vit alors des soldats improvisés, mal vêtus, mal équipés, mais poussés par le patriotisme le plus admirable, rivaliser d'ardeur à Watignies, à Vissembourg et surpasser même les vieux guerriers. Ainsi s'ouvrit pour la France l'ère des conquêtes. Gœthe, le grand poète allemand, décrit en ces termes les espérances que les âmes généreuses conçurent en présence de ces armées de patriotes : « Lorsqu'on entendit parler des droits communs à tous les hommes, de la liberté vivifiante, et de l'égalité chérie, chacun sentit son cœur battre plus fortement. Tous les peuples opprimés tournaient leurs regards vers la capitale du monde, titre que Paris portait depuis si longtemps avec

---

* Histoire de la Révolution, tome II, page 184.

justice. La guerre commença et les Français en bataillons armés s'approchèrent ; mais ils parurent apporter le don de l'amitié. Tous avaient l'âme élevée ; on planta gaiement les arbres de la liberté. Notre jeunesse fit éclater ses transports ; la joie ranima les vieillards et les danses de l'allégresse commencèrent à se former autour des nouveaux étendards. »

Répondons maintenant à la seconde question que nous avons énoncée plus haut, relativement à la guerre maritime. Présente-t-elle quelque caractère distinctif? Assurément l'âme du marin éprouve les mêmes émotions que celle du soldat ; le courage et le désintéressement produisent sur mer le même héroïsme que sur terre. Toutefois certaines différences méritent d'être constatées : sur mer l'enthousiasme ne peut suppléer à la science et à l'expérience ; il a des effets moins certains que sur le continent. On ne dirige pas un vaisseau aussi facilement que des bataillons. On est menacé de toutes parts : la perfidie des flots, la constante mobilité du champ de bataille, la crainte de l'incendie, l'acharnement de l'ennemi se réunissent pour produire l'effroi et multiplier les chances contraires. Aussi, nous semble-t-il que l'oubli de soi-même et le sombre désespoir qui provoque l'abandon de la vie, s'imposent plus impérieusement au marin : il préfère un glorieux désastre à la honte d'amener son pavillon, comme il arriva en juin 1794 : l'amiral Villaret-Joyeuse avait été chargé de protéger un immense convoi de grains parti de Saint-Domingue ; il se dirigeait vers les Açores, lorsqu'il rencontra la flotte anglaise à quatre cents kilomètres des côtes de Brest. Il voulait, suivant ses instructions, éviter le combat, car il redoutait une défaite, ses équipages n'étant composés que de paysans qui connaissaient à peine les manœuvres. Néanmoins, subissant l'influence du représentant du peuple Jean-Bon Saint-André, il se laissa entraîner par l'élan patriotique des marins français ; la bataille fut décidée. Elle fut perdue, mais l'honneur resta sain et sauf : huit mille hommes payèrent de leur vie cette audacieuse tentative et le *Vengeur* refusa de se rendre : il déchargea ses batteries et disparut en débris au fond des abîmes, aux cris de vive la France, vive la République ! Des actes aussi admirables ne sont pas rares dans les batailles navales. Habitué à vivre au milieu des flots, exposé sans cesse à un danger imminent, soumis à une discipline plus impitoyable que celle de l'armée de terre, le marin est l'esclave de son devoir. La vie à bord le soustrait aux séductions des villes et cet isolement développe en lui l'enthousiasme et la foi : en son âme s'allient et se confondent l'amour de la patrie et un vif sentiment religieux, sans doute entretenu par le spectacle de la mer et par l'incertitude du sort. A peine séparé de l'infini par quelques frêles planches, il plane au-dessus des égoïsmes contemporains. La vue du ciel et les vagues orageuses, voilà ce qui l'inspire, voilà ce qui, même à son insu, le prédispose à l'héroïsme.

CHAPITRE QUATRIÈME

Formes de la guerre pendant la paix

La guerre que se font les hommes ne présente pas toujours le même aspect : tantôt elle est ouverte et déclarée, tantôt elle prend une allure pacifique, mais alors elle n'est ni moins effective ni moins réelle. On nous arrêtera peut-être dès le début de cette distinction et l'on pensera, non sans apparence de raison, que nous jouons sur le mot, car parler d'une guerre pacifique, n'est-ce pas se contredire? Tous les moralistes qui se sont élevés avec indignation contre la guerre, ont entendu par là une lutte armée, une lutte sanglante : si aucune blessure ne saigne, si le sang ne coule pas, ce n'est plus la guerre et nous respectons d'avance, nous honorons même parfois un combat où le vaincu n'a subi nulle violence et n'a reçu nul outrage. Nous répondrons qu'il ne faut pas résoudre cette difficulté avec les yeux seulement; il importe de se montrer moins superficiel. Définissons donc d'abord la paix et la guerre ; opposons-les nettement et suivons à travers les mœurs et les institutions des divers peuples, leurs manifestations ainsi que leurs effets immédiats et prochains. La paix consiste essentiellement en ce que les êtres se rapprochent, s'aiment, unissent leurs efforts et leurs intérêts, s'accordent un mutuel secours, et sympathisent dans le malheur ou ressentent la même joie dans la prospérité. Mais, quand au contraire les intérêts sont, non pas distincts, mais nettement opposés, quand le succès de l'un ne peut être que la perte à brève ou lointaine échéance de l'autre, quand de deux concurrents l'un doit disparaître, nous déclarons qu'il y a guerre, et nous prétendrons même que dans plus d'un cas cette bataille où l'on ne tue pas, où l'on ne ravit rien par la force, où nulle injure n'atteint le vaincu, est très douloureuse au premier moment et surtout très importante par la durée de ses conséquences. Tout être organisé suit ou subit à son insu une loi absolument inévitable, celle de se maintenir dans l'existence et de s'élever de l'être au mieux-être. Nul n'y échappe et ne saurait y échapper; quand on semble le plus s'y soustraire, c'est parfois le moment où l'on s'obstine le plus à la suivre : le stoïcien en s'abstenant, le moine en renonçant à la vie active et en espérant le ciel, aspirent encore à l'existence ; ils se préparent à la conserver et s'efforcent d'en assurer l'indépendance ou la durée. Mais pour l'homme comme pour les races animales, la conservation actuelle de l'existence sera toujours une lutte ardente et sans relâche.

La vie sociale consiste essentiellement dans la pratique de la justice et de la bienfaisance. Or, la justice oppose le droit de l'un à l'égoïsme de l'autre; elle provoque l'antagonisme des intérêts. La justice est une sorte de guerre et la guerre est une justice armée dont les rigueurs s'adouciront sans que l'effet final soit et doive être changé. Seule la bienfaisance est une œuvre de paix : elle exauce le suppliant; elle console l'affligé ; mais ici encore la nécessité de la lutte apparaît, car il est urgent que la charité soit pratiquée avec précaution ; le moraliste ainsi que l'homme d'Etat admettront toujours que la charité doit laisser subsister la lutte pour l'existence ; elle ne doit ni encourager la paresse ni décourager le travail. La trop grande expansion de l'esprit de charité produirait chez un peuple un affaiblissement prématuré, une prompte déchéance de la race. La nature et la prudence exigent parfois le douloureux sacrifice de la vie de l'être faible. Laissons donc la lutte sociale produire tous ses effets.

Si les besoins de la vie réelle étaient moins pressants, peut-être la paix, l'association fraternelle règnerait entre tous les hommes et tous les peuples. Encore n'est-ce pas certain, car, si l'existence matérielle et organique nous devenait facile et hors d'atteinte, l'homme créerait bientôt pour les choses de l'âme, pour la domination intellectuelle ou politique un autre genre de bataille où le vaincu succomberait et disparaîtrait. Mais, si l'on considère les difficultés de toute nature que nous éprouvons aujourd'hui par suite de nos besoins sans cesse renaissants, si l'on songe que vivre et demeurer sur terre est réellement pour tout être un problème à résoudre, vu que la multiplication indéfinie des êtres provoquerait et provoquera sans doute plus tard une rivalité acharnée, on se convainc facilement que la guerre est une nécessité : elle est la loi inéluctable imposée par la nature et par le destin. Quand un orateur s'élève avec indignation contre l'effusion du sang, quand il ne proscrit que cette seule manière de combattre, quand seule cette savante chasse à l'homme l'émeut et l'irrite, il juge comme un enfant qui se récrie et pense qu'il va mourir dès qu'il saigne. C'est avoir la vue bien courte ; c'est ne pas comprendre qu'on ne détruit que ce qu'on remplace, et certes jamais la paix ne remplacera la guerre : les contraires se succèdent dans le monde comme le jour succède à la nuit, mais il ne se suppriment pas mutuellement. Ils s'impliquent et se supposent. Comment parviendrait-on à substituer la paix à la guerre, quand la première n'existe que par la seconde? De même il n'y a de plaisir que pour celui qui a souffert, de convalescence qu'après la maladie. En outre, plus la douleur a été vive et longue, plus le contraste fait valoir le plaisir qui lui succède. Sans doute, parler contre la guerre est chose commode et facile ; l'imagination se complaît dans la description des scènes tour à tour effrayantes, horribles ou touchantes que les crises internationales amènent à leur suite, mais nous estimons qu'il serait plus difficile de la combattre en se servant d'arguments dignes d'un penseur. Ne sait-on pas qu'on ne s'assure la paix qu'en se préparant à la guerre? Celle-ci subsiste donc toujours à l'état latent et la sagesse des princes consiste soit à la déclarer à temps soit à en propager la menace. Le bruit du canon frappe, étonne, jette l'effroi; il n'est cependant que l'indice révélateur d'une dernière phase ; c'est le moment de la lutte à l'état aigu, mais cet acte final a été nécessairement précédé d'une série antérieure de faits qui l'ont provoqué. Oserait-on dire qu'un peuple vaincu, préparant pendant de longues années une guerre de revanche, vit en paix avec le vainqueur ? Les intérêts sociaux de ces deux nations ne sont-ils pas évidemment opposés ? La paix ne subsiste alors que provisoirement ; on la subit ; elle s'impose. On la respecte parce qu'elle est actuellement utile et urgente : mais en toute circonstance on s'opposera au progrès de la puissance rivale. On n'épargnera pas, il est vrai, les paroles empreintes de courtoisie ; on en fera parade. Néanmoins, par des alliances secrètes, par des mesures administratives et politiques, on entretiendra les mauvaises dispositions d'une autre nation jalouse ; on la soutiendra de son influence ou de ses subsides. Loin d'être la paix, un pareil état de choses est une guerre dissimulée sous les apparences et les protestations de l'amitié.

En outre, quand deux peuples s'unissent, leur but secret ou avoué est la résistance à un troisième ; autrement ils ne contracteraient aucune liaison positive ; ils ne s'y astreindraient pas. Ils garderaient leur liberté respective et n'entretiendraient que les transactions commerciales inévitables. Concluons donc que la guerre admet au moins deux phases distinctes : dans l'une on se surveille en attendant le moment favorable ; dans l'autre on tire le glaive, et l'on invoque le droit du plus fort ou du plus habile. Il arrive même parfois qu'une nation faible et impuissante ne renonce pas complétement à jouer un rôle actif dans les luttes internationales. Vivant en bonne intelligence avec ses voisins, elle permet cependant à d'autres peuples de venir recruter chez elle des soldats auxiliaires et mercenaires qui vendent et leur sang et leur foi : tant la guerre est la loi de l'humanité !

Mais, si nous considérons d'abord la vie privée, ensuite les coutumes, les usages, les mœurs diverses des citoyens d'une seule et même nation, nous assisterons au même spectacle et nous nous assurerons qu'en fait les hommes sont et doivent être toujours des belligérants. Il n'est pas nécessaire, pour qu'il en soit ainsi, que le sang soit répandu. Les effets de la lutte sont aussi nuisibles, aussi terribles quand, sans violence et sans coups, le vaincu est éliminé, réduit à vivre dans la misère, l'isolement, l'obscurité. La guerre où le sang coule est chose douce et bénigne en comparaison des luttes pacifiques en apparence. Il n'y a pas guerre et il peut y avoir paix quand les intérêts de deux hommes sont seulement distincts et séparés. Mais, quand les intérêts sont opposés et contraires, qu'importe qu'il y ait du sang versé? La lutte reste néanmoins effective et même cruelle dans son résultat final.

Indiquons donc enfin les formes de la guerre dans la vie privée et intime. Elles sont nombreuses et cependant inaperçues ; alors se produit une considérable déperdition de force vive; l'être s'y use aussi vite, plus vite même parfois, que sur le champ de bataille ; la mort y sévit avec autant de fréquence et de cruauté. A Paris il meurt environ chaque année dix mille personnes, victimes infortunées de la faim ou du besoin ; elles meurent après une lente agonie, après un affaiblissement successif qui provoque de douloureuses maladies, plus funestes qu'un coup d'épée. Ce fait trouve en partie sa cause dans celui-ci, à savoir que tous les matins à Paris vingt mille hommes ou femmes au moins se lèvent sans savoir où et comment ils prendront leur repas. Les uns demandent soit au crime, soit à la débauche, leurs moyens d'existence ; d'autres, les plus respectables, cachent leur misère dans un étroit logis, n'ayant pour compagnons que le dénûment et la faim ; une nourriture insuffisante les soutient quelque temps jusqu'au moment où, épuisés, étendus sur un grabat sordide, ils obtiennent enfin de la mort, la délivrance attendue. Qui pourrait contester que ces moribonds soient des vaincus ? Et la guerre, celle à laquelle préside le bruit de la mitraille, qu'est-elle en comparaison, sinon un accident relativement rare de cette guerre universelle, de cette concurrence vitale qui divise, oppose et même détruit tant d'individus et de races

La guerre privée se manifeste d'abord par une rivalité sourde, mais incessante, par des attaques dissimulées, mais dont l'effet n'en est que plus certain, car on ne peut ni l'éviter ni le prévenir : telle est l'action de la *médisance* et de la *calomnie*, celle-ci plus injuste que celle-là, mais toutes les deux également funestes. Par d'habiles réticences, par des insinuations à demi-voilées, ou d'autre part en faisant usage de critiques plus ouvertes et plus franches, on arrive peu à peu à ruiner le crédit, à flétrir la réputation d'un concurrent :

> « C'est d'abord rumeur légère,
> Petit vent rasant la terre *. »

Puis bientôt se glissent doucement des imputations mensongères ; la calomnie « se dresse et s'enfle

---

* Dans le Barbier de Séville.

en grandissant. » Viennent enfin les lâches trahisons, les perfidies qui se cachent et ces odieuses ingratitudes qui parfois tarissent la source du plus pur dévouement. Les soirées elles-mêmes, les réceptions, les dîners, le monde enfin où l'on s'amuse, est aussi le monde où l'on se bat ; les hostilités y sont effectives, quoique habilement dissimulées : on s'y observe; on attaque ou l'on se défend ; on se livre à une petite guerre de caustiques épigrammes enveloppées dans un sourire ou un compliment.

Si, sortant du domaine des intérêts matériels, nous ne considérons dans les diverses civilisations que leur progrès intellectuel, celui qui marque les étapes que la science humaine a successivement parcourues, nous y constaterons une double guerre, d'abord celle qu'on a faite aux *idées*, ensuite celle que les idées se font entre elles. Où et dans quel pays privilégié les idées nouvelles, les grandes inventions font-elles tranquillement leur chemin ? Nulle part. Partout se rencontre le parti de l'ignorance qui, attaché aux coutumes antiques, s'obstine à repousser toute innovation. Ceux qui naguère trouvaient honneurs et richesses dans l'état de choses antérieur, ne renoncent pas facilement à leurs avantages ; ils invoquent le respect dû aux ancêtres; ils décrivent complaisamment les périls que court l'ordre social ; ils profitent des terreurs qui troublent les esprits timorés ; ils revendiquent pour eux seuls la gloire du passé et ils s'efforcent ainsi d'enrayer le progrès des institutions ou l'amélioration des méthodes scientifiques. La tyrannie s'étend de proche en proche jusqu'au moment où, brisant cette entrave, les idées réformatrices s'imposent aux volontés rebelles ; presque toujours une lutte s'engage meurtrière, acharnée et quelque homme généreux ne tarde pas à payer de sa vie ou de sa liberté l'amour de ce qui lui paraît être la vérité.

Nombreuses ont été dans tous les temps les victimes du dévouement à la science. En Grèce, le philosophe Anaxagore, accusé d'impiété, ne dut son salut qu'à l'éloquence de Périclès, son élève. Socrate, quelques années plus tard, ne put échapper à une condamnation capitale. Il but la ciguë pour avoir bravé les 30 tyrans et critiqué la religion populaire. Plein de fierté, il osa répondre qu'il avait mérité, non pas la mort, mais d'être nourri au Prytanée aux frais du trésor public. Ensuite l'évolution humaine accomplie par le christianisme a, elle aussi, exigé une abondante effusion de sang. Pour affirmer leur foi religieuse, pour répandre l'esprit de charité, les martyrs n'ont pas hésité à tenir tête au despotisme impérial. Puis, à la même époque, plus d'un philosophe stoïcien a par son attitude attiré sur lui la colère du prince et relevé ainsi aux yeux de tous le titre d'homme. Ce progrès qu'a réalisé l'école du Portique, notre langue en fournit la preuve, car qu'est-ce qu'un stoïcien, sinon un philosophe qui supporte vaillamment l'infortune et conserve intacte sa dignité personnelle ? Plus tard le protestantisme apporta au monde la grande idée du libre examen ; or, il n'en a obtenu le triomphe que par la lutte et par l'esprit de sacrifice. Enfin que d'efforts ont été déployés, que de sang a été versé, en vue d'introduire dans nos mœurs et dans nos codes es principes de 1789 ! Tant le progrès et la vérité sont pour nous le but d'une conquête lente et laborieuse !

D'ailleurs, quand même les rois et les empereurs ne déclareraient pas la guerre aux idées, les savants se la feraient entre eux. Dans cette bataille d'un nouveau genre, le sang ne coule pas, mais le sort du vaincu n'en est pas moins à plaindre. Son activité a été dépensée en pure perte. Ses théories sont combattues ; sa méthode est critiquée ; ses découvertes contestées. Non seulement on se livre contre lui à une discussion honnête et loyale, mais on travestit sa pensée, on altère ses définitions ; on cite à contresens des passages tronqués de ses œuvres ; on dissimule ce qu'elles renferment de bon et d'original pour ne mettre en relief que les côtés défectueux. Telle est la guerre qu'ont faite ou soutenue tour à tour les sophistes de la Grèce, les Stoïciens et les Epicuriens, les Thomistes et les Scotistes, puis Galilée, Le Tasse, Descartes, Boileau, Chapelain, Newton, Leibnitz, Voltaire, et tant d'autres moins célèbres, mais non moins méritants : héros obscurs de la science, ils ont pour elle livré le grand combat, mais ils n'ont pas même recueilli, comme prix de leurs services, un faible rayon de gloire, une parole de remerciement.

Les inégalités sociales sont encore une autre cause de division parmi les hommes, et certes, on conviendra que cette cause est puissante, car son efficacité se fait sentir du premier au dernier degré de la hiérarchie sociale. Vainement les anciens législateurs et les philosophes de l'antiquité ont fait effort pour réunir les citoyens et tout concilier; les antipathies naturelles ne se sont pas moins développées et accentuées pour aboutir ici ou là à quelque terrible éclat. Ces antipathies admettent pour principale origine la *propriété*, laquelle donne naissance à l'opposition inévitable et permanente des riches et des pauvres. Les débats purement politiques sont peu de chose en comparaison de la propriété; ils divisent et séparent moins les hommes que la distinction fondée sur la richesse et la pauvreté. On finit par s'accommoder même d'un gouvernement dur; d'ailleurs, le despotisme d'un prince atteint les grands et les nobles; la roture s'y soustrait facilement, car elle est le nombre, et souvent des princes tyranniques, Néron entre autres, frappent les sénateurs et les personnages politiques qui les gênent, mais ils ne déplaisent pas toujours à la multitude : ils la gagnent par des réjouissances publiques; ils n'ont que rarement occasion d'imposer le joug de l'esclavage à un citoyen obscur et pauvre; ils s'en serviraient plutôt comme d'un instrument pour frapper l'aristocratie.

Mais les dissensions civiles qui naissent de l'antagonisme du riche et du pauvre sont plus graves; elles produisent des soulèvements, des mécontentements plus profonds et plus nombreux; l'irritation est plus vive et surtout elle n'est jamais complètement calmée. Une occasion favorable la fait éclater et l'on s'aperçoit alors, non sans effroi, du danger permanent que court l'ordre social. Ainsi, lorsque la Révolution de février 1848 eut renversé le trône de Louis-Philippe, la question politique fut assez vite résolue ; un nouveau gouvernement fut institué. Mais on ne tarda pas à être menacé de la révolution sociale, laquelle est plus dangereuse. Chaque jour la hardiesse des réclamations ouvrières augmentait. Les doctrines communistes, encouragées par la crise commerciale, s'imposèrent ; elles furent gravement discutées au Luxembourg par Louis Blanc et par les délégués des corporations. On proclama le droit du citoyen, non pas à la liberté du travail, mais au travail, c'est-à-dire qu'on rendit le gouvernement responsable du manque d'ouvrage et l'on prétendit qu'il devait en procurer. Alors se trouvèrent faussés et troublés les rapports du travail et du capital. On sait qu'ils ne peuvent être que librement réglés d'après l'offre et la demande. Aussi vainement on réduisit le nombre des heures d'ouvrage ; vainement des industriels sincèrement dévoués au peuple consentirent à augmenter les salaires ; tous les ateliers ne tardèrent pas à être abandonnés ; une insurrection socialiste éclata bientôt et ne fut étouffée que dans le sang. Ces troubles n'étaient pas nouveaux. Athènes et Rome avaient jadis assisté à des scènes aussi douloureuses. Plutarque raconte en ces termes l'évènement qui* porta Solon à s'occuper des affaires de son pays : « La division qui naît ordinairement entre les pauvres et les riches, à cause de leur inégalité, était alors plus enflammée que jamais ; de manière que toute la ville d'Athènes se trouvait dans un très pressant danger, et semblait n'avoir d'autre moyen de se garantir du

---

* 593 avant J.-Ch.

naufrage que de se soumettre au pouvoir d'un seul. Les pauvres, se trouvant obligés envers les riches pour des dettes qu'ils ne pouvaient payer, étaient réduits ou à leur donner tous les ans le sixième des fruits de leurs terres, ou à engager leurs propres personnes : ce qui les réduisait au pouvoir de leurs créanciers qui se les faisaient adjuger et qui les retenaient pour leurs esclaves ou les envoyaient vendre dans les pays étrangers. La plupart même étaient forcés de vendre leurs propres enfants, car il n'y avait point de loi qui l'empêchât, ou bien ils étaient contraints d'abandonner leur patrie, pour se soustraire à la cruauté de ces usuriers impitoyables.

Enfin, le plus grand nombre de ces malheureux et ceux qui se trouvèrent les plus forts et les plus résolus, s'étant assemblés, s'encouragèrent à ne plus souffrir cette barbarie et à élire pour chef un homme de confiance, avec lequel ils iraient délivrer ceux qui n'avaient pas pu payer à temps, obtiendraient un nouveau partage des terres et changeraient enfin le gouvernement de l'Etat. Dans cette extrémité, les plus sages des Athéniens, voyant que Solon était le seul qui ne fût point suspect à aucun des deux partis, car il n'avait trempé ni dans l'injustice des riches ni dans la révolte des pauvres, se mirent à le prier de s'entremettre des affaires et d'apaiser tous ces différends* » Heureux le peuple athénien qui, dans sa détresse, et au milieu de ces dissensions nées de la propriété, trouva un sauveur, un homme intègre qui refusa la royauté et

---

* Vie de Solon.

se contenta, par de bonnes et sages lois, de tenir la balance égale entre les riches et les pauvres !

La dureté des créanciers devint aussi pour Rome l'occasion de luttes acharnées. Fatigués du rôle de parias, les Plébéiens se retiraient sur une éminence appelée le Mont-Sacré et là, refusant de prendre désormais leur part des charges sociales, ils mettaient en péril la chose publique tout entière, et cela même en présence de l'ennemi qui assiégeait et affamait la ville. Il faut lire dans Tite-Live* la scène dramatique qui donna naissance à ces troubles. On y constate avec douleur que, si la propriété repose sur le droit, elle a néanmoins les plus fâcheuses conséquences ; elle engendre la violence et la servitude. « La guerre avec les Volsques était imminente et la république était en proie à la discorde, fruit des haines intestines qui s'étaient allumées entre les patriciens et le peuple, surtout à l'occasion des détenus pour dettes. Le mécontentement ne fermentait que trop de lui-même, quand la vue du malheur d'une de ces victimes fit éclater l'incendie. Un vieillard se précipite dans le Forum tout couvert des marques de ses nombreuses souffrances ; ses vêtements sâles et en lambeaux offraient un spectacle moins hideux que sa pâleur et que l'extrême maigreur de son corps exténué ; une longue barbe, des cheveux en désordre donnaient une expression farouche à ses traits. On le reconnaissait cependant, tout défiguré qu'il était ; on disait qu'il avait été centurion. Il montrait sa poitrine couverte de nobles cicatrices. On lui deman-

* L. II, 23.

da pourquoi cet extérieur, pourquoi ces traits défigurés. Il répondit que, pendant la durée de son service militaire, sa récolte avait été détruite par l'ennemi, sa ferme brûlée, ses effets pillés, ses troupeaux enlevés. Obligé de payer l'impôt, il avait emprunté ; puis ses dettes grossies par les intérêts l'avaient dépouillé d'abord du champ qu'il tenait de son père et de son aïeul, puis de tout ce qu'il possédait encore. Saisi bientôt lui-même par son créancier, il avait trouvé en lui, non pas un maître, mais un geôlier et un bourreau. Là-dessus il montre ses épaules toutes meurtries des coups qu'il vient de recevoir. A cette vue, à ces paroles, un grand cri s'élève ; le tumulte se répand dans toute la ville. Les consuls comprimaient avec peine la sédition quand une grande armée formidable de Volsques vient assiéger Rome. Cette nouvelle remplit de joie les Plébéiens ; ils s'écriaient que les dieux allaient enfin tirer vengeance de l'insolence patricienne : c'était, dit-on, aux nobles de se charger du service militaire, de prendre les armes ; les dangers seraient alors pour ceux qui en recueillaient tout le fruit. Pour que le peuple consentît à s'enrôler, il fallut que le consul publiât un édit qui défendait de retenir dans les fers ou en prison aucun citoyen romain, de saisir et de vendre les biens d'un soldat. »

L'établissement de la propriété est donc évidemment l'origine d'une opposition constante et de distinctions souvent blessantes dans un État. Mais il y a mieux encore, c'est que, génératrice de la guerre, la propriété en est aussi la fille. On dit : la propriété est le fruit d'un travail libre et moral ; elle est comme le sceau de notre personnalité, que nous apposons sur les choses de la nature ; elle résulte d'un besoin urgent, celui de l'extension ; notre misère est de tous les instants ; notre existence est partout exposée à des périls imminents, inattendus et soudains. Dès lors, pour parer à tant de difficultés, pour rendre l'avenir moins incertain, on a épargné, on s'est abstenu pour garder en vue du lendemain ce qu'on aurait pu consommer la veille. Ainsi est née la propriété et certainement cette origine est conforme au droit strict. Néanmoins la possession de cet avoir est en réalité la conséquence d'une guerre bien menée, le signe d'un triomphe qu'on s'est efforcé d'immobiliser : on a travaillé patiemment, on a lutté à l'aide, soit de sa force physique, soit de son intelligence et de son habileté ; et, le fond de la pensée humaine étant la crainte et le souci, on a conservé le fruit de ce labeur et à côté de soi on a sans doute vu tomber et dépérir plus d'un homme moins bien doué, ou moins heureux, ou moins honnête : c'était le vaincu ; mais on a détourné son regard et l'on a caché son trésor.

Puis, peu à peu la richesse s'est accumulée dans quelques familles : le père mort, le fils a hérité ; la victoire du premier s'est perpétuée et transmise ; le bien primitivement amassé est devenu un patrimoine. Ainsi en naissant le fils disposait d'une force au moins double : il apportait dans la lutte pour l'existence sa propre personne et celle de son père. On conviendra que cette transmission héréditaire est un mode de propriété moins respectable que l'autre ; c'est de lui que sont nés dans les diverses sociétés les *privilèges* des nobles, car l'accroissement des richesses et des biens de toutes sortes dans une seule famille a dû nécessairement conférer à l'un des descendants une force extraordinaire : la bataille de la vie est devenue pour lui relativement facile ; débarrassé de cette inquiétude, il a porté ses vues ailleurs et il a songé à dominer ses concitoyens : il a confisqué à son profit certaines charges ; il s'est attribué même le droit d'aînesse à l'égard de ses frères ; il s'est réservé pour lui et pour toute sa caste l'hérédité des emplois et l'inégalité dans la perception des impôts : voilà quelques conséquences des victoires successives obtenues et perpétuées dans une famille à la suite de la transmission héréditaire de la propriété. Or, on a trouvé que la transmission de l'esclavage du père à son fils était une honte, un abus, une violation de la personne humaine ; nous le voulons bien ; mais, en formulant cette critique, on juge deux faits identiques avec deux principes différents : quand le fils devient riche après son père, quand il reçoit de lui une bonne éducation et un patrimoine étendu, il hérite d'une victoire. De même il faudrait qu'il devînt esclave par suite de la servitude paternelle, car il hériterait ainsi d'une défaite.

Platon a dans sa République * combattu la propriété avec tant d'insistance; il a si bien compris que, née de la guerre, elle l'engendrait ensuite, que nous ne pouvons point passer son opinion sous silence. D'une manière générale il nous fait entendre

---

* Livre VIII, § 0 et suivants, passim jusqu'au § 10.

que la propriété place les hommes dans la situation de véritables belligérants : « ce coffre-fort rempli de richesses que possède chaque particulier, finit par perdre l'État. D'abord les citoyens y trouvent de quoi faire des dépenses ; ensuite, l'exemple des uns excitant les autres, en peu de temps la contagion devient universelle. Puis, rivalisant d'ardeur à qui dépassera l'autre dans l'acquisition des richesses, plus ils ont d'estime pour celles-ci, moins ils en ont pour la vertu. L'or et la vertu ne sont-ils pas en effet comme deux poids mis dans une balance dont l'un ne peut monter sans que l'autre ne baisse? Alors les citoyens deviennent avares et cupides. Tous leurs éloges, toute leur admiration est pour les riches : les charges ne sont que pour eux ; quant au pauvre, ils le méprisent. Alors on fixe par une loi les conditions exigibles pour participer au pouvoir et ces conditions se résument dans la quotité du revenu. Il est défendu d'aspirer aux charges à ceux dont le bien ne monte pas au taux marqué. Les riches font passer cette loi par la voie de la force et des armes, ou bien on l'adopte par la crainte de quelque violence de leur part. En outre et surtout cet Etat, par sa nature, n'est pas un, mais il renferme nécessairement deux Etats, l'un composé de riches, l'autre de pauvres, qui habitent le même sol et qui travaillent sans cesse à se détruire les uns les autres. » Nul ne contestera qu'il s'agisse dans ce passage d'une guerre véritable que se livrent en pleine paix des concitoyens ; le but en est clairement indiqué : « ils travaillent à s'entre-détruire, » et tel est pour Platon l'inévitable effet de la propriété. Il continue en ces termes : « Vois maintenant si le plus grand vice de cette constitution politique n'est pas la liberté laissée à chacun de se défaire de son bien ou d'acquérir celui d'autrui, de telle sorte que les uns y possèdent des richesses immenses, tandis que les autres sont réduits à la dernière misère. Or, dans tout Etat où tu verras des pauvres, il y aura des filous cachés, des coupeurs de bourses et des fripons de toute espèce. En outre les chefs qui sont redevables à leurs grands biens des charges qu'ils occupent, se gardent de réprimer par la sévérité des lois le libertinage des jeunes débauchés, ni de les empêcher de se ruiner par des dépenses excessives ; car leur dessein est d'acheter leurs biens, de leur prêter à gros intérêts, et d'accroître par ce moyen leurs richesses et leur crédit. Alors apparaissent dans l'Etat des gens accablés de dettes ou notés d'infamie, haïssant ceux qui se sont enrichis des débris de leur fortune, leur dressant des embûches et n'aspirant qu'à une *révolution*. Et comme un corps infirme n'a besoin pour tomber que du plus léger accident, ainsi un Etat, dans une pareille situation, ne tarde point à être en proie aux séditions et aux guerres intestines, aussitôt que, sur le moindre prétexte, les pauvres et les riches, cherchant à fortifier leur parti, appellent à leur secours les chefs de quelque Etat voisin. Lorsque les pauvres remportent la victoire sur les riches, ils massacrent les uns, chassent les autres et partagent également avec ceux qui restent les charges et l'administration des affaires C'est ainsi que la démocratie s'établit, soit par la voie des armes, soit que les riches, craignant pour eux, prennent le parti de se retirer. » On croirait que ces pages sont écrites d'hier, tant elles s'appliquent d'une manière frappante à nos sociétés modernes! On y voit jusqu'à quel point il est exact et vrai de dire que la propriété aboutit à la guerre civile, et ainsi se trouve encore justifié le grand principe que nous avons posé au début de cet ouvrage quand nous avons soutenu que l'homme est autant insociable que sociable et qu'Aristote avait mal observé, qu'il avait conclu trop vite, quand il avait dit que l'homme est un être sociable : cette assertion est gravement incomplète.

Mais l'homme n'a pas seulement pour ennemi l'homme lui-même; il rencontre encore dans la *nature* des forces redoutables dont il ne triomphe que par le sacrifice, la patience et le courage. Comme un général est parfois obligé d'abandonner ses plus braves soldats, de les exposer à un péril imminent pour sauver le reste de l'armée; ainsi la nature, vraie marâtre, a jadis impérieusement exigé, et elle exige encore le dévouement volontaire ou le trépas inévitable d'une multitude d'êtres humains. Qu'est-ce que la terre nous a jadis offert dans sa fertilité native sinon des fruits peu savoureux, sauf dans quelques pays privilégiés, un climat funeste, des chaleurs torrides, ou des froids implacables, des animaux dont la férocité nous impose une lutte, une prévoyance continuelles? Que de générations ont été moissonnées dans les premiers siècles, alors que l'humanité encore barbare avait à faire l'essai de toutes choses, à courir des dangers imprévus, à subir presque sans abri et sans vêtement les nuits glaciales, les tempêtes, les inondations, les sécheresses, les attaques des fauves! Cette lutte contre la nature est aussi funeste qu'une bataille et encore est-elle moins glorieuse : que de laboureurs ont obscurément succombé à la suite d'un rude labeur! ils ont ainsi fécondé de leurs sueurs la plaine, jadis inculte, qu'ils ont léguée plus fertile à leurs arrière-neveux. Et l'on est assez peu clairvoyant, assez injuste pour ne pas voir que la fécondité du sol est le prix du sang et le fruit de la victoire ! On n'apprécie, on ne redoute que la guerre où le sang coule. Soyons plus équitables ; honorons aussi, de notre souvenir au moins, le triomphe modeste, solitaire et secret remporté sur l'ingrate nature. Les efforts courageux de ces héros ignorés ont transformé, amélioré la terre et nous, leurs descendants, nous recueillons les fruits qu'ils nous ont préparés. Sans eux nous aurions encore à parcourir les phases douloureuses de la civilisation, d'abord la période forestière où l'on abattit tant d'arbres gigantesques, tant de futaies plus que séculaires, puis la période pastorale où, par des migrations successives, les peuples nomades créaient dans les plaines arides les deux aliments nécessaires, le blé et la chair des troupeaux, ensuite la période agricole où les laboureurs plus stables et s'attachant au sol fécondé par leurs pères, constituaient des tribus, des villages et enfin des villes.

Ensuite la lutte pour l'existence prend une forme plus dure et plus cruelle encore, dès qu'il s'agit pour l'homme de *propager son espèce*. Déjà les plantes, les arbres, toute végétation subit les conditions les plus défavorables : c'est par millions que l'on compterait, si l'on était observateur, les germes qui périssent avant leur maturité, faute de terre, de soleil et d'eau. Les roses, dit le poète, ne vivent que l'espace d'un matin, mais que de boutons de rose n'arrivent même pas à l'éclosion ! De même les races animales, ou se détruisent, ou sont soit vaincues, soit anéanties, ce qui est bien l'image de la guerre : tantôt le mâle attaque la femelle qui nourrit, tantôt celle-ci meurt de faim ou tombe dans le piège dressé par l'homme. Pour défendre sa progéniture, elle se soustrait aux regards, elle cherche au loin sa pâture et souvent à son retour elle trouve sa tanière vide ; mère désolée, elle parcourt alors la campagne et pousse en vain des hurlements plaintifs. La multiplication des hommes rencontre les mêmes obstacles : manque de pain, manque d'espace, manque de vigueur et de soins, voilà les principales causes qui limitent la population et nous obligent à pratiquer la continence, la chasteté, la monogamie ou même à vivre dans le célibat ; l'existence se trouve ainsi restreinte, arrêtée dans sa tendance la plus énergique, celle de la reproduction, et cette abstention s'impose avec tant de rigueur qu'on reproche non sans raison à un homme d'avoir, soit une famille trop nombreuse, soit des mœurs trop libres, lesquelles cependant ne sont que la manifestation très naturelle, mais mal réglée, du penchant à la propagation de l'espèce. Or, pourquoi faut-il que nous mettions un frein à cet impérieux besoin, sinon parce qu'un très petit nombre de pères sont en état d'aider leurs enfants à prendre une part active et utile à la lutte de la vie ? Celle-ci étant une véritable bataille, on peut demander à un père où sont les armes dont il dispose en faveur de sa progéniture ; et ces armes sont des ressources de toute sorte, logis, nourriture, vêtement, instruction. S'il est pauvre, il faut qu'il s'abstienne, qu'il comprime l'impulsion de la nature, il faut qu'il soit moins homme que s'il était riche et que si la terre produisait abondamment de quoi entretenir tous ses habitants. De cette situation précaire naissent d'une part la débauche et la prostitution, ce qui constitue une fraude et une immoralité, d'autre part le célibat civil ou ecclésiastique, ce qui constitue ordinairement une privation et souvent une vertu.

Considérons en effet l'Asie ; la polygamie y est admise et acceptée parce que la terre, y étant cultivée depuis plus longtemps qu'en Europe, fournit une nourriture plus abondante, et aussi parce que le climat plus tempéré n'exige pas une alimentation aussi substantielle que dans nos régions. Car, si les plaines sans fin de la Sibérie sont froides et hyperboréennes, en revanche de l'Inde à la Méditerrannée, des vents venus de la brûlante Afrique augmentent la fertilité des pays sur lesquels ils soufflent ; ainsi le riz, dont la culture est si productive, tient en Asie lieu de blé et de toute autre graine ; dans l'Hindoustan une rizière donne trois et même quatre récoltes par année. En Chine une culture habile et ingénieuse a même répandu partout cet aliment, car les rizières sont des espèces d'îles flottantes formées avec des nattes de bambous et chargées de terre de telle façon que les racines du riz traversent ce sol artificiel et sont en contact perpétuel avec l'eau courante. Un aliment aussi facilement produit constitue pour l'espèce humaine une arme puissante, à l'aide de laquelle son existence est comme assurée. Au contraire, l'Europe est d'une stérilité désespérante et dès lors les lois n'y sauraient tolérer la polygamie généralement admise en Asie.

Pour faire comprendre jusqu'à quel point l'*alimentation* est chez un peuple un véritable *casus belli*, nous n'hésiterons pas à comparer nos destinées diverses à celles d'assiégés que la famine menace; et en fait elle sévit parfois et elle sévirait plus souvent si le commerce n'intervenait utilement. En l'année 1879, la France a manqué de 18 millions d'hectolitres de blé ; elle a dû les mendier auprès des nations voisines. Or, cette disette fait plus vivement encore sentir ses effets dans tous les autres pays, car seules la France et l'Angleterre mettent en culture plus de la moitié de leur surface. Sur cent hectares la première en a 54, la seconde 55 qui sont fertiles; la Belgique en a 48; le Danemark et la Prusse 40; l'Italie et le Portugal 30; la Russie et la Pologne 18; la Suède et la Norvège 14. Il est vrai que, pour compléter ce calcul et pour le rendre juste, il importe de tenir compte de la densité de la population. Mais il n'en résulte pas moins qu'en Europe, vu la rareté des vivres, l'Etat s'attaque durement au citoyen en lui faisant subir une tyrannie qui serait odieuse si elle n'était pas nécessaire, car il lui interdit d'avoir plus d'une épouse légale. Que cette loi soit actuellement abrogée et dès lors la lutte pour l'existence ne tarderait pas à devenir terrible et implacable, par suite d'un excès de population. Donc, si cette interdiction est vexatoire en principe, cependant elle est protectrice et favorable à tous dans sa conséquence finale.

Un fait confirmera ces diverses assertions : quand, après trente ans d'hostilités et de ravages, les deux Républiques de Sparte et d'Athènes eurent été épuisées d'hommes, le gouvernement de cette dernière ville permit aux citoyens déjà mariés de prendre une seconde femme, et cela dans le but d'augmenter la population appauvrie; cette loi athénienne explique pourquoi Socrate, au moment de sa mort, à l'âge de soixante-dix ans, reçut les derniers adieux d'enfants encore jeunes : c'est qu'il était bigame, et toute l'Europe adoptera cette coutume le jour où les laboureurs, victorieux de la terre, auront bien combattu la stérilité du sol et transformé en champs cultivés les steppes et les landes qui défient encore aujourd'hui le génie inventif des hommes.

Terminons enfin cette étude sur les formes de la guerre pendant la paix par des considérations analogues relatives à l'état d'antagonisme qui naît de la *religion*, de la politique ainsi que de nos coutumes et institutions. L'esprit religieux nous élève à Dieu ; il fortifie et console nos âmes inquiètes et blessées ; il s'allie avec toutes nos conceptions idéales pour leur assigner un objet réel, un suprême représentant ; mais il a aussi pour caractères de provoquer le zèle du prosélytisme et l'opposition systématique à toute opinion contraire. Dans le premier de ces effets ce sentiment favorise les associations, car le lien le plus puissant est certainement, en dehors de la famille, celui de la confraternité religieuse. Mais il a pour second et inévitable effet de nous rendre exclusifs, jaloux, facilement dédaigneux. Jamais entre deux hommes qui honorent Dieu d'une manière différente, l'amitié ne subsistera elle qui est avant tout un accord sur les choses divines et suprasensibles. Les paroles acerbes, les sentences implacables ne font pas défaut quand il s'agit de juger celui qui n'accepte pas le même symbole que nous : il est un infidèle, il est de droit excommunié; on l'extermine, on le livre au feu du bûcher quand l'opinion publique le tolère. S'il renonce à une foi qu'il avait d'abord professée, on le déclare apostat; tous ses actes sont appréciés avec malveillance et s'il dispose d'un grand pouvoir, s'il occupe le premier rang dans l'Etat ou dans les lettres, sa mémoire est livrée aux malédictions de la postérité. Cette funeste influence du sentiment religieux exerce surtout ses ravages au sein de la famille : critiques indirectes, opposition constante dans la direction des enfants, rupture du lien de la tendresse conjugale, instantes prières au lit de mort, tels sont les effets ordinairement dissimulés de la guerre domestique dont la religion est l'origine.

Les *discussions politiques* produisent entre les citoyens une hostilité non moins regrettable. C'est en effet dans l'agitation de la vie parlementaire que la guerre pendant la paix se produit avec le plus de persistance et d'habileté. Le secret de la force consiste alors à changer facilement d'opinion, à quitter ses amis, à flatter parfois un ennemi, à tirer parti de rancunes dissimulées et à profiter de l'égoïsme de tous. Ignorer les scrupules et mépriser les hommes sont deux moyens ordinairement nécessaires. Comment, d'ailleurs, agir autrement alors que les circonstances imposent une surveillance rigoureuse et mutuelle à deux ennemis qui, ne pouvant se supplanter, sont réduits à s'observer sans cesse, de près et de loin ?

Aussi quel Etat échappe jamais aux dissensions des *partis* ? A Rome les plébéiens et les patriciens ; en Allemagne les Guelfes et les Gibelins ; en Angleterre les tories et les whigs, en France la jacquerie sous Jean-le-Bon, la ligue du bien public sous Louis XI, la guerre folle sous Anne de Bretagne, la cabale des importants de la Fronde sous Anne d'Autriche, ont divisé les peuples et fait lever l'étendard de la révolte. Vainement on changerait la forme du gouvernement ; vainement on ferait succéder la royauté à la république ou la république à la royauté ; les partis subsisteraient encore, également acharnés. Peut-être changeront-ils de nom et d'étiquette ; leur programme leur survivra néanmoins et il sera repris par leurs successeurs avec de légères modifications. Sous notre monarchie le roi rencontrait une opposition sans cesse renaissante dans la noblesse. Depuis notre révolution de 1789 la lutte politique s'est transformée, mais le feu de la guerre intestine ne s'est jamais éteint : les monarchistes et les républicains maintiennent encore leurs prétentions rivales ; ils s'épient mutuellement, et profitent habilement des fautes commises par leurs adversaires. Cet état des esprits en France remonte bien haut. Il y a près de deux mille ans, le vainqueur de nos ancêtres, César [*], le décrivait en ces termes : « Il y a des factions chez les Gaulois, non seulement dans chaque cité, dans chaque bourgade, mais presque dans chaque maison. Les hommes en qui ils reconnaissent le plus de considération sont les chefs de ces factions : c'est à eux qu'appartient la décision suprême dans toutes les entreprises et dans toutes les délibérations. Cela paraît s'être établi jadis afin qu'un homme du peuple ne manquât jamais d'appui contre un plus puissant : car nul ne souffre qu'on maltraite ou qu'on opprime un de ses partisans ; autrement il perdrait tout son crédit. Il en est de même pour les intérêts généraux : toutes les cités renferment deux partis. » Cette situation politique de la Gaule n'était sans doute pas complétement l'état de guerre, car cette division était favorable à l'appui tutélaire dont le faible et l'opprimé éprouvent un si urgent besoin. Mais l'opposition n'en subsistait pas moins ; il s'était même formé à cette époque dans tout l'est de la Gaule deux grands partis nationaux, les Eduens dont le siège était à Bibracte (Autun aujourd'hui), puis les Séquaniens à Besançon. Or, leur antagonisme était si ardent que César en profita fort habilement pour triompher du courage de nos pères.

La vie civile, sous la protection bienfaisante des lois, n'aboutit donc pas seulement à la paix, laquelle est toutefois son but et son idéal ; elle engendre aussi constamment, mais pas toujours avec éclat, une fâcheuse mésintelligence, une concurrence

---

[*] Guerre des Gaules, livre VI, § 11.

implacable. Les intérêts sont alors opposés comme dans la guerre à main armée ; les forces physiques et morales s'épuisent dans ces efforts ; le vaincu vit d'une vie moindre ; son existence est ou restreinte ou supprimée : il est exploité. Quant au vainqueur, il étale sa puissance ; il s'enrichit des dépouilles du plus faible ; il s'adjuge des privilèges à lui et à ses descendants : il exploite. Donc, pendant la paix, la guerre se transforme en une rivalité constante, en un duel acharné auquel le droit ne préside pas toujours : il en est absent quand une violence criminelle se produit, quand une haine implacable sépare deux frères ou deux concurrents, quand la calomnie ou l'ingratitude lancent adroitement leurs traits et livrent au mépris public un ennemi on l'exposent à la ruine. La morale flétrit de tels actes ; la conscience des honnêtes gens les poursuit de sa réprobation ; la vindicte des lois les atteint parfois. Mais leur fréquence actuelle ne nous autorise nullement à espérer un progrès ultérieur.

D'autre part aussi dure et aussi meurtrière est la rivalité que règlent les principes du droit ou qui ne leur est contraire que partiellement. Elle se manifeste, soit par de sourdes intrigues, soit par la concurrence commerciale, soit par l'antagonisme qui résulte de la poursuite d'un même but, soit par l'opposition des intérêts dans une cause portée devant les tribunaux, soit encore par la lutte des idées religieuses et des partis politiques. Supposons que dans ces divers cas le vainqueur l'emporte sans violer la justice et que même il mérite notre respect par suite de l'usage modéré qu'il aura fait de sa supériorité. Néanmoins, nul ne contestera, en présence des effets multiples qui résultent de cette victoire, qu'une hostilité réelle, quoique inaperçue, avait surgi et qu'elle a bientôt exercé une influence heureuse d'un côté, funeste de l'autre. Le droit, loin de mettre un terme à la guerre, même internationale, l'allume, l'entretient et surtout il en consacre les effets en leur conférant une valeur morale. Que l'on considère un concours, un examen, où tout s'est passé loyalement ; qu'ensuite on constate les conséquences de la défaite pendant toute la destinée du plus faible et l'on se convaincra qu'une grave blessure et parfois la mort sur le champ de bataille eussent été moins cruelles que la longue série de privations, de labeurs ingrats, d'humiliations réitérées dont le vaincu seul connaît toute l'amertume.

Répétons qu'il ne s'agit pas ici de donner au mot guerre une extension inaccoutumée et inadmissible. Nous n'avons pas l'intention de jouer sur une métaphore. Mais nous prétendons qu'il n'y a pas plus guerre sur le champ de bataille que *partout ailleurs*. Il est vrai que dans la vie civile elle frappe moins l'imagination ; elle provoque moins de bruit et de mouvements insolites. Mais c'est précisément à cause de sa constance et de sa perpétuité qu'elle passe inaperçue ; elle n'y épuise pas moins les forces physiques ou morales. Elle divise et oppose les travailleurs ; elle use leur organisme, atteint leurs membres et les fait mourir aussi vite que le métier des armes. L'homme ne gagne son pain qu'en surmenant certaine partie de son corps, tantôt les poumons, tantôt les jambes, ici les yeux, là les bras; dans d'autres professions c'est le cerveau dont l'effort continu sert à la lutte, nous maintient à un rang relativement élevé et décide de toute notre existence.

Ainsi la guerre apparaît partout aux divers degrés de la hiérarchie sociale entre parents comme entre citoyens, et celle où retentit le bruit de la mitraille n'est, en comparaison de la guerre universelle, qu'un accident inévitable et même rare, une explosion bruyante, un spectacle qui n'effraye que les philosophes à courte vue.

CHAPITRE CINQUIÈME

La Paix

La nature humaine demande à être étudiée sans parti pris et sous toutes ses faces ; incomplète serait notre science si après avoir tant insisté sur la guerre et ses formes diverses, nous ne signalions pas les tendances à la paix ainsi que les actes et les institutions qu'elle inspire et maintient. Si d'un côté l'homme est insociable comme ne le prouvent que trop la persistance et la perpétuité des luttes intestines et des guerres internationales, on doit reconnaître aussi que l'amour de l'humanité est gravé dans nos cœurs en caractères sacrés ; autrement notre vie s'écoulerait toujours solitaire et sauvage. L'homme est né pour vivre en société : ses besoins les plus urgents, ses penchants les plus indestructibles, toutes ses facultés la supposent et la nécessitent. Elle est pour lui le champ destiné à faire éclore ses vertus, la carrière ouverte à son activité laborieuse, le théâtre où sa liberté se déploie, le monde des merveilleuses inventions qu'enfante son génie. Or, la paix est nécessaire à l'apparition de ces résultats. La guerre n'y suffirait pas, car sans doute elle préside à des réunions d'hommes ; elle produit des associations, des armées, toute une hiérarchie ; elle donne naissance à des monuments de toute espèce. Néanmoins c'est une pensée hostile et destructive qui l'organise et qui fait avancer les bataillons armés.

Au contraire la paix unit les hommes par des liens plus doux et à l'aide de procédés que la raison et la sagesse nous suggèrent. C'est d'abord la *famille* qui joue le rôle le plus efficace pour provoquer le désir de la conciliation ; le pressant besoin de nourrir la progéniture, l'influence de la mère interviennent pour calmer la fureur de la lutte et réunir enfin les natures ennemies. La longue faiblesse de l'enfance ne permet pas à la mère, même sauvage, d'abandonner trop tôt son nourrisson ; à l'âge de deux ou trois ans il périrait certainement encore. Nul être animé n'exige des soins aussi constants et aussi délicats. Notre peau est trop mince et dès lors trop sensible, notre organisme trop complexe pour qu'un allaitement de quelques mois donne à l'enfant la force physique qui lui est nécessaire. D'ailleurs, notre intelligence est longtemps bornée et tout à fait insuffisante à nous faire trouver dès le bas âge notre nourriture. Nous n'avons ni assez d'instinct ni assez de vigueur. La mère a donc fondé la famille ; par ses charmes, par ses caresses elle a retenu le père de l'enfant ; elle lui a fait goûter le plaisir de la paternité ; elle l'a associé à l'éducation de la frêle créature, fruit de leurs amours. La femme aurait-elle pu supporter seule et si longtemps le fardeau de la maternité ? Le spectacle de cette double et si complète impuissance a ému le cœur du père ; il a répondu à cette appel et la famille a été constituée : c'était la paix avec ses tendances conservatrices et son impérieux besoin de conciliation. Si le père ne songe qu'à guerroyer contre tout ce qui l'entoure, c'en est fait de sa femme et de son enfant : leurs jours seront sans cesse menacés par un rival, et l'espèce humaine sera moissonnée dans sa fleur. Et en effet, qui choisit-on aujourd'hui pour faire la guerre ? Sont-ce les hommes mariés ? Non, ou du moins rarement, car ils sont partisans de la paix et jamais ils n'entreront en campagne que par nécessité. Au contraire, un guerrier préfère presque toujours la vie du célibat : elle est en effet plus libre et plus conforme aux habitudes qu'entraîne le métier des armes. Le père de famille veut le calme et la paix ; il aime le foyer domestique.

Après la famille, considérons l'*État*. Si trop souvent les factions l'agitent, si une insatiable cupidité, si une ambition plus insatiable encore, jettent le trouble dans une nation et mettent en péril l'ordre social, cependant n'hésitons pas à déclarer que la vie civile n'existe qu'en vue de la paix ; tous les législateurs se proposent de la consolider. On conviendra en effet que la patrie ne se maintient que par la paix et que faire régner le calme et la tranquillité dans une nation est à la fois un effet et un but pour tous ceux qu'anime l'amour du bien public. Nous ne nous trouvons donc pas ici en présence d'une œuvre de guerre : c'est bien la concorde qui joue ici le premier rôle et certes, vu l'universalité de la vie civile, il est bon de convenir que si les hommes se font la guerre, ils connaissent aussi et en même temps les douceurs de la paix. Si l'esprit guerrier dominait exclusivement, quelle institution, quelle nation parviendrait jamais à s'établir et à durer ? L'amour de la patrie exerce même parmi nous une si puissante et si féconde influence qu'il importe de le décrire ici pour l'opposer, par un heureux contraste, à la discorde qui trop souvent nous sépare. Il admet pour premier degré l'amour du sol natal : la campagne qui fut témoin de nos premières joies se revêt d'un prestige qui tient notre âme captive. Nous y avons contracté cette longue habitude d'aimer que les délices d'un autre séjour ne sauraient remplacer. Il nous semble qu'au loin notre vie s'étiolerait, que nos poumons respireraient moins à l'aise s'ils n'étaient vivifiés par l'air et le souffle des premiers ans. Un lien étroit nous unit à cette terre bénie. Mais plus noble, plus vif encore est l'amour de la patrie. Le jeune homme aime à s'élancer au delà de l'horizon borné de sa cité. Il sait qu'au loin fleurissent d'autres cités amies soumises aux mêmes lois et où vivent des concitoyens dont l'amour et la haine s'attachent aux mêmes objets et dont le cœur bat le même mouvement. Le clocher du village n'est ni le centre ni le symbole de ce nouveau sentiment; il est plus large et plus ample : un champ ne le limite pas. Loin qu'un instinct irréfléchi suffise à le produire, il exige, pour briller de tout son éclat, d'être nourri et entretenu par la réflexion qui naît de la connaissance de l'histoire. Les hauts faits des ancêtres lui sont un aliment nécessaire. On puise dans ces illustres exemples l'énergie morale qui suscite une rivalité généreuse, une légitime émulation. Ainsi se transmet d'âge en âge une sorte de tradition d'héroïsme, l'héritage d'une gloire que nul ne ternit impunément. Combien est beau, combien est élevé cet amour de la patrie ! La guerre intestine lui est tout à fait contraire. Tout en lui révèle le dévouement et la disposition au sacrifice. Des cœurs ingrats ont osé dire que la patrie était là où l'on était bien, *ubi benè est, ibi patria :* assertion fausse que démentent les angoisses des fidèles serviteurs du pays et les trépas ignorés de tant de soldats. Ils auraient pu fuir au moment du danger ou sur le champ de bataille ; ils ont préféré souffrir ou mourir. La patrie est donc souvent là où l'on est mal, là où l'on gémit tout en gardant l'espoir d'une revendication glorieuse. D'ailleurs, cet amour ne s'étend pas seulement au sol, mais à tout ce qui nous représente la vivante image de la patrie : les institutions politiques de notre pays, ses coutumes religieuses et domestiques, son caractère national, tout en lui nous attire et semble autoriser nos préférences. Sa langue devient au sein de l'exil comme un signe de ralliement : la parler, c'est redire notre enfance, c'est relier la chaîne interrompue de ces souvenirs si pleins de fraîcheur.

Voilà le sentiment dont l'Etat a grand besoin pour maintenir le respect mutuel des droits, pour aboutir à une entente cordiale et à la poursuite loyale des intérêts généraux. Sans doute l'amour sincère du bien public est rare ; il n'est cependant pas un but chimérique, une fin contraire à notre nature. Loin de là ; car c'est d'un œil attristé qu'en temps de guerre civile nous voyons le territoire dévasté, les sciences délaissées, les peuples ruinés par le fléau de la tyrannie et des luttes intestines. Nous renonçons bientôt à ces sentiments de cruauté, et, après quelques jours de sang et de carnage, le droit triomphe de nouveau ; les lois reprennent une nouvelle force ; un sentiment de soulagement anime tous les cœurs ; nous cessons de tourner nos armes contre nos concitoyens et sur l'autel de la patrie nous sacrifions nos haines fratricides.

Tel fut assurément le beau spectacle qu'offrit la fête de la Fédération célébrée, à Paris, pour la première fois le 14 juillet 1790 et qui aujourd'hui est devenue notre fête nationale. On y vit le peuple français revenu aux doux sentiments d'une étroite fraternité. Les fédérés rangés par département sous quatre-vingt-trois bannières partirent de l'emplacement de la Bastille et se dirigèrent vers le Champ de Mars. Ils étaient accompagnés des délégués des armées de terre et de mer, de la garde nationale parisienne ; puis les tambours et les chœurs ouvraient et fermaient la marche. Tous ces Français entraînés par le sincère désir de la concorde et comme enivrés de la passion de la paix, bannirent en ce jour et le souvenir du passé et la crainte de l'avenir : heureux de voir tant de concitoyens, accourus de tous les points du royaume pour confondre dans un même élan leurs espérances et leurs promesses ! L'évêque d'Autun, Talleyrand, entouré de trois cents prêtres dont les aubes blanches étaient ornées de ceintures tricolores, célébra la messe, bénit les bannières et entonna un *Te Deum* qu'exécutèrent douze cents musiciens. La Fayette prêta le serment de fidélité à la nation, à la loi et au roi. Puis le roi lui-même prononça d'une voix forte ces paroles solennelles : « Moi, roi des Français, je jure d'employer le pouvoir que m'a délégué l'acte constitutionnel de l'Etat, à maintenir la Constitution décrétée par l'Assemblée nationale et acceptée par moi. » Ensuite la reine prit le dauphin dans ses bras, et le présentant au peuple, elle dit : « Voilà mon fils ; il se réunit ainsi que moi dans ces mêmes sentiments. » A ces nobles paroles la foule répondit par mille cris de vive le roi, vive la reine, vive le dauphin ! Cette scène célèbre fut certainement inspirée dans tout son ensemble par un ardent amour de la patrie : tous ceux qui présidaient alors aux destinées du pays eussent désiré voir les partis abdiquer à jamais leurs revendications hostiles et oublier enfin des haines attisées depuis longtemps. Ils ne réussirent pas dans ce généreux dessein ; néanmoins il faut admettre en principe que les Etats subsistent par la concorde, et plus les divers ordres de citoyens vivent en paix sous l'égide protectrice des lois, plus alors l'Etat est puissant, prospère et respecté des nations voisines.

Pénétrons, d'ailleurs, dans la nature intime de l'homme. Nous y découvrirons des *facultés supérieures*, dont l'exercice nous impose de vivre en société et par conséquent en paix. Ainsi la raison en assignant à notre volonté un but idéal et élevé, celui de la perfection morale, nous prédispose à la bonté : nous concevons alors l'ordre universel, la justice absolue et le droit imprescriptible. Ces hautes notions ne sont au début qu'un éclair qui illumine notre conscience. Bientôt elles s'affermissent, se précisent et nos instincts sanguinaires, trace dernière de la force brutale, sont adoucis et profondément modifiés. La raison est par essence éminemment favorable à la vie pacifique ; en effet, elle étend nos vues ; elle nous prépare à reconnaître l'harmonie de toutes choses, à mettre dans nos actes la même régularité ; puis ses principes dirigent notre conduite : nous rougirions d'agir sans raison. Ensuite nous dégageons notre personne de tous les êtres qui l'entourent ; notre dignité nous apparaît dans toute sa réelle importance et nous attribuons de même à nos semblables la valeur morale que nous revendiquons pour nous et pour nos biens. Or, tout le progrès des sociétés consiste dans le développement de la raison et du droit ; telle a été l'origine de la première pacification des tribus barbares et, si d'autres causes d'opposition n'intervenaient pas, tel serait un jour le principe de l'apaisement universel. Associés par la réciprocité de leurs droits et de leurs sympathies, tous les peuples pourraient peut-être, sinon voir la guerre à jamais abolie, du moins constituer d'*immenses républiques* où les occasions de lutte seront diminuées et alors un plus grand nombre d'hommes vivront à l'abri des mêmes lois. Ce progrès sera le résultat de notre nature raisonnable et aussi de ce penchant à la bienfaisance et au dévouement qui est un des traits essentiels du caractère de l'homme. Que de fois nous oublions nos propres intérêts pour faire d'autrui le centre et l'objet de notre affection! Nous aimons à nous sacrifier et à placer notre bonheur dans le bonheur d'autrui : disposition évidemment contraire à l'esprit de lutte et d'antagonisme. Toutes les affections philanthropiques se distinguent par un élan désintéressé de bienveillance : ainsi la libéralité est, non pas la vanité, mais le plaisir de donner; l'amitié consiste plutôt à aimer qu'à être aimé; dans la pitié on souffre pour autrui sans faire un retour égoïste sur soi-même; l'amour maternel est un dévouement que n'affaiblirait même pas la perspective certaine de l'ingratitude.

Ensuite l'irrésistible penchant du cœur humain ne nous permet pas de rester seuls et à jamais isolés avec nos joies solitaires; un ennui morne et indéfinissable nous envelopperait de toutes parts; notre âme se plaît à sortir d'elle-même pour verser dans le cœur d'autrui le baume de la consolation et de la sympathie affectueuse. La tendance à la conciliation pacifique possède donc dans notre nature une puissante énergie, une influence décisive. L'homme n'est pas toujours un loup pour l'homme et « la guerre de tous contre tous, *bellum, omnium contrà omnes* * » ne sera jamais l'exacte formule de notre conduite et de nos mœurs.

Considérons enfin les œuvres si nombreuses, si éclatantes de la paix, et nous serons comme obligés de convenir que l'homme, cet être dont le corps n'est porteur d'aucune arme offensive, lui dont le regard doux et bienveillant inspire la confiance et l'amour, produit en outre des monuments littéraires et artistiques que la guerre ne saurait mettre au jour. C'est, en effet, au calme et à la paix que la poésie doit en partie sa naissance. Elle a sans doute célébré les exploits des héros et ses mâles accents parfois ont entretenu dans un peuple l'espoir d'une glorieuse

---

*) Maxime du philosophe anglais Hobbes.

revanche. Pourtant la poésie aime l'ombre et le silence ; elle fuit le tumulte des camps et c'est au milieu de la joie publique qu'elle redit les hauts faits du vainqueur et consacre par ses chants sa gloire immortelle. Il en est de même pour les beaux-arts ; car ce n'est pas au moment où retentit le cliquetis des armes, où la clameur de la guerre remplit tous les cœurs d'un ardent enthousiasme, ce n'est pas alors, disons-nous, que l'artiste inspiré crée des tableaux ou sculpte le marbre et l'airain. Non, il attend que la tempête ait cessé de sévir ou plutôt il participe activement à la défense du sol sacré de la patrie pour revenir ensuite prendre place dans son atelier et continuer des travaux qui doivent illustrer son pays autant que son propre nom.

Mais étendons nos vues au-delà du foyer domestique et des frontières nationales ; là nous rencontrerons encore des peuples que nous aimons à visiter, dont le caractère nous est sympathique et auxquels nous demandons communication de leurs idées et de leurs découvertes. Alors la paix est pour nos cœurs l'objet d'un désir sans cesse renaissant. Aussi les poètes grecs l'avaient-ils divinisée ; ils la représentaient sous une touchante allégorie : elle est, disaient-ils, la fille de Jupiter, le plus grand des dieux, et de Thémis, déesse de la Justice. Ils nous signifiaient par là qu'elle a pour ainsi dire une origine céleste et que les traités qui la consacrent sont l'expression du droit reconnu et le cri de pitié poussé par la victime. Dans la ville d'Athènes, une statue de cette divinité la montrait tenant Plutus, c'est-à-dire la richesse entre ses bras. Enfin elle avait encore pour attributs particuliers la branche d'olivier, la corne d'abondance et des épis. C'est d'elle, en effet, que naissent les fruits et les moissons ; quant à la guerre que personnifiait le dieu Mars, elle constitue un état violent ; avec elle tout semble exposé à une destruction immédiate. Au contraire, la paix conserve, protège, affermit et console. C'est elle encore qui préside aux relations commerciales, elle qui fait régner la confiance si nécessaire à ces transactions internationales ; elle permet aux caravanes, aux navires, aux chemins de fer de circuler librement et de répandre partout, non seulement les choses nécessaires à la vie, mais les idées nouvelles et fécondes ainsi que les progrès et les découvertes scientifiques. La guerre allume et entretient des haines séculaires ; elle arrête l'élan de la sympathie ; car on aurait honte de demander à un peuple ennemi les services que l'amitié seule sait prodiguer. Parfois, il est vrai, de longues hostilités ont fini par rapprocher deux peuples ; après une lutte sanglante, ils ont consenti à échanger leurs pensées et leurs produits ; mais un si heureux résultat n'apparaît néanmoins qu'à la suite d'une longue pacification.

CHAPITRE SIXIÈME

Morale de la guerre

Après avoir impartialement signalé les avantages si considérables attachés à l'état de paix, nous nous demanderons si la guerre est complètement immorale, c'est-à-dire contraire à la justice et à la vertu. On sait que la justice est le respect du droit et que la vertu consiste dans la pratique difficile et constante de tous nos devoirs. Examinons dès lors si sur le champ de bataille quelque droit se trouve violé ou méconnu, puis quelles circonstances entourent cette violation de manière à l'aggraver ou à l'atténuer, et enfin de quelles vertus ou de quels vices le métier des armes peut devenir l'origine et le principe.

I. Nous devons respecter en nos semblables plusieurs droits dits naturels, entre autres ceux que nous avons à la liberté d'agir, de penser, de posséder, ceux encore de n'être trompés ni par une fausse promesse, ni par le mensonge. Mais le plus important est sans contredit le droit à la vie ; il est, en effet, essentiel et fondamental en comparaison des autres. Or, il arrive que dans les combats la vie des soldats et des chefs est constamment exposée à un péril imminent et que la fortune seule décide de leurs jours. La guerre semblerait donc instituée pour accomplir le plus condamnable de tous les crimes et, si l'on ajoute que le meurtre y devient un carnage, puisque la mort atteint des milliers d'hommes, puisque toute la jeunesse d'une nation y est en partie moissonnée dans sa fleur, on répétera avec Jean-Baptiste Rousseau dans son ode à la Fortune :

> Quels traits me présentent vos fastes,
> Impitoyables conquérants ?
> Des vœux outrés, des projets vastes ;
> Des rois vaincus par des tyrans ;
> Des murs que la flamme ravage ;
> Des vainqueurs fumant de carnage ;
> Un peuple aux fers abandonné ;
> Des mères pâles et sanglantes,
> Arrachant leurs filles tremblantes
> Des bras d'un soldat effréné.
>
> Juges insensés que nous sommes,
> Nous admirons de tels exploits !
> Est-ce donc le malheur des hommes,
> Qui fait la vertu des grands rois ?
> Leur gloire féconde en ruines,
> Sans le meurtre et sans les rapines,
> Ne saurait-elle subsister !
> Image des dieux sur la terre,
> Est-ce par des coups de tonnerre
> Que leur grandeur doit éclater ?

L'apostrophe est éloquente, mais est-elle impartiale ? Nous ne le pensons pas et nous croyons, au contraire, que la morale n'abaisserait pas la noblesse de son enseignement en présentant ici une appréciation plus complète et plus équitable. S'il est vrai que le droit à la vie soit foulé aux pieds dans les combats, on conviendra sans doute que, de part et d'autre, le traitement est le même. Cette exacte réciprocité nous révèle qu'en prenant à part chaque armée, puis chaque soldat, on serait en présence d'hommes dont la conduite empreinte de loyauté les expose à des dangers égaux. D'ailleurs, aucun d'eux n'ignore la loi de la lutte : tous veulent vaincre ou mourir en sacrifiant leurs jours à l'honneur et à la patrie. Le véritable meurtre nous offre le triste spectacle d'un assassin frappant lâchement sa victime, la surprenant dans son sommeil ou l'attirant dans un guet-apens, l'égorgeant malgré ses cris, malgré une supplication désespérée. Mais sur le champ de bataille deux peuples consentent librement à mesurer leurs forces ; nulle perfidie dans cette attaque.

A la bataille de Fontenoy *, la générosité fut même poussée jusqu'à la politesse. « Les officiers anglais saluèrent les Français en ôtant leurs chapeaux. Le comte de Chabanes, le duc de Biron qui s'étaient avancés et tous les officiers des gardes françaises leur rendirent leur salut. Milord Charles Hay, capitaine aux gardes anglaises, cria : « Messieurs des gardes françaises, tirez. » Le comte de Hauteroche, alors lieutenant des grenadiers et depuis capitaine, leur dit à haute voix : « Messieurs, nous ne tirons jamais les premiers ; tirez vous-mêmes **. » Bien que les circonstances ne permettent presque jamais de faire preuve d'une aussi grande courtoisie, néanmoins ce procédé chevaleresque est pour le fond, sinon pour la forme, plutôt la règle que l'exception. Tout soldat pourrait adresser à son adversaire les paroles que le romain Mucius Scévola prononça

* En 1745.
** Voltaire, siècle de Louis XV.

en présence du roi Porsenna qu'il avait essayé de frapper à mort : « C'est en ennemi que j'ai voulu tuer un ennemi. Le propre d'un soldat romain est d'agir et de souffrir avec courage. » De même, quand un maître d'école de la ville de Faléries, assiégée par le général romain Camille, lui eut livré tous les jeunes gens qui lui étaient confiés, celui-ci, plein d'horreur pour un tel forfait, lui répondit avec une noble fierté : « Nous portons les armes, non contre les enfants sans défense, mais contre les hommes armés. Nous avons appris à faire la guerre non moins loyalement que courageusement. Je veux vaincre, mais par des moyens dignes de Rome, par le courage, par les travaux et par les armes. » Puis il fit dépouiller le maître d'école de ses vêtements et il le livra aux enfants ; ses mains furent attachées derrière le dos et il fut ainsi ramené à la ville et fouetté de verges. Quel guerrier n'approuverait pas la conduite de Camille et même ne la regarderait pas comme l'expression simple et exacte de l'honneur militaire ? Concluons que dans un combat chacun fait son devoir de part et d'autre, de telle sorte que la violation du droit n'est qu'apparente ; tous les belligérants suivent les mêmes principes, obéissent à la même loi ; tout est compensé parce qu'on s'est placé volontairement et mutuellement dans le cas de *légitime défense*. Dès lors le débat se transforme et l'on doit attribuer l'injustice et la cruauté de la guerre à l'état de la civilisation des peuples, au milieu social et au développement lent ou rapide des idées de paix et de bonté. Se battre est une *loi de sociologie,* loi variable, progressive, et dont l'application dépend du niveau moral auquel s'élèvent les nations. Ce n'est donc plus une question de justice individuelle ; si le droit est violé d'un côté, il ne l'est pas moins de l'autre ; seule la question de droit public subsiste et reste entière ; nous la réservons. Plus loin nous examinerons comment se modifie une loi de l'humanité et surtout si la vertu individuelle gagne réellement et augmente suivant les phases diverses de cette transformation. Mais il semble absolument incontestable dès maintenant qu'un champ de bataille est le théâtre de la plus haute moralité. Aussi, le couteau d'un assassin, on le jette au loin comme un objet souillé, comme la trace et la preuve du crime. Au contraire, la dague et l'épée, que sur le champ d'honneur le sang a rougies, sont religieusement conservées, d'abord par celui qui s'en servit, puis par ses descendants ; on les lègue avec orgueil et on les accepte avec reconnaissance.

Pour donner à ces réflexions plus de valeur scientifique, résumons rapidement tous les devoirs sociaux, en indiquant leurs degrés respectifs et en leur assignant une formule. La justice nous dit : Ne fais pas de mal à celui qui t'a fait du bien : c'est la vertu sociale à son plus bas degré ; puis elle ajoute : Ne fais pas de mal à celui qui ne t'a fait ni bien ni mal, et enfin : Ne fais pas de mal à celui qui t'a fait du mal, précepte déjà bien difficile à pratiquer. En d'autres termes les maximes de justice sont : ne sois pas ingrat, ne sois pas injuste, ne te venge pas. Elles sont négatives (ne fais pas), prohibitives et elles nous imposent une sorte d'abstention. Voici celles de la charité : fais du bien à celui qui t'a fait du bien ; fais du bien à celui qui ne t'a fait ni bien ni mal ; fais du bien à celui qui t'a fait du mal. D'où les trois formules suivantes : sois reconnaissant, sois bienfaisant, sois clément. Elles sont positives (fais), impératives et nous ordonnent d'agir directement. Dans quel rapport ces six préceptes sont-ils avec l'état de guerre ? Il est évident que le troisième, ne te venge pas, est violé, mais d'une manière sociale, c'est-à-dire par deux peuples à la fois, tandis qu'au contraire, en considérant la conduite individuelle de chaque soldat, tous font acte de dévouement ; ils exposent ou sacrifient leurs jours pour la patrie, pour la mère commune ; en cela ils se montrent reconnaissants des services rendus et bienfaisants à l'égard de tous leurs concitoyens dont ils s'efforcent d'assurer le salut et le triomphe. En outre, lorsque dans les ambulances, les blessés des deux partis sont recueillis et soignés*, quel touchant spectacle ! La clémence est alors pratiquée dans ce qu'elle a de plus difficile ; en effet ce soldat ennemi dont la plaie profonde sera bientôt, si la nature le permet, une glorieuse cicatrice, a été pris les armes à la main ; il lançait la mort contre ses adversaires et maintenant ceux-ci, loin de le tuer, pansent habilement sa blessure et lui sauvent la vie ; ils lui rendent le bien pour le mal et il importe de noter qu'il en est ainsi dans les deux armées. Après avoir en un mois (8 octobre — 8 novembre 1806) réduit à l'impuissance cent soixante mille Prussiens, dont cent mille avaient été faits

---

* Voir au chapitre suivant le texte de la Convention de Genève.

prisonniers, Napoléon venait d'entrer à Potsdam. Alors, bien que tout puissant, il s'honora par un acte de clémence qui prouve combien, ni l'effusion du sang, ni l orgueil de la victoire n'étouffent les sentiments d'humanité. Le prince de Hatzfeld avait été laissé comme gouverneur civil de la place, mais, dans une lettre interceptée, on eut la preuve qu'il révélait à Blücher la disposition de nos troupes : acte de trahison interdit par les lois de l'honneur. Hatzfeld fut donc livré à un conseil de guerre. Alors, émus de pitié, les généraux français Rapp, Caulaincourt et Savary cachèrent le prince et conseillèrent à sa femme de solliciter un pardon. Tout dépendait de l'inspiration de l'empereur ; elle fut empreinte de magnanimité : « Reconnaissez-vous, dit-il à Madame Hatzfeld, l'écriture de votre mari ? » Éperdue, craignant de tout compromettre par un aveu, elle hésitait à répondre : « Eh bien ! Madame, repartit l'empereur, jetez au feu cette pièce et la commission militaire n'ayant pas de preuve, ne pourra pas condamner. »

La guerre est donc pour les hommes une remarquable occasion de mettre en pratique les deux admirables vertus de la bienfaisance et de la générosité. D'ailleurs, au milieu de quelles circonstances éclate cet héroïsme ? Est-ce dans le calme de la paix ? Est-ce dans un hôpital où toutes les dispositions ont été prises, tous les remèdes longuement préparés ? Bien au contraire, c'est quand le canon tonne, quand il répand au loin la dévastation et la ruine, quand des projectiles meurtriers portent la mort au but que notre calcul a mesuré ; partout des cris, partout l'incendie et le spectacle de la désolation. A ce moment la charité, la clémence accourent ; nul danger ne les arrête ; les blessés sont mis en lieu sûr et l'art intervient pour diminuer la souffrance, pour préparer la guérison. Voilà le théâtre que la bonté généreuse s'est choisi ! C'est pendant le carnage que cette vertu brille de tout son éclat. Il faut que le sang coule pour qu'elle paraisse l'auréole au front et pour que, cédant à sa puissante inspiration, l'homme vole au secours de ses concitoyens ou de son ennemi terrassé et verse sur leurs plaies le baume de la sympathie. Aussi, sans prétendre sonder avec nos faibles lumières les voies de la Providence divine, sans vouloir pénétrer les secrets de la nature, nous oserons cependant remarquer que la vertu la plus belle exigeait nécessairement les plus grandes difficultés ; elle ne peut se manifester qu'au milieu des hasards. Plus elle coûte et plus elle resplendit. Ainsi, alors que tant de philanthropes déplorent la folie des hommes qui, disent-ils, n'hésitent pas à s'entre-détruire, soyons plus équitables et demandons-nous si ce carnage, objet de tant d'horreur, n'est pas la condition indispensable de la plus haute moralité. S'il est vrai que toute vertu soit une conquête, quand méritera-t-elle davantage nos louanges, si ce n'est après avoir été obtenue au péril même de nos jours ? La nature humaine s'épure dans cette lutte sanglante et notre égoïsme se tait en présence de tant de vaillants guerriers qu'irrite le danger et qu'anime l'esprit de sacrifice.

La vie individuelle a un caractère étroit et mesquin ; en elle rien de grand, de noble et d'élevé ; son but exclusif est l'utile ou l'agréable et encore à la condition expresse de le restreindre à un seul être en éliminant tous les autres. Et pourtant l'homme peut-il se passer de l'homme ? Ne naît-il pas faible et débile ? Si donc l'homme n'est fort, s'il ne vit et ne subsiste que par le secours constant de l'homme, il en résulte que l'égoïsme de la vie individuelle est une révoltante injustice. Or, ici la guerre va jouer un *rôle moralisateur* des plus remarquables. Sous l'apparence de la cruauté, avec les formes d'une violence qui attriste le regard et qui fait douter de la civilisation, elle arrachera l'être humain à un individualisme odieux ; elle assouplira sa nature, domptera son instinct égoïste et faisant mordre la poussière à cet homme dont la personnalité haïssable ne se repaît que d'elle-même, elle l'élèvera plus haut dans la hiérarchie morale. Elle lui apprend ainsi durement ce qu'est le dévouement, ce que c'est que payer sa dette à la patrie : au principe de l'intérêt individuel, elle substitue par ce rude apprentissage les grands principes de l'intérêt général et du devoir. Concluons donc enfin que la guerre est une justice armée, impitoyable : seule elle arrête, punit et entrave à chaque génération ce culte insensé du moi, si contraire à la vie universelle du monde. Mourir pour la patrie, c'est mourir pour tous, c'est agir comme font les sphères célestes dont l'équilibre est une immense harmonie et certes aucune d'elles ne suit sa voie propre; mais toutes se renferment dans le cercle que leur assigna le destin. Déjà la nature a voulu que régulièrement la mort vint mettre un terme à la vie individuelle : alors le corps et l'âme rentrent dans la masse infinie d'où la génération les avait fait surgir ; ils y rentrent pour reprendre leur vie antérieure et suivre les lois de l'univers. La guerre devance cette heure du trépas, et alors elle rend à notre âme en valeur morale ce qu'elle lui enlève en existence individuelle : quand un père apprend que son fils a péri dans le combat, il gémit d'abord, il verse d'abondantes larmes, mais une pensée consolante adoucit l'amertume de sa douleur, car il sait que son fils a succombé au champ d'honneur ; il s'est sacrifié pour le salut de tous. Il a préféré un mode d'existence plus large, plus ample que celui du moi individuel.

La guerre apprend à vivre pour autrui à tel point que, même vainqueur et survivant, un soldat ne retire presque aucun avantage du triomphe, lequel est celui de toute l'armée, mais non le sien propre ; seuls le général, puis quelques officiers et soldats sont personnellement récompensés. Ensuite la guerre apprend encore mieux à mourir pour autrui, à renoncer courageusement au bien-être que dans la paix on poursuit avec tant de persistance. Ainsi de la guerre se dégage la morale la plus pure, la plus digne de l'homme : elle y est mise en pratique, non point par quelques sages isolés, non point par quelques âmes d'élite qu'un long enseignement a prédisposées à la vertu, mais par des hommes du peuple, par des ignorants, des ouvriers, des villageois. Sans doute la beauté du dévouement les séduit et les attire comme à leur insu, et, dans leur naïve spontanéité, ils apprécient à son prix l'honneur de se sacrifier pour leurs semblables. Est-ce alors la morale épicurienne qui les guide et les soutient ? Non, car elle est la conseillère du plaisir égoïste, de la jouissance habile, de l'intérêt bien entendu. Au contraire le soldat suit les principes plus élevés de l'intérêt général du pays et la réalisation de cet intérêt supérieur devient pour lui un précepte obligatoire, impératif et rigoureux. Qui plus qu'un soldat sait ce que valent les grands mots d'honneur et de devoir ? Aussi n'était-il pas épicurien ce Régulus qui, pour servir Rome, préféra s'exposer aux tourments que les Carthaginois lui réservaient et lui firent subir. Il n'était pas non plus épicurien ce d'Assas qui à Clostercamp *, dans la guerre de Sept-Ans, sauva par son dévouement l'armée française qui allait être surprise. Et combien sont nombreux ceux qui succombent aussi honorablement, mais demeurent complètement ignorés ! Leurs cadavres forment des monceaux, çà et là dispersés dans la plaine ou égarés au fond d'un ravin. Aucune main amie ne leur rend les derniers devoirs ; ils ne tardent pas à être enfouis pêle-mêle dans une fosse commune et le souvenir de cet exploit ne leur survit même pas.

Mais il importe de ne pas considérer exclusivement les actes particuliers et la catastrophe finale dont un champ de bataille est le théâtre : le rôle de la guerre est surtout *social* et il s'étend à tout l'en-

---

* Village de Prusse, au nord de Dusseldorf ; le fait eut lieu le 16 octobre 1753.

semble des citoyens; son influence a beaucoup de durée et de continuité. En effet, elle réunit les hommes par la pensée de la défense commune. De là naissent une confraternité d'armes et une association dont nous devons étudier les conséquences sociales. La guerre semble diviser, opposer, séparer, et de fait elle a bien aussi ce résultat, mais si elle met aux prises deux nations rivales, elle réunit tous les citoyens d'un même pays ; elle fait battre tous les cœurs d'un même mouvement pour étendre au loin un empire ou pour venger une commune injure. Rien n'est plus conforme à la nature d'abord, puis à la justice et à la reconnaissance, que cette alliance de tous les citoyens, car chacun porte alors mutuellement secours à tous les autres et leur rend service. Vivre isolé serait une ingratitude. Le premier et le plus saillant effet de la guerre consiste donc en ce qu'elle répand dans une nation les habitudes *d'union, de discipline et de subordination*. A peine le jeune homme a-t-il atteint l'âge de la vigueur et de la force, que ses concitoyens lui imposent de mériter pour l'avenir la protection des lois et la faveur de l'autorité publique : il doit s'assujettir au joug, apprendre à obéir, régler toute sa vie pour se rendre digne un jour de commander lui-même. La vie de garnison a des avantages qui lui sont propres : elle accoutume le jeune villageois à la sobriété, à des travaux réglés, à une couche plutôt dure que molle, à la fatigue même en temps de paix. Elle l'initie personnellement et pendant plusieurs années au respect d'une hiérarchie sociale. S'il ne sortait ni de sa famille, ni de son village, il croirait peut-être que, pour récolter du blé et cueillir des fruits, il suffit de labourer, de semer et de se livrer aux travaux de la campagne ; il ne comprendrait pas que ses greniers ne se remplissent et que sa propriété ne lui est garantie que par l'influence générale de la force publique dont il doit être lui-même pendant quelque temps, sous la capote du soldat, l'agent et le représentant. Ainsi se répand peu à peu et par un rude noviciat, la grande notion de l'Etat, c'est-à-dire celle d'une patrie pour le service de laquelle il ne suffit pas d'aimer soi-même et ses parents, mais qui nous impose encore de nous sacrifier à ses intérêts menacés : aux affections domestiques s'ajoute alors l'amour du pays et du bien public. Pour naître et faire battre nos cœurs, ce nouveau sentiment exige, soit une culture intellectuelle et la connaissance de l'histoire, soit la pratique du métier des armes : les légendes racontées sous la tente ou redites dans la chambrée l'enflamment et suscitent une rivalité généreuse. Le jeune citoyen, naïf encore au sortir de son hameau, puise dans ces illustres exemples le courage nécessaire pour imiter ces hauts faits.

Mais nous nous sentons comme pressé de répondre à une légitime objection qui peut-être se présente à l'esprit du lecteur. On nous dira : « Nous voulons bien ne pas contester ces résultats sociaux de la guerre, quoique trop souvent de graves défauts tels que la brutalité ou l'amour de la rapine ternissent l'éclat des vertus militaires, mais l'amour de nos concitoyens, le respect de l'ordre et de la discipline, la grande notion de l'Etat, la sobriété, apparaîtraient également au milieu du calme de la paix. Alors la société serait aussi fortement consolidée et surtout la personne humaine serait respectée dans son droit le plus sacré, celui que nous avons à l'existence. Une étroite fraternité règnerait parmi les hommes; le sang ne coulerait plus désormais ; toute notre activité serait consacrée aux travaux des champs, à la culture de la science, à la pratique de douces et pacifiques vertus. La clameur orgueilleuse de la guerre ne retentirait plus. Au lieu de couronner des héros cruels et sanguinaires, on décernerait des récompenses nationales aux bienfaiteurs de l'humanité et le calme serait enfin rendu à la terre agitée.»

L'objection est sérieuse et mérite toute notre attention. Voici notre réponse. Nous pensons que jamais la paix ne donnera naissance à une vertu aussi pure, aussi désintéressée que celle dont la guerre est l'origine. Mettons soigneusement à part l'ambition du chef et de quelques officiers ; sans faire litière de leur mérite, sans contester l'importance décisive de leur direction, on peut admettre que l'espérance de la gloire ou de quelque haute récompense guide et soutient leur valeur. Mais il est un mérite pur de toute vue désintéressée, un mérite devant lequel il faut s'incliner, c'est celui du soldat : sa mort restera ignorée; son cadavre ne recevra aucun honneur. S'il survit, la victoire ne lui apportera que de faibles avantages ; la défaite l'humiliera et multipliera ses fatigues, ses marches forcées et ses privations. Pour lui tout est sacrifice. Si la paix produit un concours de circonstances où la vertu puisse briller d'un aussi vif éclat, c'est que ces circonstances mêmes exigeront de nos efforts le douloureux abandon de la vie.

N'est-ce pas en effet la condition suprême de la vertu? Or, sans doute, en dehors des combats, notre dignité morale, notre fidélité au devoir nous commandent parfois l'oubli complet de nous-mêmes, et cet oubli est assurément fort méritoire. Mais on conviendra que seule *une bataille* offre au *même instant*, sur le *même lieu*, pour la *même grande cause* et à un *nombre considérable* de citoyens, l'occasion solennelle de montrer que pour eux l'honneur est tout et que la vie, objet de tant de soins, n'est rien. S'il n'y avait plus de guerre, le niveau de la moralité baisserait parmi les peuples. Sous le prétexte du respect de la personne humaine, notre race croupirait dans une lâche quiétude, dans la pratique monotone d'une vertu bâtarde qui n'aurait pas été conquise.

D'ailleurs, la paix universelle est-elle actuellement réalisable? L'espérer serait chimérique. Nous traiterons plus loin* cette question, mais, si pour le moment nous consultons la conduite des hommes politiques et des divers gouvernements, si nous jetons un regard sur l'histoire contemporaine, nous aurons lieu de croire que les hostilités internationales ne sont pas sur le point de prendre fin ; l'objection perd donc beaucoup de sa valeur, vu qu'elle ne se rapporte ni à l'état actuel, ni à l'état prochain des sociétés. Cessons de voyager ainsi à travers l'impossible ; la guerre a devant elle encore une longue carrière. Mais apprenons à en tirer parti, à en bien saisir le côté noble et élevé. Convenons qu'elle dégage progressivement tout un monde moral qui

---

* Voir notre dernier chapitre.

chez les premiers peuples n'existait qu'en germe, et gardons-nous, par des considérations dépourvues de virilité, de développer la partie pleureuse de notre âme.

Remontons maintenant par la pensée le cours de l'histoire des peuples. Quelles furent en grande partie les premières démarches de la civilisation, sinon des essais, des tentatives pour assurer le triomphe ou réparer la défaite? On se tromperait si l'on regardait l'invention des armes à feu et des engins meurtriers comme le seul fruit de la guerre. Elle a exigé aussi la construction de solides remparts, de routes militaires dont on admire encore les vestiges après plus de vingt siècles, de forteresses sous la protection desquelles de paisibles habitations se sont plus tard groupées et constituent aujourd'hui de grandes cités. La paix, sans doute, a joué parmi les hommes un rôle bienfaisant et utile en donnant naissance à une foule d'arts et de métiers. Mais la guerre, vu sa perpétuité, a aussi exercé une *influence civilisatrice*. De même que l'eau, après avoir détruit et précisément parce qu'elle a détruit, fertilise le sol en déposant sur son passage des alluvions ou forme, par la lente carbonisation des matières végétales, la tourbe, l'argile, le gypse, le silice, le sel gemme ; de même la guerre, par la crainte salutaire qu'elle inspire, a provoqué de merveilleuses inventions et laissé sa trace même dans les arts qu'on attribue à la paix : la poésie lui doit ses épopées, ses chants patriotiques; l'histoire, la plupart de ses récits. Que de fois elle a présidé aux créations des artistes et enfanté d'agréables fictions! Si Achille, douze cents ans avant notre ère, ne s'était pas illustré au siège de Troie, jamais Homère n'eût composé l'Iliade. Comment trouver dans les paisibles occupations des villes et des campagnes, des actions assez belles pour exciter la verve et soutenir l'enthousiasme du poète? C'est en traçant le portrait des héros, en décrivant les combats, qu'Homère nous dépeint les villes, les fleuves, puis toute la nature et enfin nous fait assister au jeu des passions du cœur humain. Aussi, dit Politien [*], « le roi de Macédoine, Alexandre, avait enfermé ses œuvres dans une cassette d'or tout ornée de pierreries. et fruit de la conquête; il consultait ce poète au milieu des combats; il le lisait avant de se livrer au repos, il lui demandait le plan de la bataille du lendemain et se plaisait à proclamer qu'il lui devait ses glorieuses victoires. » Et en effet, les beaux-arts, la poésie, l'éloquence ont besoin d'un aliment qui les nourrisse; il leur faut le mouvement, l'agitation que produit la guerre : le trouble qu'elle répand au loin ouvre de vastes espérances à l'ambition, suscite les grands hommes qui, par la puissance de leur caractère, par le prestige qu'ils exercent, possèdent le secret de se concilier l'affection des soldats qu'ils conduisent à la mort. Puis, quelle a été l'origine de l'art de bien dire? Croit-on que le génie oratoire aurait trouvé dans les détails vulgaires de notre existence une matière assez riche? Non ; il exigeait de grandes causes capables de soutenir son essor et de rehausser l'éclat de la parole. Le danger de la

---

[*] Poète latin du xv⁰ siècle, précepteur de Léon X.

patrie, la honte de la défaite, l'espoir d'une revanche, les avantages d'une victoire prochaine, voilà les sujets qui ont imprimé jadis à l'éloquence des premiers hommes une vigueur inconnue jusqu'alors. Combien au milieu des hasards ses accents étaient nobles et persuasifs ! Les grands capitaines ont su, par la véhémence de leurs discours et parfois à l'aide de quelques mots brefs et énergiques, échauffer l'âme du soldat, ranimer ses forces, son enthousiasme et assurer ainsi le gain de la bataille. Sur un autre théâtre, les luttes politiques ont de même enfanté l'éloquence, laquelle, selon Tacite *, « est la compagne des séditions et l'aiguillon des fureurs populaires. » Mais ce sont surtout les débats si palpitants d'intérêt que provoquent la déclaration de la guerre ou la conclusion de la paix, qui ont offert au talent des orateurs de solennelles occasions de déployer toute sa magnificence. Enfin, la guerre est apparue à l'imagination des peuples sous des traits si frappants qu'elle a été divinisée. On lui a élevé des autels, et adressé des prières. On reconnaissait ainsi son rôle universel et souverain : objet de terreur ou d'enthousiasme, elle purifie par la douleur ; elle répand les idées civilisatrices, elle nous élève jusqu'à l'idéal, jusqu'à l'Être suprême par de nobles sacrifices. Le dieu Mars était la personnification de la violence qui détruit, et la déesse Minerve, celle du courage uni à l'habileté. Les Romains regardaient Mars comme le fondateur de leur empire et en cela ils résumaient et interprétaient leur propre histoire,

---

* Dialogue des orateurs, 40.

puisqu'elle n'est qu'une série de guerres. Aussi Mars avait-il à Rome un collège de prêtres, les Saliens, dont la fonction était de veiller à son culte ; le premier mois de l'année portait son nom et dans la semaine le mardi lui était consacré : tant les hommes ont senti comme d'instinct que, devant à ce dieu leurs progrès et leurs vertus, ils lui devaient donc des honneurs!

A la suite de ces réflexions, on se demandera peut-être à quel *système de morale* il conviendrait de rattacher la coutume si universelle de la guerre. Est-elle conforme aux principes de l'épicurisme qui proclame que le but de la vie est le bonheur égoïste, l'intérêt bien entendu ? Il est évident que cette doctrine ne concorde nullement avec l'esprit de dévouement si nécessaire à deux armées belligérantes. Néanmoins on aime parfois à faire bonne chère après la bataille. D'ailleurs, le pillage, la débauche succèdent aussi trop souvent aux dures privations qui ont préparé le succès. Mais ces fâcheuses conséquences ne sont que rarement le but poursuivi. Elles ne se produisent plus que dans le sac d'une ville qui a résisté opiniâtrément. Elles sont presque inévitables. A la suite de l'acharnement de la lutte, comment un général oserait-il réprimer sévèrement un excès blâmable en lui-même, mais que les circonstances excusent en partie ? Du reste pour que la guerre aboutisse à un résultat favorable, il faut absolument qu'elle détruise, qu'elle renverse ; c'est à cette condition qu'elle purifie, qu'elle ennoblit nos âmes et fortifie nos caractères par la rude épreuve de la souffrance.

L'épicurisme écarté, restent la morale stoïcienne

et la morale chrétienne. Or, il nous semble qu'en mettant à part certains excès qui accompagnent la guerre et qui n'en sont que le côté apparent et terrible pour les âmes faibles, c'est le stoïcisme qui doit revendiquer l'honneur de la fonder en principe, d'en renfermer la loi essentielle et d'en faire valoir la haute portée. Le christianisme est tout à fait contraire à l'esprit de lutte ; son but définitif semble être la pacification du monde : « Remettez votre glaive en son lieu, a dit Jésus. » Sans doute, quand le christianisme a été solidement institué, il a méconnu cette grande parole; il a fomenté la discorde; il a proscrit violemment ses adversaires; les évêques, véritables pharisiens, se sont unis au pouvoir civil pour que les hérétiques fussent livrés au bourreau, et, comme il importait que la victime pérît sans effusion de sang, on la brûlait. Mais, malgré les horribles cruautés dont la mémoire de tant de papes et de prélats porte le stigmate ineffaçable, nous pensons que la douceur et la bonté sont au fond de la doctrine chrétienne; c'est par l'attrait de la sympathie généreuse qu'elle a vécu et qu'elle subsiste encore; c'est par là qu'elle séduit les âmes naïves, simples et loyales. Elle n'est pas une doctrine de résistance, mais de soumission et d'abandon. Ce qui, dans la guerre, devient l'objet du débat, extension de territoire, influence politique, prépondérance commerciale, lui demeure indifférent ou devrait lui sembler tel : ne comptons pas, en effet, au nombre des chrétiens ces fougueux orateurs de nos jours, ces écrivains ardents qui, les uns par la parole, les autres par la plume, font à l'autorité politique une guerre quotidienne et acharnée ; ils sont des hommes de parti que le clergé catholique n'accueille qu'en foulant aux pieds les principes de son glorieux fondateur.

Au contraire, le stoïcisme explique l'univers physique et l'univers moral par le jeu et l'action réciproque de deux principes dont l'un soumet l'autre à sa direction : la matière passive subit la puissance de la raison partout répandue et partout agissante. Dès lors les stoïciens, bien qu'ils n'aient nullement provoqué d'hostilités internationales, n'ont cependant pas eu en vue la conciliation des hommes; ils ont plutôt appris à résister. Ils n'ont pas dit : aimez-vous les uns les autres. Mais leur but a été le triomphe exclusif de notre active personnalité, luttant fièrement contre la tyrannie et bravant l'injustice de la fortune. L'âme du sage formée par un enseignement si viril est comme une parcelle de l'âme universelle du monde, laquelle, par une lutte incessante, domine, organise et anime les éléments inertes de la matière. Mais, quand l'âme d'un grand homme, d'un Caton d'Utique, se trouve lasse de ce rôle ingrat, quand elle s'aperçoit que subir un orgueilleux despote serait la déchéance suprême, alors, accomplissant le dernier acte d'hostilité, elle porte sur le corps qu'elle anime une main homicide, elle le frappe à coups redoublés, et, au moment où il gît à terre ensanglanté, elle le quitte, s'envole et suit le cours d'une destinée meilleure.

Enfin, pour achever de fixer nos idées et afin de décider entre le Portique et l'enseignement de Jésus, nous dirons : la morale chrétienne est mystique et contemplative; elle préconise la résignation même à l'injustice; elle apprend à aimer ceux qui nous persécutent et elle promet en revanche la vie éternelle. L'idée du droit qui réclame, disparaît chez elle pour faire place à un ferme espoir en la miséricorde divine. Le chrétien dit comme Purna, le célèbre disciple de Bouddha * : Si les hommes m'adressent des paroles grossières, je penserai qu'ils sont bons puisqu'ils ne me frappent ni de la main, ni à coups de pierres. S'ils me frappent de la main et à coups de pierres, je dirai qu'ils sont des hommes doux, puisqu'ils ne me frappent ni du bâton, ni de l'épée. Que s'ils me frappent du bâton et de l'épée, je penserai qu'ils sont des hommes doux, ceux qui ne me privent pas complétement de la vie. Enfin s'ils me privent complétement de la vie, je dirai qu'ils sont des hommes bons ceux qui me délivrent avec si peu de douleur de ce corps rempli de souillures. Tel est, en effet, le vrai chrétien : il courbe le front et il espère. Mais le stoïcien ne craint ni n'espère; il relève la tête avec fierté; il regarde en face son ennemi et telle est aussi l'attitude du guerrier.

Cette appréciation du degré de moralité que l'on doit attribuer à la guerre nous conduit à la comparer au *duel*. On sait que celui-ci ne mérite absolument ni notre blâme, ni nos éloges. Car, si la loyauté nous oblige à reconnaître qu'on y défend son honneur et qu'ayant une haute idée de la dignité humaine, on préfère la mort plutôt que de

---

* Fondateur du bouddhisme dans l'Inde, en Asie, au vi^e siècle avant notre ère.

subir une flétrissure, cependant le duel est un acte de vengeance personnelle et contraire à l'ordre social : dédaignant de remettre sa cause entre les mains de la justice, le duelliste s'érige lui-même en un juge sévère et en un bourreau impitoyable ; alors que pour un crime la conscience publique hésite souvent à prononcer la peine de mort, le duelliste veut du sang pour une injure. D'autre part, il s'expose à être tué, circonstance qui aggrave plutôt qu'elle n'atténue, car aux chances d'un homicide viennent s'ajouter celles d'un suicide. Enfin, le duel est une mode aristocratique, fondée sur l'orgueil de la classe dirigeante dans une nation : avant notre Révolution de 1789, les nobles seuls se battaient en duel ; aujourd'hui, la noblesse étant déchue de son prestige, le tiers état, la bourgeoisie lui a succédé dans la pratique du duel comme dans la direction politique. Cette coutume n'est pas encore descendue plus bas, mais, quand les chiffonniers la suivront, le duel disparaîtra sous le ridicule. Ceci posé, nous remarquerons que, dans la guerre comme dans le duel, deux peuples en viennent aux mains pour une question d'honneur. Supposons que l'un d'eux accepte pacifiquement la loi que l'autre veut lui imposer, que deviendrait la vertu parmi nous? Les hommes ne seraient donc plus qu'un troupeau de lâches, fuyant le danger, courbant volontiers sous le joug, faisant litière de l'honneur et, pour vivre, perdant ce qui donne du prix à la vie. Ah ! certes mieux vaut la guerre avec ses horreurs, avec ses moissons ravagées, ses villes détruites et tout le cortège enfin de la défaite et de la victoire !

En second lieu, la guerre n'est pas une vengeance personnelle ; c'est tout un peuple qui lutte et qui expose au fer de l'ennemi ses jeunes gens les plus vigoureux. La justice ordinaire dans un pays se rend au nom du prince et de la nation ; une exécution capitale est comme ordonnée par tous les concitoyens du supplicié. De même, dans la guerre, c'est un peuple entier qui se lève pour repousser la domination étrangère ou pour conquérir l'influence politique qu'il croit mériter. Le principe social, d'après lequel la volonté et la conscience d'une nation fondent le droit écrit et légitiment les lois même imparfaites, se trouve alors respecté. Vainement on objectera que des lois ne sont pas justes si le nombre seul ou la force les imposent, quand la raison les réprouve. Au point de vue de la justice absolue toutes les lois humaines sont imparfaites ; ce qui le prouve, c'est qu'elles changent. Sans remonter bien haut, les lois françaises du XVIIe siècle, celles que renfermait le code Louis, étaient-elles injustes et fallait-il y désobéir, sous prétexte qu'elles multipliaient la peine de mort et la prononçaient pour des crimes aujourd'hui moins sévèrement punis ? D'après ce principe, il faudrait aussi fouler aux pieds nos lois actuelles, car au XXe siècle elles seront modifiées. Convenons que l'approbation tacite ou expresse d'une nation suffit à justifier les lois. Il en arrive de même pour la guerre : le peuple entier l'approuve et l'adopte, soit en acceptant les divers modes de recrutement, soit en payant de lourds impôts dont une partie notable servira à l'entretien de l'armée, soit en applaudissant à la victoire ou en se levant en masse quand le sol de la patrie est foulé par l'ennemi.

En troisième lieu, la guerre est loin d'être, comme le duel, une mode aristocratique, une coutume de caste. Autrefois, tous les citoyens, même les plus pauvres, à l'exclusion des esclaves, aujourd'hui, tous les citoyens valides sans exception, sont appelés à concourir efficacement et par les armes au salut de la patrie en danger. De plus, dans la constitution même de l'armée, combien la discipline est générale, égalitaire et démocratique! Combien le mérite et la bravoure personnelle seuls y décident du rang et du commandement! Même sous notre ancienne monarchie les ancêtres des nobles avaient tous été jadis des roturiers, et c'est avec un nom inconnu d'abord que sur le champ de bataille ils avaient, en exposant leur vie, conquis leur illustration pour eux et leurs descendants.

Ainsi la guerre comparée au duel est aussi honorable dans son principe et dans son mobile supérieur, mais elle respecte plus que lui la morale sociale et l'égalité civile. Elle est, non pas une vengeance personnelle, mais une revendication approuvée par la conscience populaire; elle est une mesure de sécurité publique; elle a pour but de sauvegarder des intérêts communs conformément à la maxime qui impose aux hommes d'Etat le salut du peuple comme la loi suprême, *salus populi suprema lex esto*.

Reste dès lors à décider si cette maxime elle-même est définitive, s'il faut la respecter absolument et si le bien moral équivaut toujours à l'intérêt et au désir d'un peuple. En d'autres termes, est-il possible de mal faire quand on recherche et quand on réalise le bonheur de ses concitoyens ? Aurait-on le droit de violer le droit pour sauver une nation et, si ce salut dépendait de la vie d'un innocent, faudrait-il l'immoler, le sacrifier ? Incontestablement la raison place l'honnête et le juste au-dessus de l'intérêt général, quelque respectable qu'il puisse paraître : ni un prince ni un chef d'armée, en effet, ne devront manquer à leur parole envers des prisonniers ; ils auront souci de leur serment. On ne traînera pas non plus au supplice et malgré lui l'homme juste dont la mort serait nécessaire au salut de sa nation. Mais si, dans la plénitude de sa liberté, cet homme juste consent à se dévouer, s'il s'offre lui-même, soit au courroux du ciel, soit au fer de l'ennemi, sera-t-il blâmable d'accomplir cet acte de dévouement et surtout ses concitoyens devront-ils ne pas accepter ce sacrifice devenu nécessaire ? Ici, quel droit se trouve méconnu ? Le sang de cette victime volontaire et généreuse crierait-il contre la bassesse de ceux qui l'ont laissé répandre ? La réponse ne nous semble pas douteuse : on doit, croyons-nous, d'abord admirer l'abnégation de celui qui s'est donné, puis ne pas insulter au malheur de ceux qui ont cru pouvoir accepter un pareil don. Or, tel est exactement le cas de toute guerre : chez les deux peuples belligérants, l'armée est formée de citoyens libres qui *tous* se dévouent librement. Ils ne veulent pas que l'honneur de la patrie soit flétri, ou que ses intérêts soient en danger et ils offrent à leur pays leur habileté, leur courage et leur sang. La guerre concorde donc et avec la morale de l'intérêt général et avec celle de l'obligation, puisque se sacrifier à l'intérêt de tous, s'y dévouer sans espoir de récompense sociale, devient pour tous les soldats un devoir exigible et rigoureux. La loi, il est vrai, les a désignés à ce noble rôle et il semblerait par là que le dévouement leur est comme imposé. Juger ainsi serait à la fois une illusion et une ingratitude : la loi fait seulement œuvre de justice distributive ; elle règle le temps, l'âge, les conditions du sacrifice ; assurément l'autorité publique y astreindrait le citoyen égoïste qui oserait profiter des avantages de l'état social sans en accepter les charges. Mais les lois sur l'armée émanent de la souveraineté nationale ; tacitement ou expressément elles sont approuvées et librement consenties par tous.

Ces réflexions sur la moralité de la guerre valent, nous objectera-t-on, quand il s'agit de la défense du territoire : le péril social est alors imminent ; ne pas lutter les armes à la main serait une défaillance, une honte. Mais qu'elles sont faibles dès qu'il s'agit d'une *revanche* et surtout d'une *conquête* ! En effet, dans le premier cas, il arrive qu'ayant confié la solution d'un débat, la réparation d'une injure à la fortune et au sort des armes, on tente de renouveler la querelle sous prétexte que la défaite subie a été une injustice du destin. C'est manquer de logique ; c'est rejeter l'arbitre choisi tout d'abord et perpétuer ainsi l'état de guerre. Une revanche aurait donc pour origine un manque de loyauté. Quant à la conquête, elle est odieuse, violente, agressive. Œuvre de la force brutale, née de l'orgueil d'une race, reste de la barbarie primitive, la conquête traîne à sa suite la dévastation, la violation de toutes les lois divines et humaines. Plus d'asile respecté ; partout des lamentations, des cris de désespoir et toute la destinée d'un peuple infortuné subissant le joug du vainqueur. On dit alors avec Jean-Baptiste Rousseau, dans son ode, déjà citée, à la Fortune :

> « Quoi Rome et l'Italie en cendre
> Me feront honorer Sylla !
> J'admirerai dans Alexandre
> Ce que j'abhorre en Attila !.....
> Héros cruels et sanguinaires,
> Cessez de vous enorgueillir
> De ces lauriers imaginaires
> Que Bellone vous fit cueillir. »

Essayons de répondre à cette double objection. Sans doute nous accorderons qu'une *revanche*, succédant *immédiatement* à la paix, soulèverait à bon droit notre indignation. L'homme y méconnaîtrait sa nature propre ; imitant les mœurs du fauve, il frapperait partout et toujours sans tenir compte des stipulations acceptées. Mais, cette réserve faite, blâmerons-nous une guerre réparatrice dont le but serait de recouvrer une situation politique perdue ? Les conventions que signent des plénipotentiaires engagent-elles l'avenir d'une manière indéfinie et perpétuelle ? En principe, nous pensons qu'une génération lie à peine celle qui la suit et ne lie nullement celle qui viendra ensuite, c'est-à-dire celle des petits-fils ; au moins en est-il ainsi pour tout ce qui concerne l'attaque, la défense et les alliances. L'humanité est mobile et changeante, soit dans ses membres, soit dans ses intérêts, soit dans les circonstances nouvelles qui surgissent. D'ailleurs, tout traité est synallagmatique en ce qu'il renferme une obligation réciproque entre deux parties : il faudrait donc que les relations politiques ne provoquassent aucun incident nouveau ; il faudrait que le vainqueur n'abusât jamais de sa victoire et que le vaincu n'eût jamais à se souvenir amèrement de sa défaite. Cette double condition est-elle réalisable? Evidemment non. Un traité de paix n'est qu'une longue trêve ; la rivalité subsiste ou renaît avec éclat, et nul ne saurait refuser aux fils le droit de reprendre par la force ce que les pères ont jadis perdu par la force. C'est le principe même de la guerre qu'il faudrait détruire; c'est notre naturel qu'il importerait d'abord de modifier profondément. Or, nous avons expliqué précédemment comment en fait l'homme est par caractère aussi insociable que sociable. Pour qu'une guerre de revanche n'eût plus sa raison d'être, il serait nécessaire que nos pères n'eussent pas été autrefois contraints de vider sur un champ de bataille leurs querelles internationales : ainsi donc les hostilités naissent des hostilités mêmes.

Dès lors il importerait de remonter à la première agression, c'est-à-dire à la guerre offensive et de *conquête*. Mais, si aujourd'hui une lutte sanglante n'est en rien contraire au droit des gens actuellement en vigueur, à telles enseignes qu'on en règle certains détails, comme on l'a essayé à Genève en 1865, il conviendra de noter qu'autrefois elle fut encore moins contraire au droit international des premiers peuples. Les lois l'imposaient, les coutumes l'approuvaient. Les mères spartiates préféraient la mort de leur fils à sa fuite honteuse. Notre propre histoire nous apprend que l'empereur Charles III, pour éloigner les Normands de l'Ile de France, ayant lâchement acheté leur retraite par des sacrifices d'argent, fut déposé à la diète de Tribur *. La longue série des événements qui remplissent les fastes du passé nous servirait ici de témoignage et nous y verrions qu'un chef d'Etat, quand il laisse tomber de ses mains débiles le drapeau de sa nation, paye toujours par une prompte déchéance cet oubli de son premier devoir. Qu'il soit donc acquis à cette discussion que la coutume de la guerre est conforme aux désirs de tous et au droit international. Les lois l'autorisent ou la supposent, car elles en règlent minutieusement les obligations. Ce ne sera donc pas à l'aide d'une législation antérieure ou actuellement existante qu'on pourra prononcer une sentence de condamnation contre cette coutume. Il faudrait s'adresser à l'avenir, chercher dans un progrès ultérieur, dans une morale idéale les nouveaux principes d'une nouvelle organisation sociale. Quand un peu plus loin ** nous nous demanderons si la guerre peut ou doit finir, nous présenterons sur ce point difficile notre opinion. Mais pour le moment nous pensons que les guerres, *même de conquête*, ne violent pas le droit des gens actuel. Ce droit, en effet, est positif, et non pas idéal. Est-il vrai qu'au

* En 887.
** Au dernier chapitre de cet ouvrage.

XIXᵉ siècle tous les peuples d'Europe et, oserions-nous dire, du monde entier, s'efforcent d'étendre les limites de leur empire? Est-il vrai que la première République française a conquis l'Italie et la Belgique, que Napoléon ajouta sans trêve ni merci de nouvelles provinces à ses Etats, que notre République d'aujourd'hui s'assure la possession de la Tunisie comme Charles X et Louis-Philippe nous ont donné et conservé à force de combats notre belle colonie algérienne, que l'Angleterre consolide partout son empire maritime et, après avoir reculé ses frontières en Asie, impose sa domination en Egypte, que la Prusse s'est annexé plus d'un royaume et s'est emparée de la direction politique de toute l'Allemagne, que l'empire ottoman est pour les peuples d'Occident une proie que l'on convoite et dont on s'adjuge d'avance les lambeaux? Tels sont les faits; tel est le présent. Quand un moraliste se récrie contre la conquête, il propose un projet discutable et que nous discuterons, mais dont l'expérience contemporaine n'annonce pas encore la prochaine réalisation. Il juge le XIXᵉ siècle avec les principes d'un siècle futur. Jusqu'à l'heure présente, le monde nous donne le spectacle d'une suite ininterrompue de différends grands ou petits et ayant suscité des conquêtes.

D'ailleurs, ne proscrire que la conquête, n'approuver que les luttes défensives, les déclarer seules honorables et légitimes, c'est ne pas s'entendre, ou c'est rejeter absolument toute guerre. Car, de deux nations belligérantes, l'une ne se défend que parce que l'autre l'attaque; toutes les deux, d'ailleurs, prétendent ne pas être agressives et avoir le droit pour elles. En outre et surtout la conquête ne se produit que rarement avec une intention préméditée ; elle n'a lieu qu'après une victoire et souvent celui qui peut-être conçut effectivement l'espérance d'une extension de territoire, se voit forcé de reculer devant des forces supérieures et de solliciter une paix qu'il pensait dicter en maître. Tout belligérant conquerra, s'il le peut. On ne doit donc pas définir et caractériser une guerre par son effet *ultérieur et fortuit*. Ainsi, l'empereur Charles-Quint envahit la Provence sous notre roi François Ier, en 1538. En pénétrant sur le sol français, il éprouvait une telle confiance qu'il distribuait libéralement à ses officiers, dit Robertson [*], les conquêtes futures, leur promettant les offices, les terres et les dignités de la France. Mais, quelques mois après, cette armée battait en retraite avec tant de désordre et de précipitation que toute leur route se trouva jonchée d'armes et de bagages abandonnés, couverte de malades, de blessés et de morts. Dans notre dernière guerre contre la Prusse, nous avons perdu l'Alsace et la Lorraine, mais de quel côté cependant se trouvait l'esprit de conquête? Rien de plus indécis et de plus contestable. Si le succès avait couronné nos efforts, nous eussions sans doute obtenu la limite du Rhin. Quant à nos ennemis, bien que nous maudissions leur triomphe, cependant souvenons-nous que plusieurs fois ils ont déclaré qu'en reprenant Strasbourg et Metz, ils arrachaient à la France un pays allemand que jadis Louis XIV avait en partie conquis

---

[*] Histoire de Charles-Quint, I, 6.

et su garder. Ainsi, les prétendues guerres offensives et de conquête sont aussi des revanches et des représailles. Mais, pour mettre davantage en lumière ce point important, remontons plus haut dans le passé et demandons-nous si Alexandre fut un conquérant. N'est-ce pas le nom qu'il a obtenu dans l'histoire ? N'est-ce pas avec ce titre éclatant qu'il vit encore dans la mémoire des peuples ? Eh bien ! consultons sa réponse* à une lettre de Darius, roi des Perses. Ce dernier, quoique vaincu, redemandait avec arrogance sa mère, sa femme et ses enfants prisonniers. Quant à l'empire, les deux rivaux le disputeraient les armes à la main. Alexandre lui répondit en ces termes :

« Ce Darius dont tu as pris le nom, a fait souffrir mille maux aux Grecs qui habitent la côte de l'Hellespont et aux colonies grecques d'Asie mineure ; ensuite il a passé la mer avec une armée immense, et porté la guerre au sein de la Grèce et de la Macédoine. Après lui, Xerxès est venu nous attaquer à la tête d'une foule innombrable de Barbares : vaincu à la bataille navale de Salamine, il laissa cependant Mardonius en Grèce pour saccager, même en son absence, nos villes et brûler nos campagnes. Si Philippe, mon père, est mort assassiné, qui donc ignore que ce fut par des hommes que vos agents avaient gagnés par l'espoir de riches trésors ? Vous ne savez entreprendre que des guerres iniques, et, lorsque vous avez des armes, vous mettez cependant à prix les têtes de vos ennemis. C'est ainsi que toi-même,

---

* Quinte-Curce, IV, I.

à la tête d'une si puissante armée, naguère encore tu as voulu acheter mille talents* un assassin pour me frapper. Je ne fais donc que *repousser* la guerre, je ne l'apporte pas ; et, grâce aux dieux qui sont toujours pour la *bonne cause*, j'ai déjà réduit sous mon obéissance une grande partie de l'Asie. Toi-même, je t'ai vaincu en bataille rangée. Infidèle à mon égard même *aux lois* de la guerre, tu n'aurais droit de rien obtenir de moi. Cependant, si tu me viens trouver en suppliant, je te promets de te rendre ta mère, ta femme et tes enfants, sans rançon : car je sais et vaincre et ménager les vaincus. Que si tu crains de te fier à nous, nous t'engageons notre parole que tu peux venir sans danger. Du reste, quand tu m'écriras, souviens-toi que tu écris à un roi, et qui plus est, à ton roi. » Ce noble et fier langage suffit à réfuter l'exclamation, citée plus haut, de Jean-Baptiste Rousseau, quand ce poète refuse d'admirer « dans Alexandre ce qu'il abhorre en Attila. » Car Alexandre y fait preuve de magnanimité ; il invoque le droit et la justice ; il déclare que la première agression ne vint pas de la Macédoine et qu'il veut seulement repousser l'ingérence continuelle des Perses dans les affaires de la Grèce. D'autre part, Darius pouvait-il subir sans combat la domination macédonienne ? Devait-il accepter le joug ? ses peuples l'eussent-ils accepté eux-mêmes ? Assurément non. Les armes, tel était donc le seul moyen laissé par les circonstances à ces deux rivaux pour résoudre leur différend. D'ailleurs, ces querelles internationales

---

* Cinq millions et demi.

formaient, comme il arrive aussi pour tous les autres pays, une chaîne continue dont le premier anneau n'était pas facile à trouver. Hérodote dit * positivement qu'à leur tour les Perses prétendaient avoir été jadis sur la défensive et avoir répondu aux attaques mêmes des Grecs : « Ils faisaient remonter à la ruine d'Ilion l'origine de leur inimitié contre les Grecs ; » et si l'histoire de ces temps n'était pas fabuleuse, on se convaincrait sans doute qu'il faudrait remonter plus haut encore. Donc la première guerre, quelle qu'elle soit, voilà le principe ; or, certainement les peuples primitifs n'eussent pu en aucune façon éviter d'en venir aux mains. Leur barbarie ne leur permettait pas, non seulement de réaliser un autre mode de pacification, mais encore de le concevoir. La guerre était pour eux une dure nécessité sociale et par ces mots nous croyons la justifier d'une manière suffisante. Car ce qui est nécessaire résulte de la nature des choses, y trouve sa raison d'être, son explication légitime, sa cause toujours subsistante. Et aujourd'hui nous-mêmes, peuples européens, nous n'échappons nullement à cette loi de notre race : pour nous, comme jadis pour les Perses et les Grecs, la guerre forme un tissu dont les mailles sont serrées et n'éprouvent nulle part de solution de continuité. Ainsi, nous avons parlé plus haut de notre dernière guerre de 1870 contre la Prusse et nous avons hésité à la regarder comme une guerre de conquête, bien que la Prusse y ait gagné presque deux provinces. Rappelons à ce propos une situation analogue et qui se

---

* Hérodote, livre Iᵉʳ, 5.

produisit sur le même théâtre, c'est-à-dire sur les bords du Rhin. Après avoir, il y a plus de dix-huit siècles, vaincu plusieurs fois les Gaulois, César songea à transporter ses légions en Germanie. Voici les motifs qu'il nous en donne dans ses *Commentaires**:
« César crut devoir passer le Rhin pour plusieurs raisons. La plus forte était que, voyant les Germains se déterminer si facilement *à venir attaquer* la Gaule *les premiers*, il voulait les faire *à leur tour* craindre pour leur propre pays, en leur montrant que l'armée du peuple romain pouvait et osait aussi franchir le Rhin. Un autre motif fut que les cavaliers des Usipètes et des Tenchthères, qui *étaient allés piller* et chercher du blé au-delà de la Meuse, avaient *passé* le Rhin après la défaite de leur nation et s'étaient retirés chez les Sicambres auxquels il s'étaient réunis. César ayant envoyé des députés aux Sicambres pour demander qu'on lui livrât les hommes qui avaient attaqué la Gaule et les Romains, on lui répondit: « que l'empire des Romains finissait au Rhin ; s'il trouvait injuste que les Germains passassent dans la Gaule sans son aveu, pourquoi voulait-il étendre au-delà du Rhin son pouvoir et son autorité ? » Quant aux Ubiens, les seuls peuples d'outre-Rhin qui eussent envoyé des députés à César et fait alliance avec lui, ils le priaient instamment de venir *à leur secours*, parce que les Suèves les *pressaient* vivement. Si le bien de la République ne le lui permettait pas, ils demandaient que César fît seulement voir son armée sur l'autre

* IV, 10.

rive : cela suffirait pour les protéger et leur donner bon espoir. Ils offraient en même temps beaucoup de barques pour le transport de l'armée. » Cet important passage nous montre que César avait d'abord à répondre à des attaques antérieures et ensuite qu'il était appelé par des peuples amis. Telles sont les choses humaines : elles constituent à la longue une série de faits réciproques et successifs dont le premier reste caché dans la nuit des temps et dont le dernier, celui de l'avenir, recule, recule sans cesse et se perd dans l'infini. Enfin, non seulement la distinction de guerres, les unes de conquête, les autres de défense, est subtile, peu claire et fort inexacte, mais, en admettant provisoirement qu'il y ait des guerres de cette nature, nous dirons à ce propos que les peuples, comme les individus, ressentent l'impérieux besoin de l'extension territoriale ; ils ne restent pas immobiles ; leurs frontières ne sont pas infranchissables ; les provinces limitrophes se confondent inévitablement et sont en grandes partie liées par la parenté des familles, par les relations commerciales continues, par le langage lui-même ; bientôt se présente le moment où les intérêts ont partout des points de contact et se croisent comme les races elles-mêmes. Un pays ne sera jamais un monde fermé, car ses ressources, quelque riche qu'il soit, ne lui suffisent pas ; il établit donc au loin des comptoirs et des colonies. Puis, après un laps de temps variable, ses nationaux sollicitent l'appui tutélaire de la métropole. Cette intervention est légitime en principe : l'abandon complet de la part de la mère-patrie serait autant une lâcheté qu'un oubli de ses intérêts. Or, souvent la conquête résultera plus tard de ces relations ; elle en tirera sa raison d'être et sa haute importance.

Mais ce n'est là encore qu'une explication secondaire et une incomplète justification de la guerre. Il faut remonter plus haut et considérer ses causes profondes ainsi que ses effets généraux et publics. Si l'on est impartial, on conviendra qu'ils aboutissent à un progrès de la *civilisation*. Laissons de côté les faits particuliers, les détails attristants ou horribles : ils sont comme un moyen nécessaire et inévitable. Voyons le but réel, le but atteint. Sachons qu'ici la chance est moins aveugle qu'il ne semble au premier abord. Chaque soldat, pris à part, fait son devoir dans les deux armées et, vainqueur ou vaincu, il mérite nos éloges. En outre, si l'on généralise, si l'on étend ses vues à plusieurs siècles, on verra que c'est le peuple le meilleur, le plus brave et le plus instruit qui l'emporte; dès lors il a droit à sa conquête, car il l'a payée de son sang. Bossuet nous fait entendre avec profondeur qu'une loi de justice se manifeste dans tout l'ensemble des choses humaines, quand il dit * : « à ne regarder que les rencontres particulières, la fortune semble décider de l'établissement et de la ruine des empires, mais, à tout prendre, il en arrive à peu près comme au jeu, où le plus habile l'emporte à la longue. En effet, dans ce jeu sanglant où les peuples ont décidé de l'empire et de la puissance, qui a prévu de plus loin, qui s'est le plus appliqué, qui a duré

---

* Discours sur l'histoire universelle, 3ᵉ partie, chapitre 2.

le plus longtemps dans les grands travaux, et enfin qui a su le mieux ou pousser ou se ménager, suivant la rencontre, à la fin a eu l'avantage et a fait servir la fortune même à ses desseins. » En effet, ajouterons-nous, si la phalange macédonienne n'avait pas mieux valu que l'armée confuse des Perses, ce ne sont pas trois batailles perdues qui eussent décidé des destinées de l'empire de Darius ; il aurait peu à peu résisté ; il se fût relevé ; par une sage temporisation, par une discipline sévère, un satrape eût balancé la fortune d'Alexandre et lui eût inspiré la crainte d'un insuccès. Ce spectacle, la France l'a deux fois donné au monde, d'abord dans la guerre de Cent-Ans : les nombreuses victoires des Anglais n'ont pas alors réussi à détruire la vitalité de notre pays, parce que les Anglais ne valaient pas mieux que nous ; une jeune fille s'est rencontrée, héroïne naïve autant que guerrière enthousiaste ; elle a relevé notre drapeau tombé à terre ; elle a tracé la voie où l'ont suivie des milliers de guerriers. Ensuite la France a encore donné un spectacle aussi grandiose en 1870 : nous avions essuyé à Reischoffen, à Sedan et à Metz des défaites qui devaient nous anéantir. Les Perses n'avaient pas subi à Issus et à Arbelles de plus terribles désastres. Mais, comme la France vaut autant que la Prusse, nous avons eu assez d'énergie et de cohésion, non pas pour vaincre, ce n'était plus possible, mais pour résister. Ici et là, à Dijon, à Orléans et surtout à Paris, notre adversaire a senti l'opiniâtre vigueur de nos bras. Admirons, dans cette année terrible, non seulement l'héroïque défense de Paris, mais cette levée en masse de tant de francs-tireurs qui, sachant que leur courage ne serait pas protégé par les lois de la guerre, n'hésitaient cependant pas à courir tous les hasards et à donner obscurément leur vie pour le pays. Certes ils n'ont pas failli, ces nobles défenseurs de la France et de la République ! Sans espérer le triomphe, ils ont montré en succombant que, si l'on ne peut pas vaincre, on peut toujours mourir. Quant à la grande et définitive défaite que César fit, il y a dix-neuf siècles, subir à nos ancêtres les Gaulois, nous croyons pouvoir déclarer qu'elle fut non pas méritée, le mot serait dur, mais au moins fort explicable. Les Gaulois, en effet, étaient divisés ; leur armée était plutôt territoriale que nationale* ; la légion romaine au contraire constituait un corps sévèrement discipliné et fortement uni sous l'autorité respectée des consuls. Même dans la prospérité et surtout dans le malheur, le Sénat de Rome agissait avec prudence, profondeur et habileté. Donc Victor Cousin ** développait sans le vouloir le passage de Bossuet que nous avons cité plus haut, quand il disait : « On parle sans cesse des hasards de la guerre et de la fortune diverse des combats ; pour moi, je crois que c'est un jeu assez peu chanceux ; les dés y sont pipés, ce semble, car je défie qu'on me cite une seule partie perdue par l'humanité. De fait, il n'y a pas une grande bataille qui ait tourné contre la civilisation. La civilisation peut bien recevoir quelque échec, les armes sont

---

* Voir César, *Commentaires* sur la guerre des Gaules, livre VI, § 11 et le livre VII, § 75.
** Introduction à l'histoire de la philosophie, 9e leçon.

journalières ; mais définitivement l'avantage, le gain et l'honneur lui restent. Toutes les fois que l'esprit du passé et l'esprit de l'avenir se trouveront aux prises, l'avantage restera nécessairement à l'esprit nouveau. Si l'histoire a ses lois, la guerre qui joue un si grand rôle dans l'histoire, qui en représente tous les grands mouvements et pour ainsi dire les crises, la guerre doit avoir aussi ses lois, et ses lois nécessaires : et si l'histoire avec ses grands événements n'est pas autre chose que le jugement de Dieu sur l'humanité, on peut dire que la guerre n'est pas autre chose que le prononcé de ce jugement, et que les batailles en sont la promulgation éclatante ; les défaites et la fin d'un peuple sont les arrêts de la civilisation et de Dieu même sur ce peuple, qu'ils déclarent au-dessous du temps présent, en opposition avec le progrès du monde et par conséquent retranché du livre de vie. » Ce large aperçu, jeté par Victor Cousin à travers les siècles sur les résultats de la guerre, nous prédispose à comprendre les destinées de l'humanité. Toutefois cette importante loi si bien formulée par Victor Cousin exige une explication. Pourquoi, en effet, la rencontre et le choc de deux peuples décident-ils si légitimement de leur rang, de leur suprématie ? On ne le voit pas clairement, car peut-être est-ce le hasard qui, renouvelant à diverses reprises le même événement fortuit, provoque la chute imméritée d'un peuple.

Que se passe-t-il donc dans un combat ? En apparence, rien de plus affligeant : des cris de douleur, d'immenses incendies, la dévastation et la ruine, le tumulte, la confusion, le sang répandu et la force primant le droit, au moins en apparence ; puis, quand la nuit est venue, la mort plane au-dessus du champ de carnage et la patrie en larmes, la patrie désolée, déplore le trépas des vaillants et des braves. Mais qu'une philanthropie décevante et pusillanime n'arrête pas nos regards sur ce spectacle attristant ; pénétrons le sens de cette grande loi de la sociologie humaine ; ces monceaux de morts et de mourants renferment pour le moraliste clairvoyant les données d'un problème. Le mot de l'énigme, où donc est-il ? Dans les conditions de la lutte, dans les efforts multiples qui de longue date ont préparé le succès, et ce succès est le dernier acte d'un drame dont la péripétie s'est déroulée avec des phases diverses dans la suite des temps. Sachons, en effet, qu'au jour des grandes luttes internationales un peuple manifeste avec éclat tout son génie, toutes ses aptitudes, toute sa science, toute sa moralité ; en un mot, il révèle tout ce qu'il est. Car qui donc a inventé et construit ces terribles engins qui sèment la mort au loin, sinon la science du peuple qui les emploie ? Pourquoi telle arme a-t-elle été préférée à telle autre, sinon par le choix éclairé des soldats et des chefs ? Qui a présidé à l'ensemble des manœuvres, à la disposition des ailes, à l'emplacement du camp, à la direction sûre et meurtrière des canons et des mitrailleuses, sinon la science et la stratégie ? Ah ! sans doute, si un combat consistait exclusivement dans une boucherie, dans une série indéfinie d'assassinats lâchement perpétrés, nous n'aurions qu'une parole de malédiction à lancer contre de tels forfaits. Mais il n'en va pas ainsi, car

— 175 —

un peuple apporte dans les combats le contingent et l'effectif entier de ses forces physiques, intellectuelles et morales : il appelle le ban et l'arrière-ban de tous ses hommes valides ; sa florissante jeunesse accourt pour y payer l'impôt du sang ; on y utilise les inventions les plus récentes, les canons rayés, les vaisseaux à vapeur et cuirassés, les télégraphes, les ballons et les chemins de fer.

L'arme choisie par une nation résulte de son caractère et de son génie : les Parthes, en Asie, étaient autrefois célèbres comme cavaliers et comme archers ; ils passaient leur vie à cheval et c'était en fuyant qu'ils étaient le plus redoutables, attirant l'ennemi sur leurs traces et lui décochant des flèches en courant. Une armure de mailles de fer qui couvrait le cheval et le cavalier, les rendait presque invulnérables. De même les Carthaginois l'emportèrent longtemps sur les Romains par leurs vaisseaux armés de proues en forme d'éperons et par leur science de la navigation. La flotte de Carthage compta jusqu'à 350 galères à cinq rangs de rames, montées par 42,000 combattants et 105 mille matelots. Aussi, quand le consul Duilius eut battu à Myles [*] sur la côte de Sicile un amiral carthaginois appelé Annibal ; ensuite quand ce même chef eût été vaincu de nouveau, ses propres soldats, sentant que l'arme nationale perdait ainsi sa puissance et son utilité, le mirent eux-mêmes en croix et le lapidèrent. De même encore les habitants des îles Baléares dans la Méditerranée tiraient leur

[*] En 260 avant J.-C.

nom* de leur habileté extraordinaire à manier la fronde. Les Crétois étaient aussi renommés pour leur adresse à lancer des flèches. Aujourd'hui l'Angleterre l'emporte par ses flottes si puissantes et Napoléon a dû une partie de ses succès à son artillerie de campagne qui avait reçu de lui d'importants perfectionnements. Enfin nous avons vaincu l'Autriche en 1859, grâce à nos canons rayés, et c'est également l'artillerie qui, à Crécy, à Austerlitz et dans notre dernière guerre contre la Prusse, a joué un rôle décisif et prépondérant.

Mais il sera encore plus important de constater que l'organisation militaire d'une nation reflète assez fidèlement son *état social;* ainsi à Rome la légion, comme son nom l'indique, était un corps choisi à l'exclusion des esclaves, et dans notre pays la composition de nos armées se trouve aujourd'hui en rapport avec les principes démocratiques et l'esprit d'unité, qui dominent en France depuis 1789, car notre armée active est plutôt nationale que territoriale. Elle est un corps ouvert à toutes les nobles ambitions : il n'y suffit plus d'avoir un grand nom pour y jouer un grand rôle. Sous les deux premières races de nos rois, l'infanterie avait été l'élément principal parce que les Francs constituaient déjà une nation plutôt qu'une aristocratie. Mais au contraire, sous la race capétienne, la féodalité solidement établie forma une hiérarchie de fiefs nettement subordonnés; les villes et les campagnes subissaient le servage et la dépendance; dès lors

---

* Baléares vient du mot grec Βάλλειν, lancer.

l'infanterie populaire occupa le second rang, et céda le pas à la cavalerie presque exclusivement composée de preux et de chevaliers.

Plus tard, à la suite de l'établissement des communes et comme conséquence des chartes et franchises qui leur furent accordées, l'infanterie bourgeoise reparut, fortement unie, combattant par compagnies, alors que les chevaliers se battaient plus librement ; cette milice communale se distingua pour la première fois à Bouvines en 1214, sous Philippe-Auguste ; par sa participation à cette victoire sur les Allemands, elle révéla la force et l'élan de la nationalité française et scella pour des siècles l'alliance du roi et des communes.

Enfin, non seulement une armée applique la science d'une époque et représente l'état social d'un peuple, mais elle est encore en harmonie avec les principes de *morale* qu'on y professe et avec le culte religieux qu'on y pratique. A l'école et dans les académies se répand sous diverses formes un enseignement qui élève les âmes et fortifie les caractères. Mais tout précepte a pour but et pour raison d'être l'action qui le consacre en le pratiquant. Or, nulle part cette pratique n'est plus réelle et plus vraie que dans l'ensemble des travaux de l'attaque et de la défense et au milieu des hasards : que de fatigues, que de privations, que de sacrifices exige le métier des armes ! C'est là aussi que brillent les grandes personnalités. Les œuvres de la paix nécessitent sans doute des efforts et donnent lieu à la manifestation du talent. Mais quelle force de caractère ne faut-il pas posséder pour dominer et tenir réunies des troupes disséminées ! Quel prestige ne faut-il pas exercer pour maîtriser les volontés parfois rebelles, les plier à une discipline égalitaire, les maintenir sous la loi du devoir et leur imposer l'obéissance, même en présence de la mort! A ce moment la leçon du maître porte ses fruits ; on en a sans doute oublié le texte, mais le sens en reste présent à l'esprit. Le souvenir des exploits des ancêtres a jadis ému dans son enfance le cœur du guerrier et il s'est promis de ne pas ternir la gloire de ses pères : il tient alors ce serment et il succombe sans regret.

Les idées religieuses interviennent aussi pour soutenir les courages et inspirer la confiance au moment du péril. Autrefois une armée romaine n'eût pas osé entrer en campagne sans avoir consulté l'oracle ou obtenu de la faveur céleste des auspices favorables. Certains phénomènes, tels qu'une éclipse, devenaient le signe du courroux des dieux : frayeur puérile sans doute, mais qui ne saurait surprendre, car quand un soldat est sur le point d'accomplir l'acte le plus douloureux qu'exige la loi morale, comment n'élèverait-il pas sa pensée jusqu'à Dieu, jusqu'au suprême représentant de toute moralité ? Aussi les généraux de l'antiquité n'omettaient pas de placer leur armée sous la protection des dieux immortels ; les discours qu'ils adressaient à leurs soldats, se terminaient souvent par quelque courte invocation. De même au moyen âge le prêtre apparaissait d'abord dans la cérémonie où le suzerain armait un chevalier, puis avant, mais surtout pendant et après la bataille pour adresser aux moribonds les paroles de la dernière consolation. La Chanson de Roland, le neveu de Charlemagne *, nous en offre un tableau plein de grandeur. On voit dans ce beau poème que des prêtres accompagnaient toujours les armées et bénissaient les troupes au moment du combat :

> « D'altre part est l'arcevesques Turpins :
> Sun cheval brochet, muntet sur un lariz ;
> Franceis apelet, un sermun lur ad dit : .
> Seignurs baruns, Carles nous laissat ci.
> Pur nostre rei devum nus bien murir ;
> Chrestientet aidiez à sustenir.
> Bataille avrez, vus en estes tuit fid,
> Kar à vos oilz veez les sarrazins.
> Clamez vos culpes, si preiez Deu mercit.
> Asoldrai vus pur vos anmes guarir :
> Se vus murez, esterez seint martir :
> Siéges avrez el' greignur pareïs.
> Franceis descendent, à tere se sunt mis,
> E l'arcevesques de Deu les beneïst :
> Par pénitence lur cumandet à ferir.
> Franceis se drecent, si ce metent sur piez,
> Bien sunt asolt, quite de lur pecchiez. »

Traduction : « D'autre part est l'archevêque Turpin ;
Il pique son cheval et monte sur une colline ;
Puis s'adresse aux Français et leur fait ce sermon :
Seigneurs barons, Charles nous a laissés ici ;
C'est notre roi : notre devoir est de mourir pour lui.
Chrétienté est en péril, maintenez-la.
Il est certain que vous aurez bataille ;
Car sous vos yeux, voici les sarrazins.
Or donc, battez votre coulpe, et demandez à Dieu merci.
Pour guérir vos âmes, je vais vous absoudre ;

---

* Roland périt à Roncevaux, dans les Pyrénées. Le passage que nous citons est extrait de la 2ᵉ partie, XCIII, vers 1124. Poème peut-être antérieur aux croisades, cette Chanson est le type achevé de l'épopée française.

Si vous mourez, vous serez tous martyrs :
Dans le grand paradis vos places sont toutes prêtes.
Français descendent de cheval, s'agenouillent à terre,
Et l'archevêque les bénit de par Dieu :
Pour pénitence vous frapperez les païens.
Français se redressent, se remettent en pied ;
Les voilà absous et quittes de leurs péchés. »

Une scène analogue se produisit au moment de la prise de Constantinople par les Turcs : pour ajouter l'enthousiasme religieux à celui de la guerre, les derviches parcoururent les rangs de l'armée ottomane, exhortant les soldats à purifier leurs corps par des ablutions, leurs âmes par la prière et promettant les délices du paradis aux défenseurs de la foi musulmane. La religion apparaît donc dans la guerre comme la science, la morale et toute la civilisation.

De ces diverses données tirons une conclusion générale : si la guerre renferme et fait valoir les principaux éléments d'une civilisation, elle exprime donc et résume par ses résultats le degré de force ou de faiblesse d'une nation : Rome méritait de triompher, car, même dans ses plus grands désastres, elle fut sauvée par la sagesse et la solidité de ses institutions, par la constance du Sénat, par l'union courageuse de tous ses citoyens. D'autre part « le projet d'Alexandre, dit Montesquieu*, ne réussit que parce qu'il était sensé. » Donc enfin, comme « les accidents de la fortune, ajoute-t-il, se réparent aisément, » les grandes défaites constituent une véritable sentence,

---

* Esprit des Lois, 13 et 14.

un jugement définitif et sans appel ; ainsi, non seulement la guerre suscite la plus haute vertu, mais elle est encore une *justice armée*, un tribunal dont l'arrêt se fonde sur la valeur exacte des nations belligérantes.

II. *Casuistique de la guerre*. A ces considérations générales il ne sera pas sans utilité de joindre quelques remarques sur les cas spéciaux et particuliers qui se présentent parfois. Serait-il en effet légitime de faire la guerre *pour autrui* et dès lors de traiter en ennemi celui de qui nous n'aurions souffert aucun tort ? Nous répondons qu'assurément la circonspection est alors plus impérieusement obligatoire qu'en toute autre occasion. Grotius et Pufendorf tiennent pour l'affirmative, « pourvu, dit ce dernier *, que celui en faveur de qui l'on s'engage ait un juste sujet de prendre les armes et que, d'ailleurs, on ait quelque liaison particulière avec lui. » Toutefois Grotius admet qu' « on n'est pas obligé de donner du secours à un allié, lorsqu'il n'y a aucune espérance d'un bon succès, car toute alliance se contracte en vue de quelque bien, et non pas pour en souffrir du mal **. »

Mais acceptera-t-on les services d'un *assassin* en mettant à prix la tête de son rival ? Dans l'antiquité la conscience publique ne repoussait pas cette coutume ; mais elle a depuis longtemps disparu de nos mœurs. On aurait honte de porter à la trahison

---

* Droit de la nature et des gens, tome III, livre VIII, chap. vi, § 14, par Pufendorf, écrivain allemand du xviie siècle.
** *De jure belli et pacis*, livre II, chap. xxv, § 4, par Grotius, écrivain hollandais du xviie siècle.

les concitoyens ou les soldats d'un chef d'Etat, et même, malgré Grotius *, nous porterions à peu près un jugement aussi sévère si l'on soudoyait un assassin qui n'aurait aucun engagement avec celui qu'il va tuer. Sans doute la guerre autorise la violence ouverte, mais jamais l'oubli de la loyauté; c'est en bataille rangée qu'on se mesure; après comme avant le combat, on n'a que le droit d'user de stratagèmes, de marches dissimulées, de fausses alertes, parce que le général ennemi a pour fonction de tout surveiller et pour rôle d'être habile et intelligent. Mais aujourd'hui une nation rougirait pour ainsi dire d'être sauvée grâce à l'assassinat. Repoussons donc la doctrine que Pufendorf résume en ces termes : « Pourquoi ne pourrions-nous pas attaquer par le charme des pistoles ceux contre qui on a vainement tiré des coups de canon ** ? »

Puis, s'il s'agit de *conventions* faites pendant le cours de la guerre, que celle-ci subsiste ou cesse, l'honnêteté nous fait une loi de les respecter avec une fidélité inviolable. C'est la doctrine de Grotius ***; mais Pufendorf **** est d'avis que, « la violence et la force ouverte étant le caractère distinctif de l'état de guerre, la fidélité dans les conventions, qui est l'instrument propre et naturel de la paix, ne peut avoir lieu dans les actes où il ne s'agit ni de rétablir la paix ni de la conserver ; » doctrine dépourvue d'élé-

---

* Livre III, chap. iv, § 18.

** Droit de la nature et des gens, livre VIII, chap. vi, § 16, par Pufendorf.

*** Livre III, chap. xix.

**** Livre VIII, chap. vii, § 2.

vation morale; elle est inférieure à l'enseignement des anciens sages et contraire même à ce que cet auteur avait précédemment admis, puisqu'au livre IV*, il soutient qu'il est « indispensable de tenir les conventions faites avec un ennemi, pour finir ou pour suspendre les actes d'hostilité. » Nous nous rangeons à ce dernier avis ; c'est en effet la coutume des nations policées de ne pas croire que l'état de guerre justifie et autorise le parjure et la trahison. On tiendra donc pour valide une trêve de quelques jours ou de quelques heures, dans le but d'enterrer les morts ; on respectera un sauf-conduit accordé à un ennemi ; on aura souci de la promesse faite d'épargner certains lieux, certaines personnes désignées ; on laissera même subsister la liberté du commerce ordinaire. Néanmoins une remarque importante mérite d'être signalée, c'est que, pendant une trêve momentanée, certains actes militaires accomplis en vue de la défense future, n'ont rien de répréhensible et d'illicite, quand même une suspension d'armes aurait été signée dans un autre but; on pourra donc ou se mieux retrancher, ou s'adjoindre des troupes de renfort, ou se procurer des munitions.

Mais, pendant la durée des hostilités, on ne se permettra pas, *en dehors* de la bataille, toute sorte d'actions, telles que le vol, le viol et l'assassinat, actions réputées immorales et punies d'après les lois de droit commun. Cette conduite ne serait pas absolument coupable, puisque toute guerre aboutit à l'homicide; mais elle serait funeste et relativement blâmable,

---

* Chap. I, § 19.

attendu que d'une part on mériterait d'être traité aussi cruellement ; on s'y exposerait dans le cas de la défaite ; et d'autre part on ne ferait plus la guerre comme les hommes, mais comme les tigres et les sauvages ; on cesserait d'appartenir à la civilisation contemporaine ; on devrait être mis au ban des nations policées. Toutefois, si l'on veut apprécier jusqu'à quel point la guerre concorde avec l'honnêteté, on doit se demander si un *espion* n'est qu'un vulgaire criminel. Soutenir l'affirmative nous semblerait peu équitable, car souvent l'enthousiasme dirige et ses pas et son bras ; il s'expose même avec plus d'abnégation qu'un soldat. Le général qui le paye ou l'excite est plus répréhensible que lui, car, se trouvant à la tête d'une armée, il s'abaisse quand il recourt à un procédé que réprouve l'honneur militaire.

On ne manquera pas non plus de *parole* à l'égard d'un ennemi ; on imitera sur ce point le consul romain Régulus qui, fait prisonnier, revint, comme il l'avait juré, se livrer aux Carthaginois. C'est qu'en effet la guerre a ses lois et, quand un serment a été prononcé et accepté de façon que de part et d'autre on pouvait regarder son exécution comme certaine et honnête, on est obligé de le respecter. Mais, d'après ce principe lui-même, il sera permis de refuser à un corsaire la rançon promise même par serment, et cela parce qu'un corsaire ou un brigand n'agissent que selon le droit du plus fort et par rapacité ; jamais l'honneur ne les guide ; ils sont les ennemis de la société universelle ; leur violence a pu nous arracher un serment, mais le cœur n'y a pas consenti. Au contraire, à l'égard d'un ennemi déclaré, tout homme de cœur rougirait de violer sa promesse, de profiter lâchement de son sommeil pour le frapper, ou bien encore d'abuser de l'hospitalité qu'il exige pour empoisonner ses aliments. Agir ainsi serait autoriser de sanglantes et légitimes représailles ; ce serait faire reculer de plus de trente siècles le progrès moral des hommes. Aussi, blâmerons-nous énergiquement la politique des Athéniens quand, pour supprimer des rivaux dangereux, ils firent couper le pouce aux habitants d'Egine, parce que cette île était voisine du port d'Athènes et que les Eginètes excellaient dans la navigation.

Mais peut-être faut il plutôt déplorer que maudire le pillage et la dévastation qui se produisent lors de la prise d'une *ville assiégée*. En effet, on doit alors se souvenir que cette ville a eu le temps, le loisir et la faculté de se rendre à l'ennemi ; elle eût été traitée alors avec plus de mansuétude et selon les coutumes applicables aux capitulations Une ville qui résiste opiniâtrément consent, par cette persistance, à maintenir l'état, non pas d'hostilité, mais de bataille ; elle le prolonge jusqu'au moment du dernier assaut ; quand le vainqueur pénètre enfin dans la place, la bataille y continue, la fureur est déchaînée de toutes parts et il coule à flots ce sang qu'on aurait pu réserver pour une lutte plus égale et plus heureuse. Les lois de la guerre ne sont donc pas violées par les assaillants ; c'est la guerre elle-même qu'il faudrait supprimer en principe. Souvent, il est vrai, les circonstances sont telles, l'honneur de deux peuples est engagé avec un antagonisme si marqué, que toute capitulation serait au moins une faiblesse : situation douloureuse et qui laisse intact l'honneur des vaincus, surtout quand ils résistent sans espoir de succès. Le fait se produit nécessairement quand l'objet du débat consiste, non pas à conquérir quelque province, mais à décider laquelle subsistera de deux races rivales. Ainsi Carthage, assiégée par Scipion Emilien, ne pouvait plus capituler ; c'était l'Afrique aux prises avec l'Europe ; il fallait vaincre ou mourir : depuis trop longtemps le farouche Caton terminait ses discours par la formule sinistre : détruisons Carthage, *delenda est Carthago*.

Mais le pillage et le sac de Corinthe ont justement mérité le blâme de Cicéron[*], lequel était cependant un romain : ce moraliste trouve plus révoltante la conduite des Athéniens coupant le pouce aux habitants d'Egine, mais il déclare hautement qu'en détruisant Corinthe[**] le consul Mummius commit une grave injustice en vue d'une utilité seulement apparente, *utilitatis specie*. Le tableau de la prise de cette ville confirme la sévérité de ce jugement : « Après la défaite de Leucopétra, les habitants de Corinthe perdirent, dit Rollin, la pensée et l'espérance de se défendre. Comme ils se trouvaient sans conseil, sans chefs, sans courage, sans dessein, personne ne songea à rallier les débris de la défaite pour faire encore quelque résistance et pour obliger le vainqueur à leur accorder des conditions suppor-

---

[*] *De officiis*, III, § 11.
[**] En l'an 146 avant J.-C., la même année que la prise de Carthage.

tables. Ainsi, tous ceux des Achéens qui s'étaient retirés à Corinthe, et la plupart des citoyens en sortirent la nuit suivante et se sauvèrent où ils purent. Le consul, étant entré dans la ville, l'abandonna au pillage. On fit main basse sur tout ce qui était resté d'hommes ; les femmes et les enfants furent vendus ; après avoir placé à l'écart les statues, les tableaux et les meubles les plus précieux pour les envoyer à Rome, on mit le feu à toutes les maisons, et la ville entière ne fut plus qu'un incendie général qui dura plusieurs jours. On prétend, mais sans fondement, que l'or, l'argent et l'airain, fondus ensemble dans cet incendie, formèrent un métal nouveau et précieux. Ensuite on abattit les murailles et on les détruisit jusque dans les fondements. Tout cela s'exécutait par ordre du Sénat, pour punir l'insolence des Corinthiens qui avaient violé le droit des gens en maltraitant les ambassadeurs que Rome leur avait envoyés. »

Cette dernière raison ne suffit pas pour justifier la cruauté du consul. Corinthe n'avait pas été assiégée ; le combat avait cessé quand elle tomba au pouvoir du vainqueur ; elle méritait donc d'être épargnée et le jugement de Cicéron reste juste et impartial. Tout autre avait été la situation de Troie à l'égard des Hellènes, puisqu'il s'agissait de savoir laquelle l'emporterait de la civilisation pélasgique et troyenne ou de la civilisation grecque. De même pour Persépolis, capitale de l'empire de Darius, lors des guerres d'Alexandre ; de même encore pour Constantinople, dans sa lutte contre Mahomet II, en 1453 : le sac et le pillage, la destruction presque complète et sans traité de paix, telle était l'inexorable nécessité imposée par toutes les hostilités antérieures. Une entrée triomphale eût été une solution insuffisante : la base des grands empires a presque besoin d'un ciment imprégné de sang humain. Considérons, d'ailleurs, le tableau de l'agonie de cette seconde et dernière capitale de l'empire romain. « Pendant le siège, dit Michaud, l'historien des Croisades, on avait plusieurs fois parlé d'une capitulation. Mahomet exigeait qu'on lui livrât la capitale d'un empire dont il possédait déjà toutes les provinces et il permettait aux Grecs de se retirer avec leurs richesses. Constantin XIII Paléologue consentait à payer un tribut; mais il voulait rester maître de Constantinople. Alors le sultan fit annoncer dans son armée une attaque prochaine et générale ; les richesses de Constantinople, les captifs, les jeunes grecques devaient récompenser la valeur de ses soldats ; il se réservait la ville et ses édifices.

Enfin se leva le dernier jour de l'empire romain : c'était le 29 mai 1453 ; les trompettes et les tambours se firent entendre dans le camp des Turcs; l'assaut est donné à la fois du côté du port et vers la porte Saint-Romain. Dans le premier choc les assaillants trouvèrent partout une vive résistance. Mais bientôt les tours s'écroulèrent sous les coups du bélier et les décharges de l'artillerie ottomane. Après deux heures d'un choc effroyable, Mahomet s'avance avec l'élite de ses troupes et dix mille janissaires. Il paraissait au milieu d'eux, une massue à la main, semblable à l'ange de la destruction ; ses regards menaçants animaient l'ardeur des soldats ; il leur montrait du geste les lieux qu'il fallait attaquer. Les Grecs restés sont bientôt accablés par le nombre ; les Turcs franchissent les remparts, s'emparent des tours, brisent les portes. Constantin combattait encore ; mais bientôt percé de coups, il tombe dans la foule des morts et Constantinople reste sans chef et sans défenseurs. Le massacre des habitants désarmés, la ville livrée au pillage, les lieux saints profanés, les vierges et les matrones accablées d'outrages, une population entière chargée de chaînes, tel fut le sort de cette ville. » Ce récit lamentable ne nous offre aucun fait contraire aux lois de la guerre. Celle-ci étant posée, les propositions du sultan ayant été repoussées par Paléologue, il fallait que la ville fût prise d'assaut et subît toutes les horreurs du pillage. Depuis longtemps, d'ailleurs, Constantinople payait tribut aux Musulmans ; Paléologue, en arrivant au trône, avait soumis son élévation à l'approbation du sultan Amurath II ; à ce moment la civilisation et la race turques l'emportaient réellement sur le peuple vieilli et dégénéré qui détenait encore le sceptre antique des Césars romains.

Mais la situation d'une place assiégée provoque en outre la question de savoir s'il est honorable de *capituler*. Nous ne pourrions sur ce point nous adresser à de meilleurs juges qu'aux militaires eux-mêmes. Le célèbre décret signé par Napoléon le 1er mai 1812 défend à tout général, à tout commandant d'une troupe armée, quel que soit son grade, de traiter en rase campagne d'aucune capitulation par écrit ou verbale. Cet article se rapporte d'une manière évidente au cas du général Dupont, lequel était alors en jugement. Après s'être illustré, soit en culbultant sur le Mincio quarante-cinq mille Autrichiens avec quatorze mille Français, soit avec huit mille hommes en dispersant vingt mille Prussiens à Iéna, ce général avait, en 1812, mal engagé, mal conduit et perdu la bataille de Baylen en Espagne ; avec dix mille hommes exténués de fatigue et de besoin, il avait dû lutter contre les trente-cinq mille soldats que lui opposait Castanos. Réduit à la fin de la journée à n'avoir plus à sa disposition que trois mille hommes, il se rendit à l'ennemi ; comme cette capitulation avait été signée en rase campagne, il fut, malgré l'intrépidité dont il avait fait preuve, traduit devant un tribunal d'honneur qui le condamna à la dégradation et à la détention dans une prison d'Etat.

Ainsi, la lutte opiniâtre sans trêve ni merci, voilà la règle : toute capitulation en rase campagne, continue le décret, est déclarée déshonorante, criminelle et sera punie de mort. Mais une capitulation dans une place de guerre assiégée et bloquée est permise, si les vivres et les munitions sont épuisés, après avoir été ménagés convenablement, si la garnison a soutenu un assaut à l'enceinte, sans pouvoir en soutenir un second. Dans tous les cas, le gouverneur ou commandant ainsi que les officiers ne sépareront pas leur sort de celui de leurs soldats et ils le partageront. Cependant l'esprit du désespoir s'empare quelquefois des âmes et les exalte à tel point que, même cette concession accordée aux soldats, ils la repoussent avec énergie et, ne voulant admettre aucun tempérament, ils professent hautement que ne pas se résigner à mourir est toujours indigne d'un soldat. Cette opinion extrême, nous l'avons nous-même entendu soutenir durant les phases douloureuses de notre dernière guerre contre la Prusse, et nos ancêtres les Gaulois l'ont également connue lorsque César, il y a dix-neuf siècles, tint leur dernière armée assiégée dans Alésia *. Tout le blé était épuisé ; l'époque où l'on attendait du secours était passée. Alors on assembla un conseil et Critognat, arverne d'une haute naissance, s'exprima en ces termes : « Je ne dirai rien de l'avis de ceux qui donnent à la plus honteuse servitude le nom de capitulation : on ne doit, je crois, ni les regarder comme des citoyens, ni les admettre dans nos conseils : je veux m'occuper seulement de ceux qui opinent pour une sortie, et dont la proposition vous semble à tous conserver comme un reflet de notre ancienne gloire. Mais mieux vaut encore attendre l'arrivée du secours : ne pouvoir soutenir quelque temps la disette, ce n'est pas énergie, c'est faiblesse. Les hommes qui se dévouent à la mort se trouvent plus aisément que ceux qui endurent patiemment la douleur. Songeons à toute la Gaule que nous avons soulevée pour venir à notre secours. Doutez-vous de la parole de vos concitoyens, doutez-vous de leur constance, parce qu'ils ne sont pas arrivés au jour précis ? Quelle est donc mon opinion ? C'est de faire ce que firent nos ancêtres il y a un demi-siècle, dans la guerre contre les Cimbres et les Teutons. Refoulés dans leurs villes,

---

* Ville disparue, située chez les Mandubiens, aujourd'hui le département de la Côte-d'Or. Voir César, *Commentaires* de la guerre des Gaules, VII, § 77.

réduits à une extrême disette, ils soutinrent leur existence en se nourrissant des corps de ceux que l'âge rendait inhabiles à la guerre et ils ne se livrèrent pas à l'ennemi *. »

Cet avis fut à cette heure, mais avec quelque tempérament, partagé par l'Assemblée. Or, comment faut-il le juger ? Etait-il inspiré par un patriotisme noble et éclairé ? Nous croirions plutôt qu'il révélait en son auteur une bravoure farouche et opiniâtre. Ne demandons pas aux hommes de faire plus que leur devoir. Seul un orgueil excessif et barbare a dicté les paroles de Critognat. L'honneur n'exige pas qu'on se repaisse de chair humaine. D'ailleurs, bien qu'accepté momentanément, du moins au témoignage de César, cet avis fut ensuite abandonné et la ville d'Alésia subit le joug odieux du vainqueur. César lui-même, et son opinion vaut bien quelque chose ici, eut horreur de ce discours et il ne l'a rapporté, dit-il, que pour son exécrable et singulière atrocité, *propter ejus singularem ac nefariam crudelitatem*. Néanmoins le caractère de nos ancêtres les Gaulois et le nôtre propre s'accordent parfaitement avec l'exaltation que suppose une résistance aussi acharnée.

Paris en a donné l'exemple, en 1590, lors du siège mémorable que cette ville soutint contre Henri IV.

---

* On recueillit alors les voix et l'on résolut de faire sortir de la place les femmes, les enfants, les vieillards, les infirmes et de tout tenter avant de suivre l'avis de Critognat. Mais on décida qu'on s'y résoudrait, dit César, plutôt que de capituler. Deux jours après, le Gaulois Commius amena le secours annoncé. César triompha de ces nouvelles troupes et il fallut enfin se rendre.

Quand elle fut cernée par l'ennemi, elle avait peu de munitions, peu de vivres et des murailles en mauvais état. Mais les prédications des moines « contre le Bourbon » entretinrent l'enthousiasme. Un décret de la Sorbonne promit les palmes du martyre aux vaillants défenseurs de la capitale. On créa une armée de trente mille hommes ; on fondit les cloches pour en faire des canons. Le lendemain du premier assaut, le 30 mai 1590, le zèle religieux fut réchauffé par une procession de treize mille moines portant tous des armes sur leur costume religieux, ayant tous la hache ou l'arquebuse sur l'épaule et chantant des hymnes qu'entremêlaient des décharges de mousqueterie. Quand, le 24 juillet, les faubourgs eurent été emportés, la détresse augmenta ; on abattit les chevaux, ânes et mulets qui survivaient ; Voltaire raconte dans la Henriade qu'une mère tua son enfant et le dévora. Le légat du pape, le cardinal Cajétan, sans renouveler la proposition de Critognat, rivalisa presque avec lui en apprenant aux Parisiens à piler des ossements de morts pour en composer une sorte de pain ; mais il paraît que cet horrible aliment fit mourir ceux qui l'avaient pris. De même, en 1870, la ville de Paris se défendit avec autant de courage et plus de patriotisme contre la redoutable artillerie de l'armée prussienne. Malgré un hiver rigoureux et sans trop espérer le succès, on subit une disette excessive, on résista opiniâtrément, grâce à l'énergie et à l'élan suscités et soutenus par le gouvernement de la République.

Mais le fait le plus difficile à examiner ici serait

assurément la capitulation signée à Sedan en se[p]tembre 1870. Elle a été diversement jugée et peu[t-]être n'est-il pas encore temps de l'apprécier av[ec] impartialité. Nous l'essayerons toutefois. Il impor[te] d'abord de constater que, dans le peuple comme da[ns] les journaux, l'impression du moment a été compl[è]tement défavorable : tous ont pensé qu'il falla[it] encore résister ou du moins opérer une vigoureu[se] sortie; l'effectif des soldats sous les armes parut êt[re] alors assez considérable pour qu'on pût tenter [de] percer les lignes ennemies. La mort glorieuse [ou] la victoire étaient les seules solutions dignes [de] la France. Mais nous répondrons qu'on avait lut[té] vaillamment pendant trois longues et terribles jou[r]nées ; les troupes étaient exténuées de fatigu[e,] dépourvues de munitions et de vivres. La vil[le] de Sedan qui, grâce à la faible portée des ancienn[es] bouches à feu, était jadis protégée par les collin[es] qui l'environnent, se trouvait alors directeme[nt] exposée à l'artillerie ennemie placée sur les hauteu[rs] qui s'élèvent sur les deux rives de la Meuse. El[le] était, d'ailleurs, incomplétement armée, mal appro[-] visionnée et ne possédait aucun ouvrage extérieu[r.] Toute ligne de retraite était coupée par l'ennem[i,] lequel occupait la circonférence, car des collin[es] environnantes plusieurs centaines de bouches à fe[u] lançaient, par un tir convergent, leurs projectil[es] sur la ville et sur nos soldats rigoureusement ce[r]nés : ces projectiles dirigés vers le centre frappaie[nt] les troupes par devant et par derrière. Dans [ce] moment la position de l'armée française était pl[us] périlleuse que dans une place forte ordinaire, v[u] que des murailles sont toujours quelque peu protectrices. En outre, plus les troupes étaient nombreuses, plus la confusion était grande et moins il était possible de rétablir la régularité des rangs et la bonne disposition des régiments. Enfin la blessure du Maréchal de Mac-Mahon avait rendu la direction incertaine et affaibli le commandement. On songea donc à capituler; on crut, non sans raison, qu'on avait accompli son devoir tout entier.

Voici, d'ailleurs, la réponse que le général de Moltke adressa au général de Wimpffen, quand celui-ci négocia une capitulation jugée nécessaire : « Votre armée ne compte pas en ce moment plus de 80 mille hommes; nous en avons 230 mille qui l'entourent complétement ; toute notre artillerie est en position et peut foudroyer la place en deux heures; vos troupes ne peuvent sortir que par les portes, sans possibilité de se former en avant; vous n'avez de vivres que pour un jour et presque plus de munitions. Dans cette situation, la prolongation de la défense ne serait qu'un massacre inutile; la responsabilité en retombera sur ceux qui ne l'auront pas empêché. » Aussi, à ce moment décisif, un conseil de guerre, convoqué par le général de Wimpffen et composé de trente-deux officiers supérieurs, accepta la capitulation comme une affligeante, mais inévitable nécessité. Toutefois il n'y eut pas unanimité, car deux généraux ont prétendu depuis et contrairement au rapport officiel, avoir émis un avis opposé à toute capitulation. Mais continuer la bataille eût privé la France de 80 mille hommes dont la mort n'eût été qu'une satisfaction donnée à l'amour-propre national. N'était-ce pas la payer trop cher ? N'avait-on pas assez résisté pour que l'honneur fût intact ? Les citoyens qui n'ont pas pris une part active à cette lutte acharnée, n'ont peut-être pas le droit de se montrer plus exigeants et plus susceptibles que ne le furent les trente officiers généraux qui consentirent à regret au douloureux sacrifice que leur imposait le destin.

Il nous reste à discuter la conduite de Napoléon III. Elle a été sévèrement appréciée par tous les contemporains ; tous eussent préféré que le souverain perdît la vie ou s'exposât volontairement à subir le sort que venaient d'éprouver tant de soldats inconnus. Tout homme de cœur pensera certainement que, dans cette catastrophe effroyable, celui qui assumait à tort ou à raison la responsabilité de la guerre ne devait pas le premier offrir son épée au vainqueur. Mais, ce prince étant mort depuis plus de dix ans, l'équité nous impose de ne pas le juger à la légère et de ne pas ternir sans raison la mémoire d'un sourain de la France.

1° En fait ils sont rares les chefs d'Etat qui se sont dévoués pour le salut de leur nation : l'histoire célèbre les noms glorieux du roi athénien Codrus, du roi lacédémonien Léonidas, des consuls romains Décius, Régulus, Paulus Emilius, de Constantin XIII, dernier empereur de Constantinople. Mais, ni le carthaginois Asdrubal, le jour de la reddition de Carthage, ni Persée*, dernier roi de Macédoine, ni nos

---

* Persée ne se laissa mourir de faim en prison, qu'après avoir orné le triomphe du consul.

rois Louis IX et Jean II, dit le Brave, tous les deux faits prisonniers l'un à la Mansourah, en Egypte, l'autre à Poitiers, ni le père de Jean II, Philippe VI de Valois, vaincu à Crécy, ni François Ier, prisonnier à Pavie, ni Napoléon Ier, à Waterloo, n'ont après la défaite ou dans le combat renoncé à la vie pour échapper au déshonneur. Le grand patriote de la Gaule, l'illustre Vercingétorix, lui aussi, attendit mais ne se donna pas la mort. Vaincu, il convoqua l'assemblée et il y exposa qu'il n'avait point entrepris cette guerre pour son intérêt, mais pour recouvrer la liberté commune. Il ajouta qu'on pouvait disposer de sa personne : faites-moi mourir pour apaiser les Romains ou livrez-moi vivant. On choisit ce dernier parti. On envoya des députés à César qui ordonna de remettre les armes et de livrer les chefs ; puis il alla se placer dans le retranchement en avant du camp et là, du haut de son tribunal, entouré des aigles romaines et des légions sous les armes, il reçut la soumission des chefs ; Vercingétorix lui fut amené seul ; il jeta ses armes aux pieds du vainqueur et, muet, immobile, sans implorer sa grâce, sans fléchir le genou, il s'offrit à la colère du consul romain. Celui-ci ne fut pas généreux ; il chargea de chaînes le vaincu ; il le laissa vivre encore six années dans une dure captivité ; puis il l'exposa aux regards avides du peuple de Rome pendant son triomphe ; enfin il le fit étrangler.

Dans une situation analogue, le carthaginois Asdrubal n'attenta pas non plus à ses jours ; cependant il s'était montré vaillant et dévoué : « après avoir poussé, dit l'historien Florus*, les ennemis dans la citadelle, leur seul refuge, les Romains bloquèrent le port de mer. Les assiégés en creusèrent un second dans un autre côté de la ville, non pas pour fuir, le devoir le leur défendait, mais pour que personne ne doutât qu'ils n'eussent pu s'échapper par cet endroit. On en vit tout à coup sortir une flotte qui semblait née par enchantement. Chaque jour, chaque nuit apparaissaient des digues nouvelles, de nouveaux engins et aussi des corps d'hommes que le désespoir poussait à la mort. Se voyant enfin perdus et ayant livré aux flammes les maisons et les temples, quarante mille Carthaginois se rendirent à discrétion, et, ce que l'on croira moins facilement, à leur tête était Asdrubal. Qu'une femme, l'épouse de ce général, montra bien plus de courage ! Prenant avec elle ses deux enfants et ornée de ses plus riches vêtements, elle se précipita du haut de sa maison dans les flammes plutôt que de subir la servitude. » De tous ces faits il résulte qu'en ne s'exposant pas d'une manière spéciale et déterminée à la mort, Napoléon III s'est conduit comme beaucoup de princes dont l'histoire n'a cependant pas flétri la mémoire.

2° Considérons maintenant le droit, c'est-à dire ce qu'il y avait de mieux à faire. Dans toute la suite de notre existence, il nous est loisible ou d'obéir au devoir strict et rigoureusement obligatoire ou de nous élever à un degré supérieur de moralité, en nous dévouant généreusement, soit pour sauver nos conci-

---

* Livre II, 13.

toyens, soit pour nous arracher à la honte. Ce dernier précepte est large et comme abandonné à l'interprétation des grandes âmes et des nobles cœurs. Son accomplissement dépend aussi de l'élan de notre volonté ; il concorde avec un caractère et un tempérament impétueux et ardent. Or, il est possible qu'un guerrier fasse son devoir tout entier, mais qu'il soit en même temps dépourvu d'une spontanéité assez énergique pour aller au-devant du péril, pour chercher la mort au lieu de l'attendre patiemment. Rester à son poste, ne pas reculer, voilà ce que la patrie exige du soldat. Mais elle élève des statues, elle décerne des couronnes civiques à ceux qui, par une vigoureuse initiative, affrontent les hasards, triomphent des obstacles et renoncent à la vie pour tenter un dernier effort.

Napoléon III n'a pas connu le mâle courage qui nous emporte au-delà des limites du devoir ordinaire et nous interdit d'assister impassibles à un désastre. Sans doute il n'a pas reculé ; à Bazeilles il a participé à tous les dangers de la bataille. Mais il n'a pas ressenti cette excitation entraînante qui brave la fortune et seule rehausse le malheur. Ses douleurs, il est vrai, étaient devenues intolérables. Lors d'une première opération provoquée par la maladie dont il mourut, le docteur sir Henry Thompson s'écria en voyant son état : « Il faut que l'empereur ait été mille fois héroïque pour être resté à cheval pendant la bataille de Sedan ; l'agonie a dû être constante. » Néanmoins, s'il a eu la force de se rendre en prisonnier auprès des ennemis, il dépendait donc encore de lui de vendre chèrement sa liberté, de se signaler par quelque action d'éclat. Au contraire, il n'a montré qu'une résignation froide et passive ; il a négligé de suivre le conseil du général de Wimpffen, lui proposant d'essayer une sortie du côté de Carignan. En perdant la vie à cette heure décisive, il eût échappé à l'humiliation : il n'a pas su mourir en combattant ; il n'a pas su lancer au destin le défi suprême.

CHAPITRE SEPTIÈME

Le droit dans la guerre

La guerre n'est pas une odieuse et barbare violation du droit des gens. Avant et après la bataille elle respecte ses légitimes réclamations ; elle ne laisse intervenir la force brutale qu'au moment où tout espoir de conciliation a disparu. Ainsi le veulent aujourd'hui les coutumes des peuples européens. Mais c'est lentement et par des progrès successifs que les hommes ont, dans leurs relations, tenu compte des idées morales. Dans le principe la violence et la rage effrénées, dont le dieu Mars était la personnification, réglaient les différends internationaux. Peut-être tous les peuples ont-ils été primitivement anthropophages ; on peut le supposer sans invraisemblance en remarquant qu'il en existe encore aujourd'hui ; tels sont les Caraïbes dans les Antilles, ainsi que certaines tribus de l'Amérique du Nord et de l'Archipel indien. On sait aussi que plusieurs matelots français ont été mangés en décembre 1850 par les tribus sauvages de Menemer et de Ballep, non loin de Balade qui fut le premier fort que nous construisîmes et occupâmes dans la Nouvelle-Calédonie. D'autre part, le culte des Gaulois nos pères était souillé de sacrifices humains ; les victimes étaient mises en croix ou tuées à coups de flèches, ou brûlées dans des idoles d'osier ; souvent aussi elles étaient immolées sur des dolmens ou tables de pierre : on y voit encore des trous et des rigoles pour l'écoulement du sang. Chez les Grecs, il est constant qu'on apaisait le courroux de la divinité en frappant un enfant ou une jeune vierge. Douze cents ans avant notre ère, Iphigénie avait été par son père destinée à être offerte en sacrifice à Diane, alors que les Grecs, prêts à partir pour Troie, étaient retenus à Aulis, par des vents contraires. Puis Oreste, le frère d'Iphigénie fut sur le point d'être lui-même sacrifié à Diane par le grand-prêtre Thoas. De telles légendes, quoique incertaines pour les détails, nous révèlent néanmoins qu'à cette époque encore barbare, le droit absolu de la personne humaine n'était ni admis ni respecté. Aussi la guerre ne pouvait-elle être que cruelle et sanguinaire ; les prisonniers étaient massacrés ; le cadavre même du vaincu subissait d'horribles mutilations.

Achille traîna trois fois le corps d'Hector autour des murs de Troie. Les anciens Germains se plaisaient dans leurs festins solennels à boire de l'hydromel dans le crâne du vaincu. Aujourd'hui, dans les tribus sauvages, la tête d'un ennemi est un trophée glorieux qui reste longtemps suspendu à l'entrée de la tente.

Mais peu à peu le sentiment de la pitié l'emporta et, par suite d'un progrès considérable, on se contenta de réduire en servitude les prisonniers de guerre. C'est l'une des principales origines de l'esclavage dans les temps anciens, et cette coutume qui provoquerait une indignation générale dans les pays civilisés, constituait cependant un adoucissement appréciable : le droit commençait à naître. Cet usage subsistait encore au temps de César, puisqu'à la prise d'Alésia « chaque soldat romain eut à titre de butin un des prisonniers gaulois*. » Aujourd'hui la plupart des peuples d'Afrique, d'Océanie et quelques-uns d'Amérique sont même au-dessous de ce niveau moral : tout prisonnier est à l'instant mis à mort et souvent il succombe au milieu de cruelles tortures : nulle part la guerre de tous contre tous n'apparaît avec un aspect aussi terrible et sous des formes plus variées. Non seulement les nègres entre eux sont en Afrique dans un état d'hostilités presque constantes, mais les Européens et les Musulmans y jouent un rôle odieux. Les peuples d'Afrique, lesquels sont encore dans l'enfance, ont à lutter, soit contre le prosélytisme des missionnaires mahométans, soit contre la violence et la cupidité des Maltais, des Anglais, des Italiens, des Français et de tant d'autres peuples qui se présentent en civilisateurs et ne songent en fait qu'à trafiquer de la chair humaine. L'introduction de l'islam serait assez avantageuse à ces peuples naissants, car le Coran l'emporte de beaucoup sur leurs grossières superstitions. Mais à cette prédication toute pacifique, bien qu'empreinte encore de fanatisme, s'ajoute la traite des noirs, guerre véritable, jadis inaugurée par les Portugais et autorisée par la reine Elisabeth et par Louis XIII. Les noirs, achetés sur les côtes de la Guinée, étaient entassés sur

---

* *Ex reliquis captivis toto exercitu capita singula prædæ nomine distribuit.* Commentaires VII, 89.

des vaisseaux appelés négriers et transportés ainsi sur les marchés du Nouveau Monde. Plus de la moitié de ces infortunées victimes périssait en route, mais la vente en procurait néanmoins d'énormes bénéfices. Le pont des vaisseaux négriers était percé de meurtrières pour tirer sur ces malheureux en cas de révolte. Aujourd'hui, malgré les croisières établies sur les côtes d'Afrique, la traite subsiste toujours, plus difficile qu'autrefois, mais effective cependant au centre du continent : on voit encore en Afrique des acheteurs d'hommes, des voleurs d'enfants, des entrepreneurs en eunuques ; ils accompagnent les missionnaires arabes ; ils pourvoient le harem en opérant des razzias de nègres. L'Egypte, que l'Angleterre se charge maintenant de civiliser, fournit aux nations voisines ou utilise elle-même chaque année trois cent mille nègres violemment arrachés à leurs pauvres demeures. Cette chasse à l'homme présente toute l'horrible réalité de la guerre, mais d'une guerre que ne rehaussent ni le droit ni l'honneur et que n'embellit pas le prestige de la gloire : les blessures dans la razzia, les traitements barbares, la marche forcée avec le carcan au cou, la fatigue et la fièvre déciment bientôt les vaincus.

On ne se tromperait pas en affirmant que dans les trois derniers siècles plus de cinquante millions d'Africains ont été ainsi perdus pour l'Afrique. Ajoutons que les nègres eux-mêmes se détruisent et sont dans un état mutuel d'hostilités : c'est une loi sociale qu'ils subissent aussi durement que nous. « Il a souvent suffi de quelques années, de quelques mois ou même d'une seule journée, dit Onésime

Reclus*, pour faire descendre une tribu dans d'éternelles ténèbres. Quand Livingstone visita pour la première fois le Zambèze, au-dessus de la cascade de « Fumée tonnante, » il trouva sur les deux rives du fleuve une peuplade puissante, les Makololos, craints et obéis des tribus esclaves. Aujourd'hui, après vingt années, les Makololos sont morts, non pas d'un cataclysme de la nature ou de quelque perte effroyable, mais d'un égorgement dans l'obscurité. Ils ont eu leurs vêpres siciliennes : ils s'étaient tellement déchirés de leurs propres mains dans une guerre de succession, que leurs esclaves soudainement révoltés n'ont eu besoin que d'une nuit pour les anéantir. Le siècle dernier a vu un monarque riverain du Niger bâtir les murs de Ségo dans un fossé plein du sang de soixante mille esclaves, égorgés pour obéir à des prophéties ténébreuses. De nos jours encore le monarque de Dahomey et d'autres avec lui ont pour première ligne de leur charte : le roi naît, vit et meurt dans le sang de ses sujets. »

Tant la guerre nous est naturelle ! Tant les idées de mansuétude et de droit sont lentes à éclairer la raison et à toucher le cœur des hommes !

Cependant, depuis plus de deux mille ans, la guerre est en Europe moins féroce et moins barbare. Un droit international généralement respecté s'est peu à peu établi chez nous. Les légendes poétiques en fournissent la preuve, car, si le farouche Mars était fort honoré chez les Thraces sur les bords

---

* La terre à vol d'oiseau, tome II, page 18.

du Danube et chez les Romains qui le regardaient comme le fondateur de leur empire, il l'était beaucoup moins chez les Grecs ; ceux-ci adoraient plutôt Minerve, la déesse du courage conduit par l'intelligence et cette déesse avait pour attributs, non seulement un casque et un bouclier, mais aussi une branche d'olivier, symbole de la paix qui doit succéder à la lutte ; de plus cette déesse, disait-on, était sortie tout armée du cerveau de Jupiter, c'est-à-dire qu'elle était fille de la raison et de la sagesse ; en effet, elle présidait à la guerre plus savante qui mérite d'être regardée comme un art ; d'elle venaient les diverses inventions qui signalèrent les premiers temps : armes offensives de main ou de jet, la pique, la lance et l'épée, armes défensives de main telles que le casque et le bouclier. C'est encore, sinon de Minerve, du moins de l'intelligence humaine que naquit la stratégie, soit chez les anciens, soit chez les modernes. Autrefois les Macédoniens, jaloux de conserver la milice formée par Philippe et Alexandre, croyaient la phalange invincible ; mais celle-ci, n'étant qu'un gros bataillon carré, profond et épais, ne se mouvait que par masse et d'une seule pièce, tandis que la légion romaine, facilement divisée en petits corps, se rassemblait avec rapidité, se ralliait selon les circonstances, toujours disposée à opérer une conversion, une évolution nécessaire.

Au moyen âge l'invasion des Barbares amena la décadence de l'art de la guerre : la chevalerie peu versée dans la tactique ne s'illustra que par des exploits isolés. Mais, au quinzième siècle, l'invention de la poudre à canon fut le signal d'un immense progrès dans l'art militaire : les pesantes armures devinrent inutiles comme aujourd'hui la plupart des fortifications le sont devenues aussi par l'invention des canons à longue portée. Turenne, Vauban, Frédéric le Grand, Napoléon Ier ont été les promoteurs d'une tactique nouvelle, mais depuis profondément modifiée encore au XIXe siècle ; néanmoins ils ont appris à agir par masses compactes, à diviser les forces de l'ennemi, à le surprendre par des marches hardies et par des attaques habilement combinées. De cette intervention constante de l'intelligence et de la science dans la guerre sortent peu à peu des dispositions plus humanitaires ; le droit des gens se dégage, s'accentue dans ses préceptes importants avec plus de force et de persistance, quand la guerre se fait avec art et à la suite d'un calcul ; car l'intelligence, c'est ici la raison ; or, la raison rejette et répudie les massacres inutiles et l'implacable férocité.

1° Aussi la guerre n'est-elle aujourd'hui permise que dans le cas *d'urgente nécessité*, quand le soin de notre conservation nous autorise à défendre, même par la force, notre personne ou nos biens légitimes. Alors l'injustice d'autrui nous fournit une suffisante justification du mal que nous ferons souffrir à notre ennemi. Encore faut-il apprécier avec soin si, en prenant les armes, on n'attirera pas sur soi ou sur les siens des calamités plus redoutables que celles qu'on espère conjurer. Quand l'utile seul, et non l'honneur, est en jeu, il est raisonnable de s'abstenir, surtout quand l'insuccès a déjà répondu

à nos premiers efforts, car, notre dignité se trouva[it]
comme sauvegardée par le courage dont nous avo[ns]
fait preuve, la prudence et l'habileté nous engage[nt]
à réserver pour une occasion plus favorable n[os]
armes et nos forces. On reste alors sur la défensi[ve].

2° On distingue à ce propos *deux espèces de guerr[es]* :
l'une où l'on a pour but de garantir ce qui no[us]
appartient contre les entreprises d'un agresseur :
se défend ; l'autre où l'on se propose de se fa[ire]
rendre ce qui nous est dû ou d'étendre sa dom[i]
nation sur de nouvelles provinces : on attaque. M[ais]
cette distinction nous semble assez subtile, car [se]
faire rendre, c'est encore se défendre et quant [à]
obtenir un agrandissement de territoire, c'est là [un]
effet ultérieur, incertain et fortuit, qui ne peut [pas]
caractériser une guerre. Deux peuples belligéra[nts]
ont tous les deux l'intention de conquérir quelq[ue]
chose, province ou prépondérance politique, si l[es]
circonstances le permettent. Dès lors ne condamn[er]
que la conquête revient au fond à condamner to[ute]
guerre. Mais c'est là une question plus grave et q[ue]
nous examinerons ultérieurement.

D'autres disent : celui qui commence les actes d'h[os]
tilité agit offensivement ; celui qui les repousse, défe[n]
sivement ; mais il serait fort difficile d'établir et [de]
décider quel est le peuple qui le premier a provoqué [la]
querelle, ou mis sur pied le premier soldat, ou le pr[e]
mier a équipé des vaisseaux ; d'ailleurs, entrer en ca[m]
pagne avant son adversaire ne suffit pas pour qua[li]
fier une guerre. On dit encore : seules les guerres d[é]
fensives sont justes et légitimes, puisqu'on repous[se]
une attaque. Mais quand une guerre n'est-elle q[ue]

défensive ? Pour peu qu'on remonte dans l'histoire, on s'aperçoit que les torts sont réciproques. D'ailleurs, qu'un prince ait nui à un Etat voisin ou l'ait desservi, et que, plus tard, refusant de réparer cette offense, il préfère se laisser attaquer, il subira une guerre, défensive en apparence, mais qu'il aura cependant méritée. On peut facilement se faire déclarer la guerre et être l'offenseur. Laissons donc ces subtilités; souvenons-nous que, dans les deux camps, on prétend tirer le glaive au nom de la justice et pour l'honneur, mais convenons que, de part et d'autre, malgré la réciprocité des revendications, le droit intervient en grande partie dans ces luttes, car, quand même nos prétentions seraient évidemment fondées en raison, quand même l'utilité qu'on espère paraîtrait incontestable, on ne doit pas courir soudain aux armes, mais on est obligé d'essayer de terminer le différend par les voies de la douceur, soit à l'aide des *relations diplomatiques*, soit en sollicitant un *arbitrage*. En outre jamais on n'ouvre les hostilités sans une déclaration officielle et sans le rappel des ambassadeurs.

3° Grotius * admet deux *causes injustes* de la guerre, d'abord la cupidité quand on s'efforce de s'annexer un territoire ou de s'emparer des richesses d'autrui, puis l'ambition quand on recherche la gloire des conquêtes. Mais la violence n'est pas égale dans les deux cas; en effet la cupidité a quelque chose de bas et de vil qu'on dissimule avec soin, tandis que l'ambition ne manque, ni de gran-

* *De jure belli et pacis*, livre II, chap. xxii.

deur, ni de noblesse, surtout si l'on poursuit [la]
gloire dans le but de *répandre la civilisation* et [la]
paix en s'exposant aux périls et en se livrant cou[ra]
geusement aux travaux les plus difficiles, com[me]
fit Alexandre. Nous n'hésiterons même pas à déc[la]
rer qu'*en fait la conscience du genre hum[ain]
accepte et approuve les exploits des conquéra[nts]*.
N'admire-t-on pas leurs hauts faits ? Ne les co[nsi]
dère-t-on pas comme les plus illustres représenta[nts]
de la race et leur nom ne projette-t-il pas com[me]
une trace lumineuse à travers les siècles ?

4° Ensuite, même quand une cause injuste p[ro]
voque des hostilités, on essaye d'en donner *quel[que]
raison vraie et plausible :* on aurait honte [de]
n'écouter que la passion et la force brutale. S[i la]
crainte qu'inspire la puissance d'un empire voi[sin]
nous décide à prendre les armes, cette cause n[']est]
pas sans fondement quand on a acquis la certit[ude]
morale de desseins préparés secrètement co[ntre]
nous. Un soupçon ne nous autoriserait qu'à n[ous]
précautionner, mais une injustice partiellem[ent]
accomplie nous confère déjà le droit et nous imp[ose]
le devoir de ne pas la laisser consommer.

5° Enfin, remarquerons-nous, d'après Puf[en]
dorf*, toute guerre déclarée renferme implicitem[ent]
la convention dont voici à peu près le texte : *fa[ites]
contre moi ce que vous pourrez, et moi de mon [côté]
j'agirai de même contre vous.* C'est un prin[cipe]
général fort important. Une sorte d'entente subs[iste]

---

* Droit de la nature et des gens, tome III, livre VIII, chap. v[i,]
par Pufendorf.

onc et la loyauté n'est pas méconnue de part et autre. Il est même non seulement permis de combattre un ennemi jusqu'à ce qu'on soit à l'abri du danger ou jusqu'à ce qu'on ait recouvré son bien, mais il importe de se donner des sûretés pour l'avenir, en sorte qu'il n'est pas absolument injuste de faire plus de mal qu'on n'en a reçu ; parfois la prudence l'exige. Tels sont les principes de droit international les plus respectés depuis fort longtemps.

6° Aussi jadis les Grecs ainsi que les Romains, et aujourd'hui les peuples européens ont-ils institué des assemblées ou établi des coutumes pour réprimer l'arbitraire et maintenir les décisions des princes dans les limites de la justice. En effet, les Républiques de la Grèce avaient, en vue de l'équité, créé le conseil des *Amphictyons* auquel douze peuples participaient, les Thessaliens, les Béotiens, les Doriens, les Ioniens, les Perrhèbes, les Magnètes, les Locriens, les Œtéens, les Phtiotes, les Maliens, les Phocidiens et les Dolopes. Chacun d'eux envoyait deux fois par an, au printemps et en automne, des députés à l'assemblée générale ; elle se réunissait, soit aux Thermopyles près du temple de Cérès, soit à Delphes. Deux voix étaient accordées à chaque nation présente. L'objet ordinaire des délibérations était de régler, de concilier les différends qui s'élevaient entre ces douze peuples. A l'aide de cette institution, on arrivait à lier, par les nœuds sacrés de l'amitié, les villes de la Grèce et à les obliger à se défendre mutuellement. Souvent, il est vrai, la guerre elle-même surgit des sentences de ce conseil national parce que les Athéniens, les Spartiates ou les Macédoniens essayèrent tour à tour d'y dominer. Mais au moins était-ce une guerre où le droit n'était pas complétement méconnu, car les députés de nations coupables y étaient entendus. Non seulement alors les Amphictyons condamnaient à de grosses amendes et employaient toute la rigueur des lois pour l'exécution de leurs arrêts, mais ils levaient même des troupes pour contraindre les rebelles à l'obéissance : la Grèce donnait ainsi le grand et admirable exemple de la guerre la plus légitime et la plus magnanime.

Voici, d'ailleurs, le serment que chaque député prêtait au début d'une session : « Je jure de ne jamais renverser aucune des villes honorées du droit d'amphictyonie, et de ne point détourner ses eaux courantes, ni en temps de paix, ni en temps de guerre. Que si quelque peuple venait à faire une pareille entreprise, je m'engage à porter la guerre en son pays, à raser ses villes, ses bourgs et ses villages et à le traiter en toutes choses comme mon plus cruel ennemi. » En outre ce serment était accompagné d'imprécations terribles. Mais l'autorité des Amphictyons déclina dès que le roi de Macédoine eut été admis dans cette assemblée et en eut obtenu la présidence.

Quintilien[*] nous a conservé une cause célèbre qui fut autrefois portée devant ce tribunal. Alexandre le Grand ayant pris et saccagé la ville de Thèbes avait trouvé le texte d'un contrat d'après lequel les

---

[*] Institution de l'orateur, livre V, chap. x.

Thessaliens reconnaissaient devoir aux Thébains la somme de cent talents, c'est-à-dire cinq cent cinquante mille francs environ. Mais les Thessaliens lui avaient, non sans intention, fourni des troupes dans cette expédition ; pour reconnaître ce service il leur remit cette dette. Les choses restèrent en cet état tant que vécut Alexandre. Mais, quelques années après sa mort, la ville de Thèbes fut restaurée et reconstruite par Cassandre ; alors les nouveaux Thébains réclamèrent leur dette aux Thessaliens et firent valoir leur droit devant les Amphictyons On ne connaît pas au juste la sentence de ces derniers. Elle fut sans doute inspirée et dictée par la politique.

Toutefois, Quintilien résume ainsi les raisons alléguées par les Thébains : le droit de la guerre n'est ni accepté ni valable devant les tribunaux civils. Les armes ne règlent que ce qui pourra être pris et retenu par les armes ; le vainqueur n'acquiert que ce qu'il peut saisir avec les mains ; son droit cesse quand il s'agit d'une chose incorporelle, telle qu'une dette contractée civilement et en temps de paix ; un vainqueur n'est pas un héritier. D'autre part, ce qui est dû au peuple est aussi dû à chaque citoyen ; et puisqu'il reste encore quelques habitants de l'ancienne Thèbes, ils représentent leurs concitoyens et la dette subsiste. Mais Pufendorf[*] répond ainsi en faveur des Thessaliens : les coutumes des peuples admettent comme juste toute action qui résulte d'une guerre faite d'autre part selon le droit des gens ; le

---

[*] Droit de la nature et des gens, livre VIII, chap. VI, § 20.

premier maître n'a aucune prétention à formuler pour recouvrer civilement ce qu'il a perdu par les armes. La paix qui survient a pour effet de consacrer cette première possession obtenue par la victoire ; chacun devient et reste légitime possesseur de tout ce qu'une clause du traité de paix ne l'oblige pas à rendre. En s'emparant de la ville de Thèbes, Alexandre succédait aux Thébains à l'égard des Thessaliens ; il dépendait de lui d'exiger de ces derniers le règlement de leur dette ; que s'il les a tenus quittes, la chose se trouve définitivement arrangée. D'ailleurs, il était avéré qu'Alexandre avait complétement détruit la ville de Thèbes et qu'ainsi ceux qui relevèrent ses murs, constituaient un peuple nouveau et incapable en bonne justice de réclamer quoi que ce soit au nom des anciens Thébains ; l'occupation du même territoire ne fondait pas suffisamment leur revendication.

De la Grèce passons à l'Italie. Rome elle-même, quoique fondée sur la guerre cruelle et sanguinaire à laquelle présidait le dieu Mars, a voulu aussi que le droit n'en fût pas exclu. Quand le maître d'école de Faléries se présenta à Camille pour lui livrer par trahison les fils des premiers citoyens, celui-ci indigné lui répondit : « La guerre reconnaît des lois aussi bien que la paix, *sunt et belli sicut pacis jura.* » On faisait, en effet, remonter jusqu'à Numa la création du *collège des Féciaux*, lesquels avaient pour fonction de déclarer la guerre et de conclure les traités de paix. On les regardait comme les représentants naturels du droit des gens ; ils intervenaient comme médiateurs, écartant toute guerre injuste et accompagnant les députés du peuple romain. Quand, après trois réclamations répétées à dix jours d'intervalle, on n'obtenait pas justice et que la nation ennemie était éloignée, le fécial se plaçait près d'un champ situé aux portes de Rome et qui était considéré comme le territoire ennemi ; aussi l'appelait-on *ager inimicus*. De là il lançait sur ce champ un javelot teint de sang et prononçait les paroles suivantes : parce que le peuple étranger a fait la guerre au peuple romain et a eu tort, moi et le peuple romain lui déclarons la guerre. Sans cette fiction d'un champ ennemi consacré à de telles déclarations, cette ancienne coutume serait bientôt tombée en désuétude, ce à quoi le Sénat ne consentit jamais.

Les féciaux prononçaient des sentences même contre leurs compatriotes quand l'équité l'exigeait, et ils livraient les coupables aux plaignants. Il leur appartenait de décider sur les insultes faites aux ambassadeurs, sur la rédaction et le texte des traités, sur l'opportunité d'une trêve. Néanmoins, leurs sentences étaient subordonnées à l'assentiment préalable du roi, du Sénat et de l'empereur. En partant pour une mission, chacun des féciaux portait une couronne de verveine et devait être accompagné d'au moins trois collègues. Leur code ou droit fécial constituait un ensemble de formules appliquées encore sous les Antonins et qui se rapportaient à toutes les questions internationales. Entre autres prescriptions, ce code ordonnait qu'on respectât religieusement les stipulations des traités, mais, quand un général romain avait signé une paix honteuse et que le Sénat croyait ne pas pouvoir l'accepter, il désavouait cet acte auquel il n'avait nullement participé ; puis, pour que la sainteté du serment ne fût pas violée, on remettait entre les mains des ennemis les signataires de cette convention. Ainsi, quand, à la journée de Caudium, les consuls Véturius et Postumius enveloppés avec leur armée par les Samnites, eurent capitulé et passé par les Fourches, ils furent, sur la proposition même de Postumius, livrés à l'ennemi pour répondre personnellement du pacte qu'ils avaient accepté. Plus tard ce grand exemple fut imité, après que Mancinus eut fait la paix avec les Numantins sans l'approbation du Sénat. Il demanda lui-même à leur être livré pour que les féciaux pussent permettre de la rompre. Concluons donc que les nations anciennes n'admettaient pas que la guerre ne fût qu'une sauvage barbarie ; on s'efforçait avec le plus grand soin de se conformer aux traditions des ancêtres et de tenir compte des exigences du droit.

Ensuite nous trouvons au moyen âge une coutume remarquable dont le but était de restreindre et de limiter le temps consacré aux hostilités ; on l'appela la trêve ou la *paix de Dieu*, usage plus d'une fois méconnu sans doute, mais que la papauté réussit néanmoins à répandre pour remédier à la misère et aux calamités qui naissaient des guerres publiques ou privées. Elle remonte au Xe siècle ; elle consistait en une suspension d'armes que les seigneurs féodaux devaient maintenir, au mois de décembre, depuis l'Avent jusqu'à l'Epiphanie et ensuite durant le temps pascal jusqu'à la Pentecôte ; on devait aussi renoncer à se battre durant les jours des principales fêtes, et de plus ne violer ou saccager ni les églises, ni les cloîtres, ni les cimetières, ni l'intérieur des villages, ni les moulins. Cette trêve de Dieu fut une heureuse mais éphémère tentative de convention internationale ; on y avait inséré des peines contre les chevaliers qui l'avaient enfreinte : leurs biens étaient confisqués et passaient à leurs héritiers naturels

Signalons encore, mais dans les temps modernes, un important système de politique internationale, *l'équilibre européen*, dont le but est de protéger les faibles contre les forts, de mettre au ban des nations les spoliateurs des peuples et les violateurs des traités ; ainsi la guerre devient plus juste et ne pourrait que rarement dégénérer en une constante et inique oppression ; par des alliances habilement ménagées, les grandes puissances se contrebalancent et se garantissent mutuellement leur propre liberté. C'est à la lutte de François Ier contre Charles-Quint qu'on a coutume de faire remonter ce grand principe de notre droit des gens : l'Europe entière se sentit alors menacée par le prince qui se vantait de ne jamais voir le soleil se coucher sur ses vastes Etats. A son tour la France, sous les règnes de Louis XIV et de Napoléon, a ressenti les effets de cette coalition des Etats opprimés.

Enfin le droit international admet, dans le but de grouper les peuples et de conjurer les guerres naissantes, un autre principe aussi fécond, celui des *nationalités*, en vertu duquel les descendants d'une grande famille humaine, jadis unis, aujourd'hui séparés politiquement, tendent à se reconstituer en un seul corps de nation ; tout les y invite, l'unité de la langue, la ressemblance des coutumes et de la religion, les mêmes ancêtres et le même génie. L'Autriche a failli succomber en 1848 sous l'influence de cette communauté de races qui se liguent pour reconquérir leur ancienne autonomie ; cette tendance est conforme à la justice et les guerres qui en sont nées étaient donc, au moins en partie, fondées sur le droit. N'était-ce pas, en effet, d'une manière tout artificielle que la maison de Hapsbourg avait réuni, sous le sceptre d'un prince allemand, les Slaves de Hongrie, les Tchèques de Bohême et les Italiens du royaume Lombard-Vénitien ? Aussi, invoquant cette communauté des races et en tirant parti pour le succès de ses projets ambitieux, le tzar Nicolas s'est autrefois présenté à l'Europe comme le chef de la famille slave : « Depuis un demi-siècle, dit un publiciste contemporain *, la Russie entoure les peuples schismatiques de Turquie et d'Autriche d'une protection toute spéciale. Promesses, dons magnifiques, rien n'est épargné pour les séduire. Des ornements sacrés envoyés par la Russie remplissent leurs églises. Les savants de Prague reçoivent toute sorte de gratifications du tzar, comme récompense des services rendus à la cause des lettres slaves. » Il est vrai qu'un autre panslavisme s'est aussi constitué, et peut-être est-il plus naturel que celui dont la Russie dirige et soutient les revendications ; nous voulons

* M. Cyprien Robert ; les deux panslavismes, *Revue des Deux-Mondes*, octobre 1846.

parler du panslavisme qui tend à former de l'Illyrie, de la Bohême, de la Valachie, de la Transylvanie, de la Pologne et de la Lithuanie, une confédération d'Etats indépendants qui se placeraient entre la Russie et l'Allemagne. Quel que soit le résultat futur de ces tentatives, on conviendra que, par de lentes trasformations, la guerre, bien qu'elle sévisse encore très souvent, admet l'influence bienfaisante d'idées empruntées à l'antique parenté des ancêtres ; le droit autorise alors et circonscrit les hostilités ; l'esprit d'union pénètre dans la politique pour rendre légitime la défense d'intérêts communs et pour atténuer les effets de la discorde.

7° Mais, outre ces principes très généraux et qui indiquent surtout la direction suivie par les gouvernements, le droit des gens consiste aussi en un certain nombre de *maximes* et de *lois* que nul code ne renferme officiellement, mais qui sont comme gravées dans la conscience des peuples et qu'un chef d'armée ne violerait pas impunément. En effet, la réprobation universelle frapperait certainement d'un stigmate odieux, non seulement le chef d'Etat qui ouvrirait les hostilités sans *manifeste* ni *déclaration*, mais encore celui qui n'aurait pas préalablement tenté toutes les voies de conciliation, celui qui n'aurait pas *consulté* d'une manière indirecte ou expresse *les députés de la nation ;* car ce sont les citoyens qui verseront leur sang pour la patrie, il est donc juste qu'ils apprécient la gravité des raisons qui rendent nécessaire une entrée en campagne. Cette intervention du peuple, réglant lui-même ses destinées, devient la plus importante garantie de la légitimité de la guerre ; la conscience publique serait révoltée, si le chef de l'Etat opprimait violemment les pays voisins ou s'il enfreignait les lois de l'honneur et de l'équité. Un prince se laisse plus facilement entraîner à une revanche hardie ou à des conquêtes lointaines quand il dispose d'un pouvoir absolu : il cède, soit aux suggestions d'habiles flatteurs, soit à son propre amour de la gloire. Au contraire, la volonté nationale est comme la résultante de toutes les consciences individuelles, et, quand même l'opinion publique, mal éclairée, approuverait peut-être momentanément des actes répréhensibles ou téméraires, une réaction ne tarderait pas à se produire. D'ailleurs, nous ne parlons pas ici d'un droit absolument parfait, mais de cette moralité moyenne qui tôt ou tard l'emporte et dont les progrès, lents parfois, sont cependant certains.

Au moyen âge la *déclaration* de guerre consistait en ce qu'un héraut, dépêché au chef ennemi, se présentait à lui dans une audience solennelle et le provoquait en jetant à ses pieds un gantelet en signe de défi. On a aujourd'hui renoncé à ces démonstrations ; on préfère rompre toute relation diplomatique en rappelant les ambassadeurs. Mais auparavant on prend soin de présenter un *ultimatum*, c'est-à-dire d'exposer nettement les dernières et irrévocables conditions que l'on met au maintien de la paix. Un *ultimatum* suppose sans doute des intentions hostiles ; toutefois, il constitue encore une démarche pacifique ; c'est le dernier appel à la conciliation ; le rejeter entraîne nécessairement des mesures violentes dont la responsabilité incombe à la nation provocatrice. On ne saurait donc nier que la guerre ne soit aujourd'hui entourée de précautions qui révèlent un progrès réel dans le droit international. Aussi, quand un général est chargé d'une expédition et muni de pleins pouvoirs, il peut sans doute agir contre l'ennemi, mais son autorité ne va pas jusqu'à pouvoir entreprendre une nouvelle guerre ni conclure la paix définitivement. Dans le cas où son pouvoir admettrait des limites, il lui faudrait les respecter à moins d'être réduit à la nécessité de se défendre. Ensuite le souverain est libre de ratifier ou de désavouer une entreprise quelconque d'un général. Un désaveu a pour résultat de transformer en brigandage toute attaque non autorisée et l'on devrait ou livrer les coupables ou réparer le dommage.

8° Enfin, quand la paix a été rompue, les hostilités sont elles-mêmes circonscrites et la *neutralité* se trouve étendue à toutes les nations étrangères à ce conflit; elles restent en paix avec les puissances belligérantes ; leur territoire demeure inviolable ; livrer passage à des troupes constituerait une participation aux hostilités et entraînerait une extension de la guerre ou des représailles immédiates. La neutralité est *générale* quand, n'étant l'allié d'aucun des ennemis, on est disposé à rendre à l'un et à l'autre les bons offices qu'impose la sociabilité. Mais elle est *particulière*, si par quelque convention expresse, on s'est formellement engagé à demeurer indifférent à la lutte. Ajoutons que cette dernière sorte de neutralité est elle-même entière ou limitée, et en tout cas elle reste essentiellement libre, car nul ne pour-

rait légitimement contraindre un peuple à ne jamai[s]
participer à un conflit, alors qu'à un moment donn[é]
il est à craindre qu'il en subisse les effets. Seule l[a]
neutralité générale est de droit commun et doit êtr[e]
réclamée, car tout belligérant est fondé à exige[r]
d'un voisin que l'un des rivaux ne soit en rien favo[-]
risé ; si quelque service d'humanité est rendu à l'u[n]
d'eux, il ne faut pas le refuser à l'autre. Enfin, si[,]
poussé par une extrême nécessité, l'un des belligé[-]
rants s'empare d'une place située en pays neutre[,]
l'équité lui fait un devoir de la rendre dès que l[e]
péril est passé et même en payant des dommages.

Sur mer il ne serait pas juste que les peuple[s]
neutres s'enrichissent aux dépens des nations belli[-]
gérantes et en attirant à eux un commerce momen[-]
tanément interrompu ; ne serait-ce pas, en effet, s[e]
mêler indirectement et fort imprudemment à ce dé[-]
bat ? Il est vrai, toutefois, que cette neutralité mêm[e]
a besoin de trouver dans la force un appui protec[-]
teur ; il importe qu'un état qui désire conserver so[n]
indépendance et ne pas s'immiscer dans les querelle[s]
de ses voisins ou devenir victime de leurs violence[s]
impose lui-même le respect en mettant sur pied un[e]
armée de défense, laquelle ne prendra part au confli[t]
qu'après une provocation directe. La troupe chargé[e]
de soutenir cette neutralité doit être suffisante, et[,]
quand la défaite jette sur son territoire les soldat[s]
vaincus, son premier devoir est de les désarmer ains[i]
que de les retenir jusqu'à la conclusion de la paix[:]
ce sont des prisonniers qu'au moment opportun leu[r]
patrie réclamera, mais à qui leur entrée sur un pay[s]

neutre interdit de recommencer immédiatement la lutte.

La navigation maritime présente et laisse subsister les plus graves difficultés dans la détermination du *droit des neutres*, car la mer est plus que le continent favorable aux fraudes les moins dissimulées. Sur ce point, aucun code fixe et reconnu n'a encore été accepté par toutes les nations. Trop souvent le droit du plus fort règle les différends de ce genre. Cependant, on admet généralement aujourd'hui que le commerce des nations neutres avec celles qui sont en guerre, reste légitime et conforme à l'équité : principe dont la formule est que *le pavillon couvre la marchandise*, mais à la condition expresse que le transport d'armes ou de munitions, au profit d'une des puissances rivales, ne résulte jamais de cette tolérance. Dès lors, on admet aussi, à titre de conséquence, que tout blocus n'est légitime que s'il est *effectif*; aussi, quand il arrive qu'un vaisseau neutre a réussi à éviter les croisières ennemies, cet acte ne devient pas une violation du droit, car la mer est essentiellement libre et l'on ne peut pas saisir sur un bâtiment neutre la propriété de l'ennemi. Ces principes ont jadis été insérés en 1766 dans les traités que conclurent l'Angleterre et la Russie ; on les retrouve dans le pacte mutuel accepté en 1778 par la France et les Etats-Unis. La Russie y accéda de nouveau deux années plus tard dans une déclaration restée célèbre, que reconnurent l'Autriche et la France, mais que l'Angleterre repoussa, elle qui cependant, quatorze ans auparavant, les avait la première proclamés.

Les choses ne s'améliorèrent pas au commencement du XIX° siècle, sous le premier empire : l'antagonisme acharné de l'Angleterre et de la France troubla en Europe les relations commerciales. La Grande-Bretagne était exposée à périr au milieu des denrées du monde entier accumulées dans ses ports, attendu que les victoires de Napoléon le rendaient maître de la moitié des rivages européens. Mais les Anglais répondirent à cette exclusion en interdisant aux bâtiments des puissances, même neutres, toutes les côtes de l'Océan : c'était une cruelle extension du droit de la guerre. L'empereur s'en vengea par le décret de Berlin du 21 novembre 1806 ; il y déclarait les îles Britanniques elles-mêmes en état de blocus ; le commerce avec ces îles était rigoureusement interdit : toute marchandise anglaise était confisquée et tout sujet anglais, saisi sur le continent, devenait prisonnier de guerre : la tyrannie sur mer avait ainsi provoqué la tyrannie sur terre. Quel que soit le jugement qu'on porte sur ces actes, il demeure incontestable que les intérêts des Etats secondaires furent alors sacrifiés ; de part et d'autre le droit des gens était méconnu dans ses principes essentiels. Mais, en 1854, on revint à une entente plus équitable. Au moment de déclarer la guerre à la Russie, la France et l'Angleterre firent alliance et tombèrent enfin d'accord pour délimiter les droits dont jouissent les navires des nations neutres. Jusqu'à ce moment l'Angleterre prétendait que la propriété, même neutre, était saisissable sous pavillon ennemi. A la suite d'une discussion amicale, la France adopta *la franchise de la marchandise neutre* et l'Angleterre celle du pavillon neutre. La France cessa d'armer des navires en course et l'Angleterre ne regarda plus comme valable et légitime la simple notification diplomatique du blocus*.

Remarquons, d'ailleurs, qu'au XIXe siècle la *piraterie* est formellement interdite par les lois. Non seulement un équipage coupable de déprédations et de violences commises sur un navire français ou allié de la France serait poursuivi, mais encore tout marin, naviguant sans passeport ou sans commission, ainsi qu'un commandant de navire qui serait porteur d'autorisations données par plusieurs gouvernements, car on n'a qu'une patrie et qu'un maître, et celui qui prétendrait en servir davantage, aurait sans doute l'intention secrète de trahir tout le monde.

Mais des lois si sages et si conformes au droit sont le fruit d'un progrès lent et pénible ; elles ont exigé de persistants efforts. Autrefois, malgré la domination toute-puissante de Rome, la mer Méditerranée était infestée de forbans, véritables écumeurs de mer qui plus d'une fois tentèrent d'affamer l'Italie en interceptant le blé qui arrivait d'Egypte. Pompée fut envoyé contre eux et il ne réussit qu'à en délivrer l'Italie ; ces pillards continuèrent encore à ra-

---

* Voir dans l'important ouvrage de sir Robert Phillimore sur le siège d'une ville maritime, les conditions du blocus d'un port indépendamment du blocus de toute la côte ennemie : une facilité accordée par celui qui a déclaré le blocus pour entrer ou sortir d'un port n'invalide pas le blocus. De plus un belligérant peut à son gré ne bloquer que les ports militaires et non les autres, et même rien que les points qu'il juge nécessaires pour capturer la contrebande de guerre.

vager les côtes de la Grèce, de l'Afrique et de l'Espagne. Leur principal repaire était en Cilicie*; mais ils avaient sur toutes les côtes des arsenaux considérables et des lieux de retraite. Rome, d'ailleurs, avait elle-même contribué à grossir leur nombre en imposant à Mithridate de licencier ses flottes, car ses marins, livrés à eux-mêmes, ne quittèrent pas la mer et, s'ils avaient pu accepter une discipline et une direction, ils eussent certainement suscité à Rome les plus grands embarras.

Plus tard les invasions des barbares eurent pour conséquence immédiate la recrudescence de la piraterie et son extension aux mers du Nord. Les côtes de la Baltique et celles de l'Océan Atlantique furent désolées par les pirates danois et normands; ils pénétraient même sur le continent et remontant le cours des grands fleuves, ils rançonnaient les villes, pillaient les côtes et coupaient les approvisionnements. Cet état dura plusieurs siècles. Quand, chez les peuples scandinaves, un chef se trouvait à l'étroit sur son domaine ou en était expulsé par un rival, il se faisait pirate et guerrier errant, emmenant avec lui des champions dévoués à sa personne. Ils opéraient une descente avec impétuosité et choisissaient, pour piller, les nuits orageuses pendant lesquelles ils avaient la mer libre et abandonnée des autres marins. Alors, bondissant sur leurs frêles embarcations, ils saisissaient un îlot, s'installaient dans un port de difficile accès; puis, sur la fin du jour, semblables aux oiseaux de proie, ils attaquaient un

---

* Dans l'Asie mineure.

château isolé, pénétraient dans un couvent, le mettaient à contribution et souvent même, s'emparant des chevaux qu'ils avaient çà et là recueillis et dérobés, ils parcouraient au loin le pays et partout y portaient la dévastation.

Au XV° siècle, la prise de Constantinople, en imprimant à la domination musulmane un prodigieux essor, eut aussi pour résultat de faire surgir des états barbaresques, au nord de l'Afrique, une multitude de pirates auxquels les chevaliers de Rhodes et de Malte répondirent par des poursuites vigoureuses et persistantes; néanmoins les côtes de l'Italie, de la France et de l'Espagne souffrirent beaucoup des attaques de Chéreddin Barberousse et de Dragut. Plusieurs princes chrétiens réussirent enfin à établir au moins en partie la liberté des mers : Charles-Quint s'empara de Tunis ; Louis XIV fit bombarder Alger en 1682, puis en 1688, et il maintint armés plusieurs bâtiments chargés de faire par des courses hardies la police des mers. De là le métier de *corsaire*, si utile au commerce et longtemps reconnu comme légitime et honorable, métier que, sous Louis XIV, Jean Bart, Duguay-Trouin, Ducasse, sous l'empire, Surcouf, ont illustré à force d'audace et de patriotisme. Le gouvernement français leur délivrait des lettres de marque pour faire main basse sur les navires ennemis.

Mais, en 1856, après la guerre de Crimée, le congrès de Paris promulgua une déclaration internationale qui abolit et la course et les lettres de marque : nouvelle législation que seule a rendue possible l'occupation d'Alger par la France depuis

1830. Aujourd'hui, la piraterie n'apparaît plus que sur les côtes du Maroc et en Asie dans les îles de la Sonde et de la Malaisie, car les flibustiers d'Amérique qui, au XVII⁰ siècle, ravagèrent la mer des Antilles et les colonies espagnoles, ont disparu, grâce à la surveillance armée de l'Angleterre et des Etats-Unis. Telles sont les principales phases du droit maritime ; espérons que le protectorat exercé désormais par la France à Tunis et par l'Angleterre en Egypte maintiendra un progrès si désirable et si important : ainsi les nations tendront peu à peu à se sentir véritablement sœurs.

9° Les peuples, pas plus que les individus, ne vivent dans l'isolement ou ne renoncent à leur passé ainsi qu'à leur destinée. Le plus fort ne se rue plus comme jadis sur le plus faible pour l'exterminer ou le réduire à la servitude. D'abord, à l'état de paix, séjournent, soit dans les capitales, soit dans certains ports de mer, des *ambassadeurs* ou des *consuls* qui veillent aux intérêts de leurs nationaux, qui sont pour ces derniers la vivante image de la patrie absente et qui en outre entretiennent chacun des relations mutuelles entre leur propre pays et le gouvernement auprès duquel ils sont accrédités. Les anciens n'ont pratiqué que des *ambassades temporaires* ; elles ne sont devenues régulièrement *permanentes* que depuis les traités de Westphalie, en 1648. Par ce moyen les Etats jettent les bases d'un accord nécessaire aux entreprises communes. Puis, quand la guerre éclate, les ambassadeurs sont *rappelés* de part et d'autre, car ils sont personnellement porteurs de la souveraineté et de l'indépendance do leur patrie respective, à tel point que la demeure d'un ambassadeur est inviolable ; les actes qu'on y commet ne relèvent de la juridiction ni civile ni criminelle de l'Etat qui accorde l'hospitalité.

Ensuite, si les hostilités sont engagées, toute justice n'est pas abolie, car on ne doit ni *empoisonner les sources*, ni *sévir contre les populations désarmées ;* le *prisonnier* est traité avec humanité : il n'est soumis qu'à la discipline ordinaire et, si la douleur de la défaite n'attristait pas son âme, s'il ne souffrait pas de savoir que la prospérité de la patrie est atteinte et amoindrie, il pourrait presque considérer cette prison comme relativement douce, eu égard aux fatigues que subissent et aux dangers que bravent ses propres concitoyens. De même, on doit aussi renoncer aux *armes empoisonnées* encore en usage chez les peuples barbares d'Afrique, tels que les Zoulous ; on serait également mis au ban des nations civilisées si l'on se servait de *balles mâchées* ou *explosibles*, car le droit des gens permet de tuer l'ennemi pendant le combat, mais non d'augmenter et de prolonger à dessein les souffrances.

10° De même, les *parlementaires* ainsi que les *otages* sont respectés, et cet usage, si fréquent dans l'antiquité et au moyen âge, n'a donné lieu qu'à de rares violations, celle entre autres des Athéniens qui firent périr les ambassadeurs du roi des Perses, et celle des Tarentins à l'égard des députés de Rome, d'où surgit la guerre de Pyrrhus. Pour les otages, une coutume barbare autorisait autrefois leur massacre quand le gouvernement qui les avait fournis manquait à ses promesses. A notre époque, plusieurs officiers généraux restent parfois au camp ennemi jusqu'à l'exécution des principaux articles d'un traité ; mais l'opinion publique flétrirait toute cruauté à leur égard ; il ne serait permis que de les retenir à titre de prisonniers de guerre. C'est la conséquence légitime de cette loyauté qui préside à tous les règlements militaires. Nulle part l'esprit du devoir désintéressé et du sacrifice à la patrie ne domine avec autant de force.

11° Non seulement la *désertion* à l'ennemi, non seulement la trahison et les complots sont punis de la peine de mort, mais encore la désertion à l'intérieur est sévèrement réprimée. En outre tout *embaucheur* ou complice d'embauchage pour une puissance en guerre avec la République est puni de mort* ; le même châtiment est infligé à celui qui est convaincu *d'espionnage* pour l'ennemi, et à tout étranger surpris à *lever les plans* des camps, quartiers, cantonnements, fortifications, arsenaux, magasins, manufactures, canaux et rivières. Enfin le *pillage*, la *dévastation*, l'*incendie*, la *maraude* même sont rigoureusement interdits ; sauf pour la maraude, la peine de mort est prononcée contre tous ces crimes. Le *viol* commis par un militaire est puni de huit ans de fer, et même de mort si la fille ou la femme violée est morte des excès commis sur sa personne. Le législateur a encore voulu que la *dépouille* de ceux qui sont morts pour la patrie ne devînt pas l'objet et le but d'une rapacité hon-

---
* Loi du 11 novembre 1796.

teuse : tout militaire qui, hors le cas d'un ordre donné par le général, serait convaincu d'avoir, pendant ou après une action et sur le champ de bataille, dépouillé un homme tué au combat, subirait cinq ans de fer, et, s'il était encore vivant, dix ans de la même peine ; enfin, s'il a été mutilé ou tué pour s'assurer sa dépouille, ce crime est assimilé à un assassinat et l'on prononcerait la peine de mort. Le détenteur ou dépositaire des effets enlevés à un soldat blessé ou tué sera chassé de l'armée.

Quant à la maraude, elle méritait d'être punie moins sévèrement, car elle devient parfois une nécessité. Néanmoins, tout sous-officier ou volontaire qui, s'étant introduit dans la maison, cour, bassecour, jardin, parc ou enclos de l'habitant, sera convaincu d'y avoir pris, soit bétail, soit volaille, viande, fruits ou fourrage, sera condamné à faire deux fois le tour du quartier, le reste de la troupe étant dehors et sous les armes : il portera ostensiblement la chose dérobée, ayant son habit retourné, et sur la poitrine un écriteau apparent, portant le mot maraudeur en gros caractères. Mais, quand il s'agit d'un officier, lequel doit maintenir la discipline et l'honneur militaire, la sanction est plus grave : il est destitué, chassé du corps, puni de deux ans de prison, incapable d'occuper aucun grade dans les troupes de la République, déchu de tout droit à la pension et même enfin, s'il a conduit ses soldats à la maraude, il est puni de mort. Sans doute, ces prescriptions ne sont pas toujours religieusement observées ; le mouvement provoqué par les marches parfois précipitées des corps d'armées, la difficulté de subsister en pays ennemi, nécessitent souvent la licence du soldat et l'indulgence des chefs. Néanmoins, ces règlements témoignent que le droit se fait jour à travers les violences inhérentes à la guerre ; tout n'y est pas cruauté, pillage et dévastation. D'ailleurs, la guerre n'a-t-elle pas été instituée en vue du redressement des torts, en vue du respect de l'équité ?

Il y aurait manque de logique si, dans une coutume établie pour venger le droit méconnu, le droit lui-même était complétement foulé aux pieds. Il intervient donc avec force, avec efficacité, car si, comme nous le soutenons, l'homme est aussi insociable que sociable, néanmoins il est moral et il éprouve un besoin urgent de l'homme. Aussi fort souvent des relations amicales unissent-elles à la fin deux peuples jadis rivaux. Il est de l'intérêt du vainqueur de ne pas tirer longtemps et durement parti de sa victoire ; il en faut toujours revenir, surtout dans les traités, à certaines concessions mutuelles.

Bientôt à la violence succède la générosité bienveillante ; ainsi se consolident les royaumes ; ainsi se perpétuent légitimement les extensions de territoire. L'historien Salluste[*] met dans la bouche de Mithridate, roi de Pont, en Asie Mineure, les paroles suivantes adressées à Tigrane, roi d'Arménie : « Ignores-tu que les Romains ne possèdent rien sans l'avoir ravi et arraché ? Leurs demeures, leurs épouses, leurs champs, leur domination, tout a été pour eux le fruit de la spoliation. Jadis sous Romulus, errants et sans patrie, ils n'ont fondé une ville

---

[*] Salluste, fragments, IV.

que pour le malheur des hommes ; ni les lois humaines, ni les lois divines ne les ont empêchés de détruire leurs alliés, leurs amis. Les Romains sont armés contre l'univers entier et surtout contre ceux dont la dépouille sera riche et considérable. Ils sont devenus grands à force d'audace, de fraudes, et en faisant succéder la guerre à la guerre. »

Ces assertions de Mithridate ne renferment que la moitié de la vérité ; il y faut joindre les réflexions suivantes de Cicéron, extraites de son livre des Devoirs * : « Aussi longtemps que la domination du peuple romain fut appuyée sur les bienfaits et non sur les injustices, les guerres se firent, ou pour la cause des alliés, ou pour la suprématie, et la clémence ou la nécessité en réglèrent les suites ; le Sénat était le port et le refuge des rois, des peuples, des nations. Nos magistrats et nos généraux mettaient leur gloire et leur ambition à pourvoir, par la justice et la loyauté, au salut des alliés et des provinces. Aussi peut-on dire que l'univers était sous la protection bien plus encore que sous l'empire de Rome. Cette coutume et cette politique allaient déjà s'affaiblissant peu à peu, lorsque la victoire de Sylla acheva de les renverser. On cessa de croire qu'il y eût rien d'inique envers les alliés, après ce que la cruauté s'était permis contre les citoyens. Ainsi, dans une cause honorable, Sylla déshonora la victoire : il osa dire, après avoir dressé la pique des enchères, lorsqu'il vendait publiquement les biens

---

* *De officiis, II*, 8.

d'hommes honnêtes, riches, et ses concitoyens tout au moins, qu'il vendait son butin. »

L'histoire nous autorise, croyons-nous, à étendre à tous les peuples ces remarques si profondes de Cicéron et surtout à constater avec lui que là où le droit apparaît le moins, c'est dans la guerre civile et, ajouterons-nous, dans la guerre religieuse. Dans ces deux cas, en effet, rien n'égale la fureur des partis; tous les liens sociaux sont rompus. On proclame audacieusement que la fin justifie les moyens; cette maxime, que la conscience réprouve, est répétée pour justifier les doctrines où le salut prétendu de l'Etat ou de la religion est invoqué comme la loi suprême. On érige en principe absolu la souveraineté du but et de l'idée, et l'on excuse ainsi les mesures dites de salut public.

Sans doute, les guerres internationales ne respectent pas complétement le droit, puisque le citoyen s'y sacrifie ou y est sacrifié au salut de tous, mais, outre qu'elles ont un caractère de nécessité que ne possèdent pas les discordes et les luttes sanglantes des sectes ou des factions, nous avons constaté qu'elles sont, au moins tacitement, voulues par la *nation entière* et que, sous plusieurs formes, elles laissent les grandes idées de droit et de générosité s'interposer entre les combattants avant, pendant et après la bataille. Aussi, le soldat qui a défendu sa patrie reste-t-il honorable et honoré ; au contraire, on flétrit la mémoire de celui qui, devenu l'ennemi des siens, veut encore en être le vainqueur; on élève des statues, on décerne des couronnes au général qui a triomphé, non pas de ses concitoyens, mais des nations ennemies.

12° Non seulement les lois de la guerre exigent qu'on épargne les personnes, mais elles s'opposeraient encore, sauf le cas d'une évidente nécessité, à ce que *les œuvres d'art, les monuments*, fussent détruits ou violemment dispersés. S'il est habile pour une armée victorieuse de laisser subsister les coutumes, les cérémonies religieuses, le langage du peuple vaincu, la politique et la générosité commandent aussi de ne porter aucune atteinte aux richesses artistiques léguées par les ancêtres. L'amour-propre national s'intéresse vivement à ces glorieux restes du passé ; ils sont la trace d'une civilisation chère à tous et ils doivent être conservés là où le génie d'un peuple les a inspirés et produits. Ni le vandalisme qui détruit, ni la violence du vainqueur qui transporte au loin des chefs-d'œuvre destinés désormais à décorer une autre patrie, ne méritent notre approbation. Cicéron a raison de blâmer le consul Mummius pour avoir livré au pillage les statues, les tableaux, les temples de Corinthe ou pour les avoir enlevés et apportés en Italie. Honneur, au contraire, au général Oudinot qui, voulant conserver intacts les magnifiques palais et les églises si antiques et si belles de Rome, préféra, en 1849, retarder la prise de cette ville dont il eût pu s'emparer en quinze jours.

D'ailleurs, un grand principe tend aujourd'hui à l'emporter partout en Europe, en Asie et en Amérique, à savoir qu'une nation ne s'arroge plus le droit *d'anéantir* une nation rivale, comme le fit

Rome à l'égard de Carthage. Le vainqueur a encore besoin du vaincu : une politique barbare et vexatoire provoquerait une réaction non moins violente. Les peuples ne sont plus isolés ; ils se réunissent et constituent de vastes confédérations auxquelles président des idées de justice et de protection. Dès lors, quand un Etat réussit à imposer momentanément des conditions trop dures et trop rigoureuses, il se trouve que la guerre subsiste encore d'une manière latente et qu'un traité n'est qu'une trêve éphémère : les signataires peuvent sans doute n'en pas subir personnellement les conséquences, mais ce sont les générations suivantes qui, sans peut-être s'en rendre compte, en deviendront les victimes. Donc enfin, pour qu'un empire s'étende utilement, il importe que la victoire n'autorise jamais l'abus prolongé de la force : opérer par d'habiles concessions la fusion des intérêts, des races et des idées, voilà en deux mots quelle est l'action du droit, quand il ajoute à la conquête son œuvre propre et son influence conciliatrice. Toutefois, nous aurons à décider ensuite s'il n'aboutit pas plus tard, en pleine paix, à un antagonisme d'une nouvelle forme. Mais certainement, sur le champ de carnage, il arrête l'effusion du sang, il modère la brutalité du vainqueur.

13· Nous ne saurions ici passer sous silence la *Convention de Genève*, si célèbre et qui fera le plus grand honneur au XIXe siècle, ainsi qu'aux puissances qui l'ont acceptée. Elle n'est relative, il est vrai, qu'à l'adoucissement des misères et des cruautés inévitables au moment de la lutte ; elle ne prévient pas les différends internationaux ; elle n'arrête pas les effets de l'enivrement et de l'orgueil qu'inspire le succès ; mais, quoique restreinte aux journées terribles où le sang coule, elle est d'une application fort utile dans les ambulances et les hôpitaux ; elle est la preuve évidente que la guerre ne bannit pas absolument le droit, la bienfaisance et la pitié. Une convention pour l'amélioration du sort des militaires blessés sur les champs de bataille fut d'abord signée à Genève le 22 août 1864 ; puis les ratifications diplomatiques de cet acte s'échangèrent à Berne, le 22 juin 1865, en sorte qu'elle reçut plus tard, dès l'année 1870, sa pleine et entière exécution. On supprima ainsi bien des rigueurs inutiles.

ARTICLE PREMIER. — Les ambulances et les hôpitaux militaires seront neutres et, comme tels, protégés et respectés par les belligérants aussi longtemps qu'il s'y trouvera des malades ou des blessés. La neutralité cesserait si ces ambulances ou ces hôpitaux étaient gardés par une force militaire.

ART. 2. — Le personnel des hôpitaux et des ambulances, comprenant l'intendance, les services de santé, d'administration, de transport des blessés, ainsi que les aumôniers, participera au bénéfice de la neutralité lorsqu'il fonctionnera, et tant qu'il restera des blessés à relever ou à secourir.

ART. 3. — Les personnes désignées dans l'article précédent pourront même, après l'occupation par l'ennemi continuer à remplir leurs fonctions dans l'hôpital ou l'ambulance qu'elles desservent, ou se retirer pour rejoindre le corps auquel elles appartiennent. Dans ces circonstances, lorsque ces personnes cesseront leurs fonctions, elles seront remises aux avant-postes ennemis par les soins de l'armée occupante.

Art. 4. — Le matériel des hôpitaux militaires demeurant soumis aux lois de la guerre, les personnes attachées à ces hôpitaux ne pourront, en se retirant, emporter que les objets qui sont leur propriété particulière. Dans les mêmes circonstances, au contraire, l'ambulance conservera son matériel.

Art. 5. — Les habitants du pays qui porteront secours aux blessés seront respectés et demeureront libres. Les généraux des puissances belligérantes auront pour mission de prévenir les habitants de l'appel fait à leur humanité et de la neutralité qui en sera la conséquence. Tout blessé recueilli et soigné dans une maison y servira de sauvegarde. L'habitant qui aura recueilli chez lui des blessés sera dispensé du logement des troupes, ainsi que d'une partie des contributions de guerre qui seraient imposées.

Art. 6. — Les militaires blessés ou malades seront recueillis et soignés, à quelque nation qu'ils appartiendront. Les commandants en chef auront la faculté de remettre immédiatement aux avant-postes ennemis les militaires blessés pendant le combat, lorsque les circonstances le permettront et du consentement des deux partis. Seront renvoyés dans leur pays ceux qui, après guérison, seront reconnus incapables de servir. Les autres pourront être également renvoyés, à la condition de ne pas reprendre les armes pendant la durée de la guerre. Les évacuations avec le personnel qui les dirige, seront couvertes par une neutralité absolue.

Art. 7. — Un drapeau distinctif et uniforme sera adopté pour les hôpitaux, les ambulances et les évacuations. Il devra être, en toute circonstance, accompagné du drapeau national. Un brassard sera également admis pour le personnel neutralisé, mais la délivrance en sera laissée à l'autorité militaire. Le drapeau et le brassard porteront croix rouge sur fond blanc.

Art. 8. — Les détails d'exécution de la présente convention seront réglés par les commandants en chef des armées belligérantes, d'après les instructions de leurs gouvernements respectifs et conformément aux principes généraux énoncés dans cette convention.

Art. 9. — Les hautes puissances contractantes sont convenues de communiquer la présente convention aux gouvernements qui n'ont pu envoyer des plénipotentiaires à la conférence internationale de Genève, en les invitant à y accéder ; le protocole est, à cet effet, laissé ouvert.

Art. 10. — La présente convention sera ratifiée et les ratifications en seront échangées à Berne, dans l'espace de quatre mois.

En foi de quoi ont signé et apposé leurs cachets les plénipotentiaires de France, de Bade, de Belgique, de Danemark, d'Espagne, de Hesse, d'Italie, des Pays-Bas, du Portugal, de Prusse, de Suisse et de Wurtemberg, le 22 août 1864, à Genève.

CHAPITRE HUITIÈME

De la fin de la guerre

Nous avons, par quelques traits précis, montré ce que la guerre avait été dans le passé et aussi ce qu'elle était dans le présent ; nous avons dit quels sentiments elle supposait dans l'âme de l'homme, quels principes de morale on y appliquait; nous avons également, dès le début de cet ouvrage, mis en relief l'importance et l'universalité de la guerre; à ce propos nous avons rappelé et adopté une des pensées les plus profondément vraies de la philosophie grecque, pensée qui résume en quelques mots une loi commune à la matière, aux organismes et aux sociétés humaines ; c'est Héraclite qui nous en a donné la formule en ces termes : « Πόλεμος μητὴρ πάντων, la guerre est la mère de toutes choses. » Assurément cette assertion est paradoxale et doit surprendre, car à l'idée de guerre se rattache, non pas la notion de la maternité tendre et diligente, mais celle, au contraire, de la destruction violente et acharnée. Pour fonder notre discussion sur une base expérimentale, nous avons pris soin de consulter l'histoire et nous avons produit de nombreuses citations, qui ont l'avantage de justifier nos assertions.

Mais le moment est venu d'aborder la grave question qui, peut-être seule, piquera la curiosité du lecteur et ajoutera un intérêt nouveau à toute notre œuvre ; nous voulons parler du débat relatif à la fin de la guerre : que sera la guerre dans l'avenir? Est-il permis d'espérer que les siècles futurs assisteront à sa dernière phase, en verront les rigueurs s'adoucir progressivement pour aboutir enfin à une pacification universelle? Alors les hommes, volontairement soumis aux mêmes lois, y obéiraient spontanément et formeraient une immense République où jamais la discorde ne ferait retentir ses cris tumultueux, où le droit, toujours et partout respecté, règlerait seul les diverses transactions; on oublierait les siècles antérieurs où sévissait la guerre et son orgueilleuse fureur ; la paix féconde règnerait sur l'univers et, ouvrant à notre activité une vaste carrière, elle enfanterait et répandrait au loin les merveilles du génie de l'homme : rêve heureux dont le charme séduit nos cœurs et dont notre raison ne repousse pas tout d'abord l'entière réalisation.

En principe nous pensons qu'aujourd'hui une guerre peut être évitée pour un *fait personnel*, pour un débat restreint à deux citoyens de nationalité différente, à la condition expresse que ce fait reste privé ou soit susceptible de rester tel. Il en fut ainsi en 1842, lors des troubles suscités dans l'île de Taïti, par le missionnaire anglais Pritchard. Une guerre eût éclaté, sans la sagesse des deux gouvernements, vu que Pritchard fomentait des troubles et excitait la reine Pomaré contre l'influence française. Son expulsion violente par l'amiral Dupetit-Thouars avait produit un grand émoi en France et en Angleterre ; on craignit une rupture ; les esprits se passionnèrent. Mais une indemnité accordée à Pritchard mit heureusement un terme à ce grave incident. Au contraire, lorsqu'entre deux nations se pose une question vraiment nationale et non plus individuelle, quand il s'agit de l'honneur du pays, de son indépendance, de la rivalité de deux races ou de l'intégrité du territoire, alors la guerre devient inévitable et l'on ne doit même pas espérer un apaisement pacifique : telle fut la situation de la France, quand son ambassadeur eut été insulté par le dey d'Alger, en 1830.

Cependant un écrivain célèbre au XVIIIe siècle, l'abbé de Saint-Pierre, membre de l'Académie française, s'est jadis, sur ce point, bercé d'un vain espoir. Il a composé un « Projet de traité pour rendre la paix perpétuelle entre les souverains chrétiens, pour maintenir le commerce libre entre les nations et affermir les maisons souveraines sur le trône [*]. » Il y attribue à Henri IV l'idée d'une grande association des peuples et des rois d'Europe ; « ce prince avait compris, dit-il, combien la salutaire invention de l'arbitrage permanent avait été avantageuse aux premières familles du monde et aux premiers chefs de famille, pour former un village où ils pussent jouir des avantages du commerce, se protéger mutuellement et ainsi éviter les meurtres, les pillages et les autres violences. » Il pensait que, dans un Etat, tous avaient plus d'intérêt à se tenir unis, à se protéger, à se conserver mutuellement qu'à rester divisés,

[*] Publié à Utrecht, 1716 ; dédié au Régent de France.

sans cesse armés les uns contre les autres et disposés à verser le sang. Avec la paix les arts se perfectionneraient, le commerce se propagerait ; l'abondance et la sécurité résulteraient de cette intime union de peuples indissolublement amis. L'abbé de Saint-Pierre trouvait dans le gouvernement des provinces unies des Pays-Bas et dans celui de la Suisse d'excellents modèles à suivre; il eût voulu voir réalisé le projet qu'Henri IV avait proposé à la reine d'Angleterre, Elisabeth, et que Jacques Ier avait aussi agréé. Il lui semblait possible de former avec tous les peuples chrétiens « le plus grand corps politique qui ait jamais été et dix fois plus grand que le corps germanique. » Le but avoué de cette nouvelle politique était de procurer aux souverains une sûreté entière et une garantie suffisante de l'exécution de tous leurs traités, soit passés, soit futurs. Tous les différends internationaux se termineraient sans violences ni représailles, mais à la suite d'un arbitrage permanent et par la décision des princes associés et solidairement intéressés. Dès lors plus de séditions, plus de révoltes, plus de guerres civiles.

Une institution si désirable procurerait à tous les peuples un calme inaltérable, des relations commerciales tout à fait libres et illimitées. Ce serait comme une police suprême dont la règle première serait le salut et la protection égale de tous, loi fondamentale qui, vu la puissance et l'accord des associés, ne laisserait à personne l'espérance de l'impunité. Toute décision serait prise à la pluralité des votes. Les premiers hommes n'avaient « avant la salutaire invention de l'arbitrage, » d'autre voie à suivre que le meurtre et la brutalité, et cependant peu à peu il s'est établi entre les citoyens un état social qu'avoue la raison et qui donne naissance à de nombreux avantages. Faudra-t-il conserver plus longtemps aux souverains, à titre de glorieuse prérogative, l'étrange privilége de ne pouvoir à notre époque apaiser leurs querelles que dans le sang et à la manière des fauves ? Non sans doute ; aussi, vu le cours ordinaire des choses et comme l'esprit humain s'avance nécessairement de progrès en progrès, espérons que la politique aura, elle aussi, sa grande et profonde réforme. Peut-être un jour viendra où elle assujettira enfin toutes les volontés humaines au joug d'une autorité toujours puissante et respectée, parce que toujours elle sera conciliante et raisonnable.

Le journal de Trévoux, fort répandu à cette époque et rédigé par les jésuites, encouragea de ses éloges l'ouvrage de l'abbé de Saint-Pierre ; au mois de juillet 1713, on y lisait qu'il était fort désirable de voir « le projet de paix perpétuelle se multiplier par les différentes éditions et s'imprimer en toutes sortes de langues ; il semble même impossible d'être ni bon sujet ni bon chrétien, sans faire un pareil souhait. » Ce livre ne passait donc pas inaperçu ; d'ailleurs, plus d'un passage nous révèle que la discussion s'était répandue et que l'auteur avait dû répondre à des objections. Ainsi, lui avait-on dit, un souverain ne saurait signer les articles de l'arbitrage permanent sans perdre son indépendance et sa liberté d'action ; or, qu'y a-t-il de plus estimable et de plus précieux dans la condition d'un roi? Jamais un prince n'accepterait qu'il lui fût défendu de détruire son ennemi ; jamais il ne consentirait à se lier et à se donner des juges. Ensuite il devrait subir l'influence toute-puissante des arbitres, laisser chacun de ses voisins dans leurs possessions et limiter ainsi sa propre ambition. La force ne serait donc plus la raison décisive dans les débats internationaux ; on verrait un chef d'Etat réduit à rendre compte de sa conduite, à se justifier et même à réparer ses torts : nouvelle politique qui affaiblirait l'autorité suprême et abaisserait la majesté royale.

A ces objections l'abbé de Saint-Pierre répondait en remontant d'abord aux principes mêmes de la société civile : « Il est, disait-il, plus avantageux à l'homme et à la femme de vivre en société qu'en non-société ; il est plus avantageux pour les enfants d'avoir un arbitre dans leur père que de n'en pas avoir. » Un barbare aurait bientôt fait la comparaison entre l'état social et la solitude ; à la suite d'une courte expérience, il s'assurerait que vivre isolément et privé de la protection de ses semblables l'expose à mille dangers qu'il ne bravera pas toujours impunément ; il sentira que dans la société les joies sont plus vives, plus nombreuses et les maux moins irrémédiables et plus faciles à supporter. Une femme se dégoûterait plus vite encore de la solitude ; elle n'y trouverait que l'ennui, la crainte de mourir de faim ou de froid et surtout le plus complet avilissement. De même le chef de famille a grand intérêt à ce que ses parents et ses enfants ne l'abandonnent jamais.

Que d'agréments ce commerce lui procure! S'il est blessé, s'il tombe malade, si la vieillesse et les infirmités l'accablent, il demandera secours et protection à ses enfants. Quant à ces derniers, ne sont-ils pas trop heureux de pouvoir recourir à l'arbitrage paternel, d'obéir à cette sentence et d'accepter une loi prohibitive de toute violence?

Tels furent les commencements de l'état social ; dès ce moment et alors qu'il était encore dans sa phase rudimentaire, il présentait déjà les principaux caractères qu'aurait aujourd'hui un arbitrage plus vaste et plus conventionnel. Il était déjà fort utile, soit à l'arbitre, soit à ceux qui sollicitaient ses décisions et le bienfait de son influence protectrice. Alors l'abbé de Saint-Pierre signale [*] quelques-uns des résultats des premières sociétés : quand un père de famille est sans voisins, il est dans la nécessité de connaître et d'exercer tous les métiers : il lui faut être à la fois maçon, charpentier, tailleur, cordonnier, chasseur, laboureur, médecin, pêcheur ; mais le progrès qu'il fera dans chacune de ces professions sera très lent ; au contraire la division du travail se produit immédiatement dans la vie sociale et elle donne naissance à de nombreux et rapides progrès. Appliquez aux princes et aux peuples modernes ces importantes vérités ; ils se convaincront que leur indépendance si vantée n'est qu'un vain fantôme, car en réalité ils sont entourés de puissants voisins qui sont leurs égaux et que poussent trop souvent l'ambition et

[*] Page 26.

le désir d'empiéter sur autrui ; cette rivalité constitue pour chacun d'eux une servitude de tous les instants, une subordination fort gênante dont ils s'affranchiraient, s'ils ne dépendaient plus que d'une société juste, impartiale, conciliante et intéressée la première à maintenir le pacte d'union.

Un prince équitable ne prétendra pas plus qu'un simple citoyen avoir le droit d'être juge dans sa propre cause * et de se soustraire à la sentence des arbitres internationaux. A l'égard de la réparation des dommages et des offenses, il serait absolument nécessaire de convenir que la victime ne recourra pas aux voies de fait et ne se vengera pas elle-même ; seuls les arbitres prononceront. D'ailleurs, ajoute l'abbé de Saint-Pierre **, « il est absolument nécessaire que les chefs d'Etat conviennent de moyens suffisants pour donner à l'arbitrage assez d'intérêt à l'exécution des jugements et assez de force coercitive capable de faire souffrir les punitions méritées. Car l'épée *** n'est pas moins nécessaire à la justice que la balance ; les lois, les jugements, quelque sages qu'ils soient, seraient inutiles si l'arbitrage n'avait pas la force de les faire exécuter ; il importe que nul ne soit tenté de résister aux arbitres, et cela pour deux raisons : la première qu'il tenterait vainement la résistance, vu la puissance de ses juges ; la seconde qu'outre la perte de la chose contestée, il souffrirait infailli-

* Page 51.
** Page 55.
*** Page 56.

blement la punition attachée par la loi suprême à toute rébellion. » Certainement de semblables conventions seraient tout à fait avantageuses même au plus fort ; nul rival n'oserait attenter à ses droits, s'emparer de son territoire ou menacer ses sujets et ses alliés. Tous garantissent alors à chacun ses biens et ses propriétés. Dans le cas d'une offense, on préférera sans doute dépendre d'un tiers plutôt que de l'offenser lui-même, car le ressentiment le portera facilement à une cruelle vengeance. En outre, quand on s'en remet à la force et à la violence, on s'expose à une destruction qui sera complète, si le vainqueur n'est pas généreux : on est à sa merci.

Ainsi donc le prince juste, prudent et pacifique est protégé par cet arbitrage permanent et il ne ressent aucune peine de sa dépendance. De son côté un prince injuste et turbulent y gagnerait encore ; il ne serait jamais à la discrétion de ses ennemis ; il serait encore jugé dans les formes par ses arbitres. Puis l'auteur, en un style ennuyeux et diffus, passe en revue les divers Etats d'Europe, et pour chacun d'eux — Venise, Hollande, Portugal, Espagne, Sicile, Etats du Pape, Bavière, Allemagne, Prusse, Danemarck, Angleterre, Russie, Suède et France, — il explique combien le calme le plus complet, la prospérité la plus durable résulteraient de l'établissement d'un Sénat européen ; il formule enfin au nombre de vingt-quatre les articles fondamentaux de ce pacte politique.

Voici les plus importants : « ARTICLE 1er. — Il y aura de ce jour à l'avenir une police permanente, une société de protection réciproque et perpétuelle entre les souverains d'Europe et même entre ceux qui dans la suite signeront le présent traité ; cette société s'appellera la Société européenne, établie pour terminer sans guerre et par voie d'arbitrage leurs différends à venir, pour en diminuer le nombre, pour se préserver à jamais de toutes les guerres civiles, pour jouir tranquillement des avantages immenses d'un commerce perpétuel et universel, pour affermir à perpétuité leur maison sur le trône et pour augmenter leurs richesses, leur indépendance et leur sécurité.

Art. 5. — Il y aura à Utrecht ou telle autre ville dont les associés conviendront une assemblée perpétuelle de vingt-deux députés plénipotentiaires ou sénateurs qui, représentant chacun leur souverain, n'auront chacun qu'une voix et formeront un Sénat représentatif appelé le Sénat des souverains ou le Sénat européen ; il terminera, par sa première sentence à la pluralité des voix, et par sa seconde et définitive sentence aux trois quarts des voix, tous les différends qui naîtront entre les associés et qui n'auront pas pu être conciliés par l'entremise des commissaires du Sénat.

Art. 6. — Chaque sénateur ne pourra opiner que suivant les instructions de son souverain et il sera révocable toutes fois et quantes par son maître.

Art. 7. — La ville de Paix, où s'assemblera le Sénat des souverains, sera gouvernée en toute souveraineté par le Sénat.

Art. 9. — La Société européenne ne se mêlera point du gouvernement intérieur de chaque Etat ; elle donnera seulement ses soins et emploiera son autorité et ses forces pour prévenir ou pour arrêter les guerres civiles.

Art. 10. — La Société européenne emploiera de même son autorité et ses forces pour empêcher que, pendant les minorités et les régences, il ne soit fait aucun préjudice au souverain ni en sa personne ni en ses biens.

Art. 14. — Les souverains ne pourront demander l'exécution d'aucun échange de territoire ni d'aucun traité, qu'il n'ait été agréé et ratifié par la Société dans le Sénat et elle demeurera garante de l'exécution. »

On serait tenté de sourire à la lecture de cette réglementation si précise d'une assemblée qui jamais ne s'est effectivement réunie, et l'on voudrait faire dans un tel projet la part de la chimère et de la raison. Assurément, tout n'y est pas vaine utopie. Le conseil des Amphictyons en Grèce, le tribunal des Féciaux à Rome, en furent jadis comme une réalisation partielle. Dans les temps modernes, l'établissement de l'équilibre européen y ressemble également et surtout il en a les effets utiles et désirables. En outre, les divers congrès que, dans ce siècle, les souverains ont réunis, furent de même les grandes assises de la politique européenne ; le droit n'y a pas été méconnu ; on s'y est efforcé de délimiter équitablement les frontières de quelques Etats et d'accorder de précieuses garanties aux plus faibles. Ainsi, en 1856, le congrès de Paris joua un rôle pacificateur et fixa des conditions qui satisfaisaient alors aux intérêts généraux de l'Europe. Sous la présidence du comte Walewski, on y discuta et l'on y adopta successivement les quatre points de garantie nécessaires, dans l'opinion des diplomates, pour prévenir le retour de complications : d'abord, en effet, la Russie renonça au protectorat des principautés danubiennes; puis la navigation du Danube fut entièrement libre ; ensuite la mer Noire fut déclarée neutre ; enfin la Russie s'engagea à ne plus intervenir en faveur des chrétiens d'Orient.

Ce congrès, il est vrai, ne prévenait pas la guerre comme le voulait l'abbé de Saint-Pierre ; il en était au contraire la conséquence immédiate et il en consacrait les conquêtes; mais nous pourrions citer d'autres congrès tenus, soit à Troppau, dans la Silésie autrichienne, en 1820, soit à Laybach, dans l'Illyrie, en 1821, soit à Vérone, dans la Vénétie, en 1822. Là, les souverains d'Europe firent prévaloir sans doute des opinions aujourd'hui abandonnées, mais leur but n'en était pas moins, outre la consolidation de leurs trônes, l'établissement en Europe d'une paix plus profonde et plus complète. On y avisa aux moyens de réprimer et d'étouffer l'esprit de révolte et d'agitation politique. On y proclama que le devoir des grandes puissances était d'intervenir efficacement en Espagne, en Portugal et en Italie pour mettre un terme à des troubles qui pouvaient s'étendre plus loin. Ces divers congrès ne constituaient-ils pas en partie le Sénat européen dont parle l'abbé de Saint-Pierre? S'ils s'étaient réunis avec une permanence plus marquée, dans une ville fixée d'avance et spécialement gouvernée en vue de ce rôle international, la ressemblance eût été plus frappante et plus effective encore. Néanmoins, ce n'est qu'une ressemblance et, puisqu'en réalité ce Sénat européen n'a jamais été ni formé ni convoqué, puisque les diplomates, dans leurs réunions solennelles, préparent ou sanctionnent la guerre plutôt qu'ils ne la préviennent et ne l'arrêtent; il nous reste à déterminer *a priori* dans quelle mesure un tribunal, statuant sur les différends qui surgissent entre les peuples et les royaumes, pourrait formuler des sentences, d'abord impartiales, puis définitives et respectées.

Ces trois conditions sont indispensables pour que la grande institution dont il s'agit ne reste pas à l'état de fiction puérile et vaine. Or, en premier lieu, l'impartialité nous semble irréalisable, vu la multiplicité des intérêts en jeu, vu l'antagonisme des races et l'inégalité des Etats, vu surtout la présence inévitable des représentants des nations dont les réclamations et les griefs seraient examinés. Comment éviterait-on qu'en dehors de la délibération des intrigues fussent nouées et que l'effet s'en fit sentir au moment de la sentence? Chaque député, fidèle à ses instructions, se souviendrait d'injures essuyées ou de bienfaits reçus et aurait pour obligation de prévoir l'avenir. La nation qui aurait porté sa cause devant ce tribunal ne resterait point indifférente et ne consentirait jamais à jouer le rôle passif d'un accusé : rien ne serait plus blessant, plus contraire à l'amour-propre national. Cette assemblée serait donc formée, non pas de juges indépendants, mais de diplomates apportant au milieu de ces discussions pacifiques, soit l'orgueilleuse prétention du vainqueur, soit la faiblesse momentanée du vaincu, soit encore l'impuissance d'un petit Etat admis par tolérance et peu capable dès lors d'imposer une sentence équitable.

L'histoire confirme ces réflexions : un discrédit mérité affaiblit, en effet, l'autorité des Amphictyons, dès qu'il fut avéré que les rois de Macédoine y dominaient en maîtres, comme ils le faisaient sur le champ de bataille. D'autre part, le collège des Féciaux à Rome ne se prononçait sur les insultes faites aux ambassadeurs ainsi que sur le texte des traités ou des trêves qu'avec l'assentiment du pouvoir politique ; ils étaient juges et médiateurs de la paix et de la guerre, mais ils ne faisaient rien sans l'ordre du roi sous la royauté, du Sénat sous la République, de l'empereur sous l'empire. Ils n'étaient donc pas libres ; ils subissaient une autorité. Faut-il s'en étonner ? Non, sans doute, car les citoyens qui, dans un Etat, jouiraient du droit de trancher les questions relatives à la paix et à la guerre, seraient supérieurs au chef de l'Etat ; ils seraient eux-mêmes des chefs et des rois ; ils formeraient une caste à part ; tant leur rôle aurait d'importance et de grandeur !

Si ce tribunal existait en Europe, si ses décisions, toujours respectées, avaient force de loi, ses membres domineraient sur tous les Etats confédérés ; ils jouiraient d'un prestige incomparable, la ville qu'ils gouverneraient et qui serait leur résidence, deviendrait la véritable capitale de toute l'Europe et les rois, princes ou présidents de Républiques, abaissés, humiliés, devraient accepter d'être les vassaux et les feudataires de ces juges suprêmes. L'abbé de Saint-Pierre n'a que faiblement réfuté l'objection qu'on lui avait présentée relativement à la disparition de l'indépendance royale ; sans nul doute les princes se considéreraient comme dépossédés de la royauté. D'où l'on peut conclure que ce Sénat européen resterait comme à la merci du roi le plus puissant, ou bien qu'il exercerait une autorité réellement souveraine, mais tout à fait destructive de celle des princes : un résultat si extraordinaire garantirait seul l'indépendance de cette haute assemblée, mais il ne serait obtenu que par une réforme profonde et radicale de tous les principes politiques ; il exigerait le renversement des dynasties aujourd'hui régnantes et leur remplacement par une République universelle ; toutes les frontières seraient supprimées ; une vaste fédération unirait les peuples aujourd'hui séparés. La notion et l'amour de la patrie disparaîtraient devant l'idée plus élevée de l'humanité et tout homme serait citoyen de l'univers. Cette alliance des peuples, cette fusion des diverses nations en une seule, est la condition première, mais *actuellement chimérique* de l'indépendance d'un Sénat international.

En second lieu, non-seulement on pourrait craindre qu'il ne fût asservi, mais ses décisions seraient-elles définitives et sans appel ? Obtiendraient-elles le respect dû à la chose jugée ? Pour le soutenir, on est réduit à commettre une pétition de principe, car on admet que la guerre cessera, parce qu'on acceptera docilement les décisions d'un arbitrage permanent et parce qu'on s'inclinera devant son autorité. Or, c'est là précisément ce qui fait doute, et ce qui, vu le caractère de l'homme, laisse la question toujours ouverte et nullement résolue ; en d'autres termes, c'est prétendre que la guerre cessera parce qu'elle prendra fin. On tourne dans un cercle et la difficulté n'est pas levée. Elle l'est si peu que l'abbé de Saint-Pierre lui-même est obligé de déclarer, dans ses vingt-quatre articles, que le Sénat européen emploierait ses forces à réduire à l'obéissance les volontés rebelles. Assurément il n'y parviendrait qu'en recourant à la guerre ; il n'est pas permis de concevoir que la persuasion réussirait seule à dompter la révolte. Ce tribunal serait donc une justice armée, car, selon l'expression de l'abbé de Saint-Pierre, « l'épée n'est pas moins nécessaire à la justice que la balance *. » La guerre n'aurait donc pas disparu et la contradiction de l'auteur est évidente.

D'ailleurs, l'ensemble de ce projet d'arbitrage permanent repose encore sur une grave erreur. En effet, l'origine de la guerre y est attribuée seulement aux princes ; on les rend responsables des horreurs, des cruautés, des défaites qui en résultent ; et certes, dans cette hypothèse, on a raison de les appeler tyrans et despotes. Mais on oublie qu'un tribunal international devrait, non point mettre d'accord les princes, mais plutôt pacifier les peuples. Les rois auraient effectivement une puissance autocratique et les hommes seraient des lâches de la subir, si la guerre n'était impérieusement ordonnée que par les rois. Reconnaissons au contraire, qu'elle concorde avec le tempérament populaire et le caractère hu-

* Page 53.

main ; elle est voulue et désirée par les peuples, avant d'être résolue et fixée par les chefs. Donc enfin, pour que le droit des gens règne désormais paisiblement, pour que les discussions qu'il provoque, ne donnent lieu qu'à des solutions pacifiques devant un tribunal suprême d'arbitres impartiaux et respectés, il faudra le concours de tous, il faudra un progrès s'étendant aux divers degrés de la hiérarchie sociale et spécialement à la classe populaire ; il faudra que l'esprit de conciliation calme enfin les querelles et apaise désormais les courages, si faciles à émouvoir.

Plus d'un demi-siècle après l'abbé de Saint-Pierre, en 1795, le philosophe allemand Kant conçut, lui aussi, un « Projet de paix perpétuelle, » et telle est l'autorité de cet illustre penseur que l'examen de ses idées sur ce point s'impose à notre attention. Il déclare qu'une pacification universelle est non seulement une chose désirable, mais un devoir qui oblige les princes et sollicite leurs constants efforts. A l'époque des guerres suscitées par la République française et par Napoléon Ier, Kant, par un contraste étrange, a cru devancer l'avenir en posant en principe, au nom de la raison, que plus tard nul Etat, grand ou petit, ne pourrait être acquis par un autre, ni par conquête, ni par héritage, ni par échange, ni par vente ou donation ; que les armées permanentes cesseraient d'exister avec le temps ; que toute intervention armée dans les affaires intérieures d'une nation serait interdite ; que la constitution de chaque Etat deviendrait républicaine, parce que c'est la seule constitution qui résulte logiquement de l'idée du contrat social ; enfin, que tous les Etats, tout en restant indépendants, formeraient une immense confédération analogue à celle de la Suisse, avec une assemblée fédérale, réglant les différends internationaux. Ensuite, Kant est d'avis que cet idéal de paix n'est pas une chimère, car il est *obligatoire*, dit-il, et il ajoute qu'il sera réalisé par suite du double et inévitable progrès du *droit* et des intérêts eux-mêmes.

Nous rendons hommage aux nobles sentiments et à tant d'idées justes ou profondes que renferme cet ouvrage de Kant. Mais nous ne saurions en accepter la conclusion principale, celle d'une paix perpétuelle sans guerre ni conquête. Qu'une fédération d'Etats soit fondée, que les armées permanentes disparaissent, que le régime républicain se répande, de tels progrès sont possibles et réalisables. Encore observerons-nous que le commencement de ces progrès ne s'est encore manifesté d'aucune façon en Europe * et il y a déjà presque un siècle que le livre de Kant est écrit. Mais pouvons-nous admettre que la paix perpétuelle règnera enfin parce qu'elle est un devoir ? Nullement. En effet, ce qui est obligatoire doit-il nécessairement se produire ? L'obligation morale est tout idéale, rationnelle, relative au monde des âmes et des esprits, et dès lors applicable avec beaucoup de restrictions à l'humanité actuelle ou future, vu que l'homme aura toujours des besoins physiques et corporels très pressants : de là un antagonisme persistant. En outre, ce qui est

---

* Sauf pour l'établissement de la République en France.

obligatoire peut toujours être méconnu et violé ; nulle nécessité n'en rendra jamais la pratique certaine et inévitable. Il faudrait que notre libre arbitre fût profondément modifié dans sa nature ; il faudrait qu'il tendît nécessairement au bien, mais alors l'obligation disparaîtrait pour faire place à la perfection infinie. La doctrine de Kant est donc chimérique ; elle ne se rapporte pas à l'homme ; elle nous surprend d'autant plus qu'elle vient du philosophe qui a critiqué notre entendement et qui a distingué avec tant de soin le monde réel et phénoménal du monde tout à fait inconnu et inconnaissable, dit-il, que conçoit la raison pure.

Enfin, nous demanderons à Kant s'il avait le droit de rédiger un projet de paix perpétuelle, lui qui, dans ses traités de morale, n'a guère parlé que de la justice et a placé la bienfaisance parmi les devoirs larges et imparfaits : or, la charité seule serait le fondement de la paix.

D'ailleurs, toutes les raisons que Kant présente, tous les progrès qu'il suppose réalisés, tels que la suppression des armées permanentes, la disparition des conquêtes, des donations ou échanges d'Etats, l'établissement d'un tribunal fédératif et du gouvernement républicain, tout cela ne regarde que l'homme et ne se rapporte qu'aux choses humaines. Or, pour discuter la grande loi de la guerre, il faut se placer à un point de vue plus élevé ; la méthode psychologique de Socrate et de tant de philosophes français et allemands est absolument insuffisante ; la base n'est pas assez large : c'est une loi de la nature qu'il s'agit de fixer, mais non pas une loi seulement humaine. Employons la méthode *cosmologique* ; considérons la vie de l'univers entier, la lutte incessante et nécessaire des éléments, des organismes ainsi que des espèces animales. Accordons ensuite à Kant la réalisation immédiate de tous les progrès sociaux qu'il espère, sauf celui d'une pacification complète, car c'est ce qui est en question. Cette concession faite, nous pensons qu'une guerre d'un certain genre subsisterait encore avec tous les effets que celle de notre époque produit depuis si longtemps. Une fédération d'Etats, l'institution d'un tribunal suprême, feraient-elles disparaître, dans l'individu d'abord, puis dans l'espèce, l'esprit d'antipathie et de haine, alors que la famille, les liens du sang, la parenté, la religion, la patrie n'y réussissent pas ? De même pour le respect du droit, sur lequel Kant fonde toutes ses espérances, nous remarquerons que le droit consacre la supériorité du vainqueur : il ne détruit donc pas la guerre ; il la suppose et il en rend les résultats durables et respectés. On se bat au nom du droit ; on signe la paix au nom du droit : il est donc indifférent * à la disparition de la guerre, laquelle constitue la loi suprême des êtres.

Propos de sophiste, nous objectera-t-on, car on se bat parce qu'on a méconnu le droit, on signe la paix parce qu'on est disposé à le respecter ; s'il n'eût jamais été violé, jamais aussi la guerre n'eût été déclarée. Kant a donc raison de fonder ses espérances sur le respect universel du droit.

* Il ne fait que tempérer la violence des hostilités.

Nous répondrons que le droit, outre qu'il est moral et parfaitement respectable, confère en même temps une puissance réelle à celui qui le possède ; de là des avantages importants. Mais, à côté de cet homme qui a conquis des droits sacrés, se trouve celui qui en est dépourvu : c'est le vaincu. Va-t-il toujours rester sur cet échec ? Se résignera-t-il à sa défaite ? Ne suivra-t-il pas l'impulsion de la nature qui le porte à donner à son existence plus d'ampleur et d'étendue ? Toute la question est là. Nous pensons que si le droit restait chose purement morale, s'il ne procurait ni le bien-être physique, ni l'autorité, ni la supériorité, enfin s'il n'était que l'origine d'une dignité méritée, il ne provoquerait sans doute pas d'opposition et de lutte : un esprit pur ne cesserait pas de s'incliner devant le droit. Mais peut-on l'espérer dès qu'il s'agit de l'homme, c'est-à-dire d'un être qui a faim tous les jours, d'un être qu'irrite le désir et dont le corps lui fait éprouver d'incessants besoins ? Alors la rivalité se produit infailliblement et toujours elle soulèvera des passions insatiables et ennemies. Le vaincu emploiera donc les mêmes moyens qu'avait employés le vainqueur : il travaillera, il s'instruira, il luttera, et, comme les choses à acquérir sont une somme donnée, le premier vainqueur sera, peu à peu et parfois tout à coup, dépossédé des avantages attachés à son droit ; il perdra ses honneurs et ses biens parce qu'il n'aura pas su les conserver, et son droit s'éteindra ainsi, soit dans sa personne, soit dans celle de ses successeurs.

Le droit, puissance morale, est aux êtres libres ce que la force physique est aux êtres soumis à l'aveugle fatalité. Il provoque lui-même une réaction ultérieure, car les avantages qu'il confère s'amoindrissent peu à peu par suite de la faiblesse physique ou morale de celui qui en était porteur, ou par des circonstances tellement défavorables que le vainqueur de la veille devient le vaicu du lendemain. La richesse, l'autorité, l'influence restent-elles toujours dans la même famille ? Loin de là, car fort souvent à un demi-siècle de distance, et, sans que le droit ait été méconnu, la pauvreté y succède à l'opulence. Or, cette chute résulte évidemment d'une guerre constante, réelle, quoique très pacifique. Les Etats sont soumis à la même loi de la grandeur et de la décadence alternativement successives et provenant d'une lutte continue. Un tribunal international, même fort et respecté, adoucirait les formes de la guerre, mais il la laisserait subsister.

Il n'y a pas, d'ailleurs, plus de cruauté dans la guerre sauvage et barbare que dans celle des peuples civilisés : tout est relatif dans les choses humaines *; l'homme n'est, ni plus heureux qu'autrefois, malgré un réel progrès du bien-être, car plus on a, plus on désire, ni plus vertueux que dans les temps de barbarie, car la moralité dépend du milieu social et des efforts personnels.

Confirmons enfin ces réflexions en rappelant les savantes *hypothèses* des astronomes sur les futures destinées de notre planète et sur la fin probable du monde. Pour espérer que la guerre prendra fin, il

---

* La raison seule conçoit l'absolu.

faut se représenter la terre devenue plus fertile et fournissant à ses habitants d'abondantes ressources. On sait, en effet, que les intérêts économiques dominent aujourd'hui et domineront de plus en plus la vie des peuples. Si les vivres manquent, soyez sûrs que la guerre surgira implacable, acharnée. Or, voici le tableau de la fin du monde tel que l'a esquissé M. Camille Flammarion :

« La terre est née. Elle mourra. Elle mourra, soit de vieillesse, lorsque ses éléments vitaux seront usés, soit par l'extinction du soleil aux rayons duquel sa vie est suspendue. Elle pourrait aussi mourir d'accident par le choc d'un corps céleste qui la rencontrerait sur sa route, mais cette fin du monde est la plus improbable de toutes.

Elle peut, disons-nous, mourir de mort naturelle, par l'absorption lente de ses éléments vitaux. En effet, l'eau et l'air diminuent. L'océan comme l'atmosphère paraissent avoir été autrefois beaucoup plus considérables que de nos jours. L'écorce terrestre est pénétrée par les eaux qui se combinent chimiquement aux roches. Il est presque certain que la température de l'intérieur du globe atteint celle de l'eau bouillante, à dix kilomètres de profondeur et empêche l'eau de descendre plus bas ; mais l'absorption se continuera avec le refroidissement du globe. L'oxygène, l'azote et l'acide carbonique, qui composent notre atmosphère, paraissent subir aussi une absorption lente.

Le penseur peut prévoir, à travers la brume des siècles à venir, l'époque encore très lointaine où la erre, dépourvue de la vapeur d'eau atmosphérique qui la protège contre le froid glacial de l'espace en concentrant autour d'elle les rayons solaires, se refroidira du sommeil de la mort. Du sommet des montagnes, le linceul des neiges descendra sur les hauts plateaux et les vallées, chassant devant lui la vie et la civilisation, et masquant pour toujours les villes et les nations qu'il rencontrera sur son passage. La vie et l'activité humaine se resserreront insensiblement vers la zone intertropicale. Saint-Pétersbourg, Berlin, Londres, Paris, Vienne, Constantinople, Rome, s'endormiront successivement sous leur suaire éternel.

Pendant bien des siècles, l'humanité équatoriale entreprendra vainement des expéditions arctiques pour retrouver sous les glaces la place de Paris, de Lyon, de Bordeaux, de Marseille. Les rivages des mers auront changé et la carte géographique de la terre sera transformée.

Mais peut-être la terre vivra-t-elle assez pour ne mourir qu'à l'extinction du soleil. Notre sort serait toujours le même, mais il serait retardé à une plus longue échéance. En effet, le soleil s'éteindra. Il perd constamment une partie de sa chaleur, car l'énergie qu'il dépense dans son rayonnement est pour ainsi dire inimaginable. La chaleur, émise par cet astre, pourrait faire bouillir par heure 2.900 millions de myriamètres cubes d'eau à la température de la glace. Presque toute cette chaleur se perd dans l'espace. La quantité que les planètes arrêtent au passage et utilisent pour leur vie est insignifiante relativement à la quantité perdue. Les taches qui recouvrent périodiquement le soleil ne peuvent guère être considérées que comme une manifestation du refroidissement.

Le temps viendra donc où, sur notre terre, on ne vivra plus, on ne respirera plus que dans la zone équatoriale, jusqu'au jour où la dernière tribu viendra s'asseoir, déjà morte de froid et de faim, sur le rivage de la dernière mer, aux rayons d'un pâle soleil, qui n'éclairera désormais ici-bas qu'un tombeau ambulant tournant autour d'une lumière inutile et d'une chaleur inféconde. Surprise par le froid, la dernière famille humaine sera déjà touchée du doigt de la mort, et bientôt ses ossements seront ensevelis sous le suaire des glaces éternelles. »

Quelle lamentable fin ! Combien, à cette époque suprême de dépérissement général, la guerre, la lutte pour l'existence s'imposeront énergiquement aux infortunés mortels et seront pour eux la loi inéluctable du destin !

Les projets de l'abbé de Saint-Pierre et de Kant se trouvant éliminés, la question reste entière et nous nous demanderons derechef s'il est raisonnable d'espérer voir la guerre disparaître, et la paix universelle se consolider et s'étendre à tous les continents. Or, nous pensons que la guerre se présentera sans doute sous d'autres formes, mais elle ne disparaîtra jamais. Elle résulte de la nature des choses ; la paix perpétuelle est un idéal sans consistance, sans fondement naturel, sans formes arrêtées ; elle serait une morne et fatigante monotonie dont l'humanité secouerait bientôt le fardeau. Tout se tient dans la vie des peuples ; la guerre est aujourd'hui ce qu'elle peut et doit être, vu le milieu social. Quand même, par suite de changements lents et continus, les hommes cesseraient de recourir à la poudre et au fer, la guerre n'en jouerait pas moins son rôle éliminateur. Si l'on suppose même que la notion du droit progresse indéfiniment et que toujours on s'incline devant ses légitimes réclamations, l'effet final de la lutte n'en sera pas moins obtenu. Sur terre chaque race combat avec son arme propre et elle s'en sert suivant le milieu et les circonstances.

L'intervention du droit modifie, mais ne détruit pas la guerre. Il est sans doute conforme à la morale, mais il est aussi une puissance qui réagit; car il est, non seulement la voix du sang qui crie, non seulement l'énergique revendication de la victime qui se dresse et proteste, mais il est aussi l'arme dont se sert notre race pour lutter et détruire. Depuis longtemps la guerre a cessé d'être une barbarie sauvage; peu à peu elle est devenue un art et une stratégie; surtout elle admet, elle exige, même aujourd'hui, des préliminaires ainsi que la pratique de règles empreintes de sagesse et de modération : on respecte les ambassadeurs, on ne tue pas les prisonniers, on ne les réduit plus en esclavage, on a souci de ses serments. Néanmoins, la guerre subsiste et l'on en vient toujours à verser le sang.

Imaginons un état social où le droit aurait accompli des progrès plus marqués, où ses arrêts prédisposeraient infailliblement les esprits à la conciliation, la guerre réapparaîtrait sous une autre forme, mais avec un résultat final tout à fait identique, c'est-à-dire avec l'élimination de l'être le plus faible. Combien est, en effet, multiple aujourd'hui la variété des procédés qu'invente le génie de l'homme pour triompher d'un adversaire ! Moins un gouvernement entreprend de guerres franchement déclarées, plus la discorde civile s'agite au fond des masses populaires pour aboutir à une sédition violente, à une insurrection où le sang ne tarde pas à couler. La trame d'un vaste complot se ferme, des sociétés secrètes préparent dans l'ombre la destruction de ce qui existe ; et cependant c'est toujours au nom du droit qu'on s'irrite et qu'on s'excite : c'est, dit-on, pour éviter d'être plus longtemps les victimes des exploiteurs officiels et publiquement acceptés. Vient enfin le jour de l'exécution, et alors aux moyens employés dans les armées s'ajoutent des procédés plus terribles ; ni le fusil ni le canon ne suffisent ; leur action est trop lente et trop bénigne. On demande à la science des engins nouveaux et plus redoutables ; on élève des barricades ; on fait usage du pétrole et de la dynamite ; tant la guerre est pour l'homme une nécessité, une dure condition imposée par l'implacable destin ! Et néanmoins dans toutes ces convulsions sociales, *le droit est invoqué de part et d'autre ;* il est même parfois inscrit sur le drapeau de l'insurrection, comme il arriva en France au mois de juin 1848 : cent mille hommes envahirent alors l'Assemblée constituante pour affirmer leur droit au travail.

Mais si la guerre est une nécessité, convenons dès lors que sa disparition est rigoureusement impossible ; c'est ce que nous essayerons d'établir par de nouvelles raisons.

Considérons d'abord le temps présent. A une

époque où la *peine de mort* est encore inscrite dans les codes et acceptée par les légistes comme un légitime châtiment, la paix perpétuelle ne peut régner. En effet, tout se proportionne dans la vie des nations. Quand, dans un état social, la vie est dure, pauvre, exposée aux privations et aux périls, la justice exige que les lois édictent des peines également dures et même cruelles; autrement elles paraîtraient trop légères à des hommes habitués à de rudes labeurs et à des fatigues continuelles ; leur influence s'affaiblirait : elles ne puniraient pas. Plus les mœurs s'adoucissent par suite d'un bien-être général, plus aussi la clémence est un devoir.

Aussi l'assassin, pour être puni réellement, doit-il seulement être mis dans une situation inférieure, quant au bonheur, à celle de ceux qui sont les plus malheureux sans être coupables. L'emprisonnement à perpétuité ou même à temps sera pour un meurtrier un châtiment suffisant, et dès lors seul il sera légitime, le jour où cette peine le rendra le plus malheureux des hommes.

Or, de même que la peine de mort puise sa légitimité relative dans le milieu social et dans le degré de la civilisation, de même aujourd'hui la guerre est équitable parce qu'elle proportionne successivement ses rigueurs à la sévérité même des lois, et pour cette raison elle demeure actuellement inévitable. Car, quand un grave différend surgit entre deux nations, chacune d'elles est exposée à un péril imminent et à la perte, soit de son honneur, soit d'une province, soit de son indépendance. Comment dès lors admettre que la peine de mort serait légalement infligée à un meurtrier, qu'elle serait acceptée comme juste par l'opinion publique et souvent même par le coupable, tandis que la guerre, crime le plus grave de tous puisqu'on attaque tous les citoyens d'une nation, n'aboutirait pas à l'effusion du sang ? Un assassin n'a fait périr qu'un seul citoyen ; il n'a point pour cet acte unique mis l'Etat en péril ; cependant il paye de sa vie l'accomplissement de ce forfait ; on lui applique, non sans raison, la loi même qu'a subie sa victime. Et quand une agression hostile jette le trouble dans tout un Etat, quand la menace atteint la vie, les biens et l'honneur de *tous* les citoyens, on n'infligerait pas aux ennemis publics la peine dont on frappe l'ennemi d'un seul ! Les mœurs des hommes ne manquent pas de logique à ce point. Maintenir dans les codes la peine capitale, c'est expliquer et justifier d'avance la guerre ; elle devient ainsi conforme à la justice distributive.

De même on frémit aujourd'hui à la description des horribles supplices jadis ordonnés par les lois : chez les Hébreux et les Egyptiens, la strangulation, la lapidation, le feu, le chevalet, la perte des yeux ; les Perses écorchaient vifs les grands criminels ou les ensevelissaient sous des cendres brûlantes ; à Rome on précipitait de la roche tarpéienne ou l'on mettait en croix. Puis on inventa contre les premiers chrétiens des tortures nouvelles : ils furent livrés aux bêtes féroces ou brûlés vifs ; leurs chairs furent déchirées avec des ongles de fer. Au moyen âge la roue, l'écartèlement, l'aveuglement, étaient en usage, de même que la question, laquelle consistait à brûler les extrémités des membres avec des torches ardentes, à couler du plomb fondu dans les oreilles, dans les yeux, à faire avaler une grande quantité d'eau. Enfin, en Chine, on place une cangue ou carcan très lourd sur le cou du patient et, en Turquie, on enfonce dans le corps du condamné un pal ou pieu aiguisé par un bout.

Mais, pour des hommes habitués à une vie pauvre et dure, à des travaux manuels, ou à un rude climat, l'odieuse férocité de ces sauvages tortures n'était ni plus cruelle, ni plus abominable, ni moins juste que notre guillotine dont l'action est si rapide et si prompte. Nos pères ne furent pas plus inhumains que nous. En cela tout dépend du milieu social et de la misère des temps. De même pour la guerre. Si l'adoucissement des mœurs rend un jour les hostilités internationales moins sanguinaires, si le droit se pose avec plus de force et d'influence entre les rivaux, on ne souffrira pas moins dans le cas de la défaite. Gardons-nous de croire que l'effusion du sang soit le seul signe de la souffrance et d'une implacable cruauté. L'essentiel de la guerre n'est pas dans les moyens et dans les procédés qu'un peuple emploie suivant le caractère de ses mœurs et le degré de sa civilisation. Les armes homicides produisent un effet immédiat; ce traitement semble barbare; mais en fait il épargne au vaincu un dépérissement successif, douloureux et conscient; il n'est accompagné ni de langueur ni de lente agonie. Nous convenons sans doute que plus tard la guerre sera de plus en plus humaine, mais elle sera aussi réelle, aussi pénible, aussi funeste dans la défaite : le vaincu devra toujours se retirer de l'arène, vivre dans l'ombre, voir son existence amoindrie, restreinte, et léguer ensuite à sa postérité cette infériorité soit de corps soit d'esprit. Nous admettons volontiers qu'on tempérera les rigueurs d'une lutte acharnée; on rendra les hostilités plus courtes, mais ne sera-ce point parce qu'on aura précisément découvert des armes plus terribles, des mitrailleuses qui moissonneront en quelques heures toute la florissante jeunesse d'une nation ? Il faudra bien dès lors arrêter ce massacre et ne plus s'exposer à une ruine complète. D'ailleurs, en restant fidèle à notre première hypothèse, quand même le droit serait effectivement reconnu et respecté, la nécessité de la lutte s'imposerait sous une autre forme et donnerait naissance à un nouveau genre d'hostilités ; pour qu'elles disparaissent complétement, trois conditions, qu'il n'appartient pas à l'homme de réaliser, sont tout d'abord indispensables.

Il faudrait en premier lieu que *l'égalité* physique et morale la plus exacte apparût entre tous les citoyens. Il faudrait en second lieu que les *vivres* nécessaires à notre existence fussent plus faciles à obtenir, car à ce point de vue la nature nous traite comme une marâtre. Enfin il faudrait que la *vie individuelle* elle-même fût abolie, car elle est l'origine d'un égoïsme incurable, d'où naissent toutes les dissensions et toutes les inimitiés. N'est-il pas évident que de telles conditions ne seront jamais remplies ? Et combien alors nous sommes loin du projet d'arbitrage permanent élaboré par l'abbé de Saint-Pierre et par Kant !

On a dit que tout être avait droit à l'existence ; c'est une profonde erreur. La nature ne confère aucun droit ; ce terme est purement humain, social et civil. Il a été créé, selon la judicieuse remarque du sophiste Calliclès dans le Gorgias de Platon, par les faibles réunis contre les forts dans le but de se protéger en s'associant : ce qui est une suprême habileté. En effet, dans la société, « on défend de toute la force commune la personne et les biens de chaque associé, et chacun, s'unissant à tous, n'obéit pourtant qu'à lui-même et reste aussi libre qu'auparavant*. » Mais, naturellement, un être ne possède aucun droit, sinon celui de lutter avec l'apport de sa vigueur personnelle. Parler d'un droit à l'existence, c'est inconsciemment faire allusion à une loi de bonté fraternelle que la nature ignore absolument, mais que l'humanité a inventée pour se protéger elle-même contre elle-même, et néanmoins, cette loi, elle ne la suit scrupuleusement ni envers elle-même, ni envers les êtres inférieurs. A l'égard de ces derniers, elle s'y soustrait d'une façon si odieuse que notre fabuliste a dit avec raison, par la bouche du serpent**, que l'homme était le symbole des ingrats, et il n'est pas moins dur envers ses semblables dont il a cependant un si pressant besoin. L'inexorable destin lui commande impérieusement d'exclure tout ce qui limite, abrège ou détruit son existence. D'ailleurs, quoi de plus facile à comprendre ! Tout en l'homme est faible et fragile ; mille dangers nous

---

* Jean-Jacques Rousseau, *Contrat social*.
** Fable de *l'Homme et de la Couleuvre*, X, 2.

menacent de toutes parts. Vivant dans une constante inquiétude, avons-nous le temps de songer à autrui ? Nous courons au plus pressé ; nous écartons ce qui nous gêne ou tend à nous amoindrir : c'est la loi inhérente à l'individu, c'est la loi qui résulte de l'immense disproportion entre les naissances et les subsistances.

Qu'enfin les mœurs s'adoucissent, et l'on verra les hostilités devenir *de moins en moins sanglantes* pour se mettre en harmonie avec la clémence des coutumes et des lois. Peut-être quelques philantrophes peu clairvoyants croiront assister au triomphe de leurs idées. Mais leur illusion ne durera sans doute pas longtemps, vu la persistance de l'infortune et des cris de douleur. Ils s'apercevront seulement alors que la lutte continue avec un égal acharnement, bien que sous des formes moins rudes en apparence, mais toujours avec l'exclusion du plus faible ou du moins intelligent. Souffrir est chose relative. Aujourd'hui, les luttes pacifiques semblent bénignes par suite de la cruauté relative des temps, mais à une époque où un progrès moral tout à fait considérable aura été réalisé, on ne croira plus possible que l'homme puisse attenter aux jours de l'homme, on aura oublié nos siècles de meurtre et de carnage ; à peine les érudits en conserveront-ils vaguement l'antique légende ; et cependant l'homme gémira aussi tristement ; son existence sera exposée aux mêmes dangers, car l'essentiel de la guerre n'est pas dans une blessure, dans le bruit terrible de la canonnade ; ce sont là des moyens à l'usage de notre époque et ils ne sont pas plus cruels que ne le sera dans vingt siècles le mode d'élimination que le changement des mœurs aura provoqué.

Entre l'Orange et le Zambèze, en Afrique, errent des milliers d'antilopes ; ce sont des animaux timides, paisibles, sociables et toujours réunis en immenses troupeaux. Cependant, malgré leur naturel tranquille et doux, bien qu'ils soient herbivores et rarement exposés dans leurs solitudes à la poursuite des carnassiers, ils se livrent, avec non moins de persévérance, la grande bataille de la vie. En effet, les subsistances sont vite absorbées par les plus alertes ; ils gagnent à force d'agilité les premiers rangs ; par leur force et leur constance ils s'y maintiennent, puis repoussant les alourdis, ils ne leur laissent qu'un sol dépouillé de verdure, et ces traînards succombent bientôt accablés de lassitude et de faim. Nulle violence cependant n'a été commise.

On doit donc chercher ailleurs et plus profondément la cause et l'origine de cet état de choses ; il faut se demander pourquoi il y a des êtres faibles et pourquoi les subsistances sont si parcimonieusement accordées par la nature aux races animales : question évidemment insoluble ; le fait seul peut être constaté. Vainement on objecterait avec l'économiste Dupont de Nemours * que tous les êtres de l'univers ont pour devoir, idéal aujourd'hui, mais plus tard réalisable, de s'unir et de s'associer, de telle sorte que d'un seul principe, à savoir l'amour, se déduirait la morale universelle.

A cette doctrine inspirée par l'esprit de concilia-

* *Philosophie de l'Univers*, Paris, 1793-1799.

tion et de fraternité, nous répondrons que notre nature, dans son fond essentiel, s'opposera toujours à l'avénement et au règne exclusif de la paix. Sans doute, la guerre n'est pas seule à exercer son influence; la paix se joint à elle pour conserver le résultat conquis à force de vigueur belliqueuse. Mais toutes les choses et tous les êtres de notre globe sont soumis à une incessante mobilité, à un devenir éternel ; tout ce qui nous entoure et nous-mêmes faisons partie des choses engendrées. De plus, tout se transforme suivant la loi de succession des contraires : la vie naît de la mort, la nuit du jour ; la paix sort de la guerre ; celle-ci lui succède à son tour par une alternative nécessaire et fatale. Une paix complète et profonde serait un sommeil éternel. Ainsi, Dupont de Nemours a plutôt exprimé un désir qu'il n'a présenté une loi morale fondée sur la vraie nature de l'homme. Il n'a pas observé le besoin de lutte si positivement indispensable à notre existence. Assurément, les sentiments sociaux jouent parmi les hommes et dans toute la nature un rôle, d'abord créateur, et ensuite bienfaisant et consolateur ; mais la guerre n'a pas une importance moins considérable : elle maintient et sauvegarde dans un être l'existence que l'affection et la tendresse lui ont départie au moment de la génération.

Il nous semble donc que le poète latin Lucrèce n'a vu qu'une face de la réalité quand, au début de ses chants, il a célébré la déesse de l'Amour et l'a regardée comme la mère de tous les êtres : « Bienfaisante Vénus, dit-il, c'est toi qui, sous la voûte du ciel et ses astres errants, peuples la mer aux vaisseaux rapides, la terre aux riches moissons ; c'est par toi que tout ce qui respire, que toutes les espèces vivantes sont conçues et, arrivant à l'existence, voient la lumière du soleil. Devant toi, ô déesse, à ta seule approche, fuient les vents, fuient les nuages ; sous tes pas la terre étend la douce variété de ses tapis de fleurs, les flots de la mer te sourient, et dans le ciel le plus serein se répand et resplendit la lumière. Puis donc que *seule tu gouvernes la nature,* que sans toi rien n'aborde au rivage de la lumière, que rien ne se produit de doux et d'aimable, je te voudrais pour compagne dans le travail de ces vers où je m'efforce d'expliquer toutes choses. » Pour Lucrèce, la déesse de l'Amour est la Paix, et même il a eu la conscience la plus claire de la difficulté que nous essayons de résoudre ; il a saisi la haute portée du problème, car il ajoute immédiatement : « Fais cependant que sur toutes les mers, que sur la terre cessent les travaux guerriers, que leurs fureurs s'assoupissent et s'apaisent. Car toi seule, ô Vénus, peut rendre aux mortels le repos, le bonheur de la paix, puisque Mars vient si souvent tomber dans tes bras, vaincu par son amour, succombant à son éternelle blessure. Alors, les yeux élevés vers toi, de la couche où repose sa tête, il repaît de ta vue ses regards avides et suspend son souffle à tes lèvres. Ah ! lorsqu'ainsi, ô déesse, il repose près de ton corps sacré, entoure-le de tes bras et que ta bouche, se répandant en douces paroles, lui demande le calme de la paix pour les humains. »

Touchante prière que jamais, hélas ! l'inexorable destin n'exaucera, mais aussi vœu imprudent qui résulte d'une science incomplète des choses que Lucrèce s'efforce d'expliquer ! Et, en effet, n'est-il pas absolument faux que l'amour « seul gouverne la nature » ? Quand la guerre a-t-elle cessé d'étendre au loin ses ravages ? Il importe dès lors, non pas de conjurer, par un stérile désir, des rigueurs inévitables et utiles, mais d'en fournir la loi et d'en pénétrer le sens. Oui, Vénus, Mars sera toujours farouche, malgré ta supplication. Si plus tard et à la suite de lentes transformations l'esprit de conciliation et d'amitié dominait partout, tenons pour certain que l'humanité ne tarderait pas à s'étioler, à dépérir de langueur et d'épuisement. Au lieu d'une harmonieuse unité produite par une constante alternative d'action et de réaction, apparaîtrait au milieu des sociétés humaines une désolante monotonie, une stérile uniformité tout à fait contraire au fond même de notre nature. Supposez que, pendant le cours de vingt années seulement, la guerre cesse de trier les plus faibles des êtres et d'écarter du banquet de la vie tous ceux que l'amour y a conviés, infailliblement alors une crise redoutable et terrible, se produirait pour aboutir, vu l'insuffisance des vivres, à une affreuse mêlée, à un massacre sommaire ; ou bien il arriverait que, les êtres imparfaits, rachitiques, inintelligents et immoraux ayant pullulé, cette faiblesse native se perpétuerait, s'accentuerait ; désormais plus de vigueur dans les races ; plus d'industrie habile, plus de mâle courage pour lutter avec constance contre tant d'obstacles que la nature accumule sur nos pas !

Enfin, dans le débat qui nous occupe, on ne parle

que de droit et de progrès moral ; c'est un grand tort ; la guerre est aussi, plus qu'on ne le croit, une affaire *d'économie politique* et de richesse nationale ; rien n'est plus évident dès qu'il s'agit d'invasions de barbares et de discordes civiles ; mais c'est incontestable aussi pour la plupart des autres rivalités internationales ; car la fertilité du sol et l'accroissement de la population donneront toujours à un peuple une grande puissance qui lui inspirera des sentiments d'orgueil et des desseins ambitieux.

Mais poussons enfin l'hypothèse plus loin encore ; concevons que, par des procédés nouveaux, le sol rendu plus fertile fournisse aux humains des ressources abondantes et des vivres facilement obtenus ; resterait néanmoins l'insurmontable difficulté qui naît de notre *vie individuelle ;* c'est l'origine d'un égoïsme irrémédiable et même utile, quand il se maintient dans certaines limites. Or, cet égoïsme introduit jusqu'au sein de la famille de persistantes dispositions à un antagonisme latent ou déclaré : une union complète et intime est fort rare entre deux époux* ; seule une mère reste constamment attachée à la défense de ses enfants, et cela ne peut pas surprendre, car la maternité est le principe le plus puissant de la tendresse et de la paix ; en dehors de cette bienfaisante influence, règne presque partout une rivalité généreuse ou violente, laquelle s'étend des familles aux États.

D'ailleurs, quand on espère une pacification uni-

---

* Il y a quelques bons mariages, a dit la Bruyère, mais il n'y en a pas de délicieux.

verselle, *sur quels indices s'appuie-t-on pour conclure?* Les philanthropes ne pensent pas, sans doute, que la conciliation des intérêts individuels et des peuples surgira tout-à-coup. Y a-t-il lieu de constater dès maintenant l'aurore d'un apaisement si désiré? Jetons autour de nous un regard attentif et gardons-nous de prendre nos souhaits pour la réalité. Hélas ! qu'elle est constante et acharnée la lutte des partis politiques, des doctrines religieuses et des intérêts commerciaux ! Puis, nous plaçant à un autre point de vue, demandons-nous si le temps est proche où la peine de mort sera abandonnée. Ce temps est si éloigné que le *duel* continue encore à s'imposer fort souvent comme le seul moyen apparent d'échapper au déshonneur ; il est devenu une mode aristocratique à l'usage des membres de la classe dirigeante, lesquels, dédaignant la vindicte officielle des lois, ne consentent pas à remettre entre les mains des juges ordinaires la protection de leur dignité offensée : à une injure il faut répondre par le sang ! Et l'on voudrait que les peuples, à qui manque effectivement un tribunal suprême et désintéressé, ne tentent pas la fortune des combats quand leur indépendance est menacée ! Rappelons-nous enfin ces nombreuses sociétés secrètes, dont les manœuvres souterraines ne tendent qu'à un but, celui de tout détruire ; osera-t-on soutenir que par suite de leurs ramifications à travers tous les pays, elles ne constituent pas la permanence de l'état de guerre, même au milieu d'une paix apparente ? N'y recourt-on pas à des procédés plus terribles et bien autrement homicides que ceux admis par la science militaire ?

La guerre internationale concorde donc avec nos mœurs ; sa disparition serait aujourd'hui de la part des hommes *un manque de logique* inexplicable, une exception contraire à la justice telle qu'on la comprend et telle qu'on la pratique dans notre milieu social. D'ailleurs, ni sa fréquence, ni ses fureurs, ni sa nécessité, ne sont aujourd'hui en Europe moindres que dans l'antiquité et au moyen-âge. Peut-être, il est vrai, a-t-on plus guerroyé autrefois, car, à notre époque, le nombre des jours de combat est, sans doute, moins considérable, mais on sait que la cause de ce fait réside dans l'invention d'armes à feu de plus en plus meurtrières. Est-ce ainsi que doit se manifester le commencement de la pacification rêvée par les philanthropes? Disons plutôt qu'au milieu de tant de haines intestines dont nos sociétés civilisées sont le théâtre et le foyer, la guerre est et sera toujours, non-seulement conforme à la moyenne de notre moralité, mais de plus elle varie selon le degré de cette moralité même, et surtout elle est une puissante et nécessaire dérivation pour toutes les inimitiés qui se heurtent et se pourchassent ; elle est la crise finale qui, pour un temps, rétablit le calme et diminue le nombre de ceux qui se haïssent et qui consomment. Rien n'annonce donc la cessation de la guerre ; aussi n'hésiterons-nous pas à déclarer que cette cessation serait un effet sans cause, un manque d'homogénéité dans nos coutumes, un hiatus dans le système de nos organismes sociaux. Nous convenons que le droit présidera toujours davantage à nos débats et à nos relations. Mais le droit n'est pas la conciliation : il distingue, il oppose les intérêts individuels ; il maintient la distinction des riches et des pauvres ; il anime la lutte en lui conférant une valeur morale. C'est en son nom qu'une revendication se produit. Quand même aucune injustice n'aurait été accomplie antérieurement, l'intervention du droit de chacun aboutira, néanmoins, non pas toujours à un antagonisme violent, mais à l'amoindrissement, puis à la disparition du plus faible, et cela parce qu'il aura été le plus faible ou le moins intelligent.

Dans la nature se meuvent des forces et des puissances, mais elles sont aveugles et physiques, tandis que, dans le droit, la moralité se joint à la force, car il est une puissance morale. Or, ce nouvel élément sera-t-il destructeur du premier ? En d'autres termes, le droit cessera-t-il d'agir comme une force parce qu'il s'unit à la liberté et parce qu'il concorde avec la vertu ? Certainement non, car il ne perdra pas son essence qui est d'être une énergie s'imposant d'après ses lois propres. Ainsi l'on aurait pu croire jadis que l'avénement du christianisme, en tempérant la rigueur du droit antique, allait mettre un terme aux dissensions civiles et domestiques ; mais ses efforts sont restés impuissants : Jésus a autant divisé qu'il a uni. Des sectes nombreuses ont surgi malgré l'unité du premier symbole. *Ensuite, dès que le christianisme est devenu une force, une autorité reconnue par les princes et par les peuples, il a agi comme une force, en ce sens qu'il a, même

* Le christianisme a cependant contribué à la disparition de l'esclavage.

à l'aide de la violence, vigoureusement exclu tous ceux qui n'acceptaient pas ses doctrines. Quoique fondée sur des idées très précises d'espérance et de charité, cette religion s'est conformée à la grande loi de sociologie que nous étudions; elle a continué les traditions des peuples anciens; elle a fait la guerre par tous les moyens dont elle disposait. Par son influence sur les rois, elle a organisé des armées et institué des tribunaux; elle a élevé des bûchers, construit des auto-da-fé ou des échafauds pour étouffer la voix de ses contradicteurs. Ainsi la Bonne Nouvelle, annoncée par Jésus, est devenue, trop souvent l'origine de la malédiction; la paix promise aux hommes de bonne volonté a été refusée aux hérétiques et aux protestants.

D'ailleurs, *toute religion* et même, dirons-nous, tout élan de l'âme vers le ciel et vers Dieu, trouvent leur cause et leur point de départ dans la misère constante des infortunés mortels, réduits à placer leur bonheur dans une vie d'outre-tombe, tant sont dures les conditions de notre existence actuelle! A ce point de vue les religions, quelles que soient leurs pratiques, supposent dans l'humanité une lutte incessante et de cruelles douleurs, fruits amers de la bataille de la vie.

De même, quelle est l'essence de la vertu, sinon le mâle et viril courage de celui qui se défend sans faiblir ou qui, toujours maître de lui et redoutant une attaque, conserve la force vive qui lui est nécessaire pour triompher des obstacles? Que l'on passe en revue les principales *vertus* recommandées autrefois et aujourd'hui par les moralistes, et l'on verra qu'elles sont presque toutes des vertus d'abstention et de rigueur indispensable en présence ou en prévision d'une guerre perpétuelle. Les stoïciens avaient renfermé toutes leurs maximes dans ces deux mots : supporte et abstiens-toi. Or, n'est-ce pas une formule propre aux lutteurs et aux pauvres? Ne fait-elle pas soupçonner que l'homme, n'étant jamais sûr du lendemain, doit se préparer, d'abord au renoncement, puis à une tempérance forcée? Nous signalerons encore la bienfaisance comme une preuve irrécusable et une trace évidente de la bataille que tous les hommes livrent incessamment. Cette vertu annonce, il est vrai, une disposition favorable à la conciliation, mais elle résulte aussi, soit de misères imméritées, soit d'infortunes produites par l'injustice. Être charitable, c'est panser une plaie, c'est guérir une blessure, et, quand même le sang n'aurait pas coulé, la lutte n'en fut pas moins effective et funeste.

Si donc nos principales qualités morales sont des vertus de soldat, si, même pendant la paix, la guerre sévit ou se prépare lentement, pourquoi se bercer du vain espoir de la pacification universelle? Quand nos mœurs s'adouciront d'une façon plus marquée, sans doute l'homme renoncera à verser le sang humain, mais il ne s'abstiendra pas, néanmoins, de faire la guerre; celle-ci restera aussi constante, mais moins cruelle en apparence, que dans les époques barbares. Il y aura toujours un vainqueur et un vaincu, et toujours le premier supprimera le second, en amoindrissant peu à peu son existence et celle de sa postérité.

Pleurons donc sur le sort de l'homme, oui, pleurons sur son immense infortune. Car il n'a reçu de la nature ni le droit à l'existence, ni le droit au travail ; les socialistes se méprennent gravement sur ce point. Ils énumèrent complaisamment certains droits, dits naturels, ceux de chasse, de pêche, de cueillette, de vagabondage et ils soutiennent que, l'état social les ayant enlevés au prolétaire, au moins devrait-on constituer la société sur des bases assez larges pour que le pauvre trouvât de quoi travailler et s'occuper ; on respecterait ainsi son droit à l'existence : « Ce n'est pas, ajoutent-ils, une aumône qu'il réclame ; non, le pauvre repousse avec indignation la honte qu'inflige la mendicité, mais il exige du travail, c'est-à-dire sa place au soleil ; il veut enfin ne plus être exploité. » Toute cette théorie est mal fondée, car la nature ne confère aucun droit ; ce dernier terme est tout humain et relatif à notre état social. Les faibles, pour se défendre, ont jadis créé la puissance morale que ce mot représente ; cette puissance du droit découle de la société humaine et elle n'exerce son influence que là. Le droit est sans doute naturel en ce sens qu'il résulte de notre propre nature, vu que nous sommes des agents libres et moraux ; mais le droit véritable ne se développe, ne grandit et ne s'affirme que dans les organismes sociaux. Dès lors, s'insurger contre l'état social, c'est non pas revendiquer le droit, mais c'est, au contraire, le renverser, car il n'existe que dans les associations humaines ; elles seules le constituent, l'établissent et le garantissent à l'aide de l'autorité publique et de ses agents.

Donc, naturellement, nul ne possède de droit ; la nature n'en confère aucun : souvent elle accable d'infirmités ou fait mourir celui qui a *le plus mérité* la santé et la vie. Le droit à l'existence ou au travail est une fiction et une arme de polémique : considérons, en effet, le nombre des êtres qui naissent et qui par là semblent être conviés par la nature à jouir de la lumière. Que ce nombre est considérable ! Mais, d'autre part, combien peu arrivent au terme normal de la vie ! Que de rejetons chétifs, incomplets ou malheureux, disparaissent promptement, soit parmi les plantes, soit parmi les animaux ! Certainement il meurt beaucoup plus d'enfants et de jeunes gens que de vieillards, et de ce fait positif nous conclurons que la nature moissonne impitoyablement tous les êtres faibles aux quels elle avait d'abord paru sourire. Donc, s'il fallait ici invoquer un droit, nous oserions affirmer que les êtres ont, non pas le droit d'exister, mais celui de mourir et que savoir succomber en brave est pour l'homme de cœur le premier des biens : « *scire mori, sors prima viris* *. »

Tout être, en naissant, apporte avec lui la faculté de combattre en vendant chèrement sa vie, et ce n'est point là un droit, mais une capacité, une aptitude plus ou moins vigoureuse : le secret de notre destinée individuelle, ainsi que de la prospérité des empires, n'est nulle part ailleurs ; car toujours on se défend, on se fait valoir, soit avec, soit sans le droit ; le premier mode seul est digne de l'homme ; mais il

---

* Lucain, Discours de Caton, après la mort de Pompée.

aboutit au même résultat final que le second. Mécontents de la société qui les a rejetés de son sein, les partisans de l'anarchie, les nihilistes, les déclassés de tout pays, revendiquent et suivent la loi primitive et vraiment naturelle de la guerre. Quant aux lois civiles adoptées par les hommes, ils en repoussent le joug, vu que leur misère les leur rend plus nuisibles que favorables. Ils ne veulent plus de la guerre que règle le droit ; ils lui préfèrent celle qu'autorise la nature et que prouve leur infortune elle-même. A son tour la société leur répond par des mesures répressives, par des châtiments, par la prison, l'exil ou la mort ; en cela elle se défend comme elle peut et en usant d'une procédure dite légale.

Mais, dans les deux cas, il y a guerre, car elle est une nécessité douloureuse imposée aux hommes par le destin. Qu'elle devienne civile ou internationale, elle concorde, ainsi que nous l'avons montré dans cet ouvrage, avec tout l'ensemble de nos mœurs, avec la peine de mort, avec le duel, avec l'insuffisance des vivres, surtout avec notre qualité d'êtres individuels et sans cesse exposés aux plus urgents besoins. Elle résulte aussi de l'impossibilité de constituer pour les peuples un tribunal suprême, impartial et respecté. Elle s'accorde même avec notre nature morale la plus élevée, car notre vertu brille sur le champ de bataille du plus vif éclat ; l'homme s'y dévoue noblement et avec conscience au progrès de sa race ; il y accepte la mort pour l'honneur et le salut de tous. D'ailleurs, elle est en outre la loi des êtres inférieurs et des organismes. Partout elle opère un triage nécessaire : même dans le fond intime de la matière inanimée, se livre entre les éléments une lutte incessamment renouvelée; de cet effort naissent les êtres avec leurs propriétés physiques et leurs fonctions vitales. La paix, l'amitié, la concorde, exercent sans doute, dans cette mêlée générale, une douce et bienfaisante influence. Mais la guerre améliore les races, élimine les faibles et fortifie les caractères. Ainsi donc la fin de toute guerre serait la fin du monde et désormais régnerait sur l'univers l'immobilité funeste du néant.

FIN

TABLE ANALYTIQUE DES MATIÈRES

	Pages

PRÉFACE. — Des deux espèces de guerre.............. 1

INTRODUCTION. — La guerre ne résulte pas de la fantaisie arbitraire des princes et des chefs d'Etat. L'homme est aussi insociable que sociable. La guerre est partout, dans toute la nature. Pour s'en assurer, il faut appliquer, non pas la méthode psychologique de Socrate et des philosophes français, mais la méthode cosmologique des stoïciens........................ 7

CHAPITRE PREMIER. — *De la guerre dans la nature.* — De la force répulsive dans les éléments matériels. Comment se forme un organisme. Héraclite déclare que la guerre est la mère de toutes choses. Concurrence mutuelle entre les espèces animales. Tout être individuel est un vainqueur. L'homme est spécialement le fils de la guerre......................... 19

CHAPITRE DEUXIÈME. — *De la guerre dans la race humaine,* malgré l'établissement de la famille, de la société civile et de la religion. Récits divers. Doctrine de saint Thomas contre les hérétiques.............. 33

CHAPITRE TROISIÈME. — *Psychologie de la guerre.* — Influence du tempérament. L'esprit guerrier renferme trois éléments principaux, la fierté, le courage, la loyauté. Récits. Les cuirassiers de Reischoffen en 1870.

De l'esprit chevaleresque au moyen âge. Bayard, à l'âge de treize ans, quitte la maison paternelle. De l'emploi des stratagèmes. Du désintéressement du soldat. Les mercenaires. Portraits d'Annibal et d'Alexandre. Courage du soldat républicain ; courage du marin.. 55

CHAPITRE QUATRIÈME. — *Formes de la guerre pendant la paix.* — La guerre pendant la paix est plus continue, plus importante par ses résultats que la guerre où l'on verse le sang ; cette dernière se produit au moment où la lutte est à l'état aigu ; elle est douce et bénigne en comparaison des luttes pacifiques. Celles-ci se manifestent dans la médisance, la calomnie, l'ingratitude dans la lutte des idées contre les idées, dans l'opposition des partis politiques et des religions, dans l'antagonisme des pauvres et des riches. Récits. Opinion de Platon. Lutte des hommes pour se nourrir et pour propager leur espèce. Nécessité de la monogamie. Dureté de cette guerre pacifique............. 89

CHAPITRE CINQUIÈME. — *La Paix.* — Importance et nécessité de la paix, de la concorde et de l'amitié. La guerre serait insuffisante pour fonder et développer la civilisation. De la paix dans la famille, dans l'État. De l'amour de la patrie. Fête de la Fédération, le 14 juillet 1790. La raison, la science et les arts sont surtout favorables à la paix............................... 121

CHAPITRE SIXIÈME. — *Morale de la guerre.* — La guerre, vu qu'elle consiste en une attaque réciproque, n'est pas contraire à la justice. Elle donne aussi naissance aux plus mâles vertus. Clémence de Napoléon I" en 1806. La guerre est une école de dévouement. Régulus. D'Assas. La discipline militaire apprend au jeune homme à respecter la hiérarchie sociale. Influence de la guerre sur la poésie, l'éloquence et les beaux-arts. La guerre concorde avec la doctrine du stoïcisme, mais non avec celle du christianisme. Comparaison de la guerre avec le duel. C'est le devoir et l'intérêt général qui guident le soldat. Fausse distinction des guerres de conquête et de défense. Opinion de Bossuet et de V. Cousin sur l'influence civilisatrice de la guerre. Un peuple s'y révèle tout entier. Casuistique de la guerre. Opinion de Pufendorf et de Grotius. Capitulation de Baylen en 1812. Sièges de Paris en 1590 et en 1870. Napoléon III à Sedan.............. 133

CHAPITRE SEPTIÈME. — *Le droit dans la guerre.* — Elle a été jadis, mais elle n'est plus une odieuse et barbare violation du droit. Intervention de la science et du droit dans les hostilités. Des conquêtes. Causes de la guerre, d'après Grotius. On n'y est pas déloyal, dit Pufendorf. Conseil des Amphictyons en Grèce. Tribunal des Féciaux à Rome. De la Trève de Dieu au moyen âge. De l'équilibre européen. Principe des nationalités en Europe. De la déclaration de la guerre. Du droit des neutres. De la piraterie. Des corsaires. Respect des populations désarmées, des ambassadeurs, des otages, des prisonniers. Loi du 11 novembre 1796 sur la trahison, la désertion, l'embauchage, la dévastation, la maraude. Convention de Genève, 1865...... 201

CHAPITRE HUITIÈME. — *De la fin de la guerre.* — Principe général. Examen du projet de l'abbé de Saint-Pierre. Un Sénat international ne serait ni assez impartial ni assez puissant pour imposer ses décisions sans recourir lui-même à la guerre. Critique du projet de paix perpétuelle de Kant : ce qui est obligatoire n'arrivera pas nécessairement. Le droit, vu les avantages qu'il confère, distingue et oppose les intérêts et les hommes. De la fin du monde : elle ne fait pas pressentir la fin de la guerre. La guerre concorde avec la peine de mort, avec le duel. La guerre pourra s'adoucir avec le milieu social, mais un certain genre d'hostilités subsistera toujours. Pour que la guerre disparût, il faudrait que les hommes fussent physiquement et moralement égaux, que les vivres fussent tout à fait suffisants et que nous ne fussions plus des individus. L'essentiel de la guerre n'est pas dans l'effusion du sang, mais dans l'élimination du plus faible et de sa postérité. Lutte des antilopes en Afrique. Critique du début du poëme de Lucrèce. L'adoucissement de la guerre dépend et du progrès du droit et de l'amélioration du sol. Toutes nos qualités morales sont des vertus de soldat. La nature ne nous confère pas le droit à l'existence, comme le prétendent les socialistes, mais elle nous donne une aptitude plus ou moins vigoureuse pour lutter et combattre. Résumé.............. 241

FIN DE LA TABLE.

VESOUL, IMPRIMERIE L. CIVAL FILS.

Documents manquants (pages, cahiers...)
NF Z 43-120-13

www.ingramcontent.com/pod-product-compliance
Lightning Source LLC
Chambersburg PA
CBHW071140160426
43196CB00011B/1951